解密游资

经典交易战术

屠龙刀◎编著

中国宇航出版社

·北京·

图书在版编目（CIP）数据

解密游资经典交易战术 / 屠龙刀编著. -- 北京 : 中国宇航出版社, 2024. 8.(2025.1重印) -- ISBN 978-7-5159-2404-5

Ⅰ. F830.91

中国国家版本馆CIP数据核字第2024KH3929号

策划编辑　卢　珊　　封面设计　王晓武
责任编辑　卢　珊　　责任校对　吴媛媛

出版发行　中国宇航出版社
社　址　北京市阜成路 8 号　　邮　编　100830
（010）68768548
网　址　www.caphbook.com
经　销　新华书店
发行部　（010）68767386　　（010）68371900
（010）68767382　　（010）88100613（传真）
零售店　读者服务部
（010）68371105
承　印　三河市君旺印务有限公司
版　次　2024 年 8 月第 1 版　　2025 年 1 月第 4 次印刷
规　格　710 × 1000　　开　本　1/16
印　张　13　　字　数　185 千字
书　号　ISBN 978-7-5159-2404-5
定　价　49.00 元

前　言

游资并不神秘。相对于散户来说，游资的资金体量大，对股价走势的影响力也大；但相对于主力机构和基金来说，游资又仅仅相当于较大的散户而已。但不可否认的是，游资目前正以其特有的方式影响着A股市场，并成为活跃市场的重要力量。通过近些年来对游资的追踪和了解，发现这类资金具有这样几个共同特征。

第一，在操盘方面，以短线交易为主，绝不恋战。持股周期非常短，从两个交易日到十几个交易日不等。

第二，以抢入涨停板为主要攻击手段。很多国内顶级游资都是龙虎榜的常客，就是一大明证。

第三，以市场热门股票为主要目标。游资在选股时，很少从基本面入手，题材面、消息面才是游资最为关注的方向。游资入场也不是看好某只股票未来的投资价值，而仅仅是为了在下一个交易日或几个交易日可以卖出更好的价格。同时，由于游资进出的资金量也相对较大，这就要求这些股票的换手率必须高，否则无法出货。以上种种要求，决定了游资操作的个股必然是市场的热门股票。

基于对游资操作特征的研判，结合最近几年的游资实盘操作记录，本书对游资常用的技战术进行了总结和归纳，总结出了游资打板战术、游资二板战术、反包涨停战术、龙头战术、龙头第二波战术、超跌反弹战术、游资实战交易战术等63种游资交易战术，以及各路游资的经典操作案例。尽管这些战术多是围绕涨停股和龙头股展开的，但各路游资的操作手法还是有很大区别的。

兵法云：知己知彼，百战不殆。投资者若以游资为参照标的，从事短线或超短线交易，那么首要的一条，就是要对游资的操盘战术有所熟悉和了解，然后再有针对性地开发自己的战术与技法，这就是学习、研究游资战术的目的。当然，这些战术并不能囊括目前游资使用的全部战术，但投资者仍可通过对这些战术的学习，力争做到“窥一斑而知全豹”。

总之，作为普通散户，既要对游资常用战术有所熟悉和掌握，并吸取能够为自己所用的部分，也要有所区别，加以辩证式地应用。散户并不是游资，没有游资的消息渠道，也没有游资的资金体量，因此，更多的时候是居于一种跟随地位，属于被动方。但仍可以借助游资抛出筹码的数量和价格波动情况，来观察和分析市场的热度，并借机判断合理的入场时机。同时，散户资金少也有资金少的好处，进出较为容易就是最大的优势。散户发现行情不利于自己时，随时可以撤退，随时能够撤退，而游资则不然，游资资金体量较大，若无计划地盲目撤退，就可能造成踩踏效应，甚至瞬间把股价打到跌停位置，这是所有游资都竭力避免的。

学习游资操作战术，了解游资操作路径，取其精华去其糟粕，为我所用，方是学习游资战术的正确之路。毕竟说到底，短线交易本身更近似于一种心理游戏。什么样的交易战术、交易模式是最好的？那就是自己用起来顺手且能获得一定盈利的交易模式。这也是本书写作的初衷。

目　录

第一章　游资经典交易战术解析

第二章　游资打板战术

第三章　二板接力战术

第四章　反包涨停战术

第九章　游资短线交易案例

第一章
游资经典交易战术解析

游资，即热钱，是指能够迅速移向能提供更好回报的流动性极高的短期资本。在A股市场上，游资即短线资金，是以博取短线利润为主要目标的资金。游资是目前A股市场重要的参与力量之一，而且是非常重要的参与力量。游资具有如下三个典型特征，如图1-1所示。

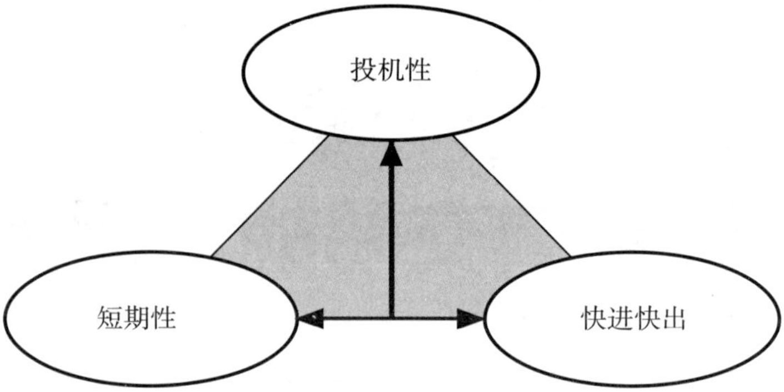

图1-1 游资的典型特征

特征一：投机性。

游资都是以投机为目标的，并非基于股票的投资价值而交易。这是游资与各路机构资金、基金的一个本质区别。这也决定了游资在选股时，很少从基本面入手，题材面和消息面才是游资最为关注的方向。

特征二：短期性。

游资的投机属性决定了其交易的短期性。夜长梦多，时间越长就意味着风险越高，在游资交易领域这句话体现得淋漓尽致。时间越短就意味着越安全，同时，时间越短，资金的利用效率也越高，整个资金滚动的速度也会越快。

特征三：快进快出。

游资的短期性，同时又决定了游资进场和离场都必须快进快出，不能有一丝的犹豫。当游资抢筹入场时，一些龙头股留给资金的时间往往非常短暂，可能也就一两分钟而已，若慢了一点就可能与龙头无缘；反之，在离场时，若稍有犹豫就可能吃一个“跌停”。

游资的三大典型特征决定了游资的交易战术全部都是围绕短线交易展开的。

第一节　短线交易基础：热点、情绪与环境

游资操作的核心观点：市场的长期趋势或市场走势是难以把握的，而短线热点与市场情绪则是有章可循的。

一、捕捉热点，短线追涨的基本操作

追涨短线热点，是游资主要的操作策略。对于普通交易者来说，特别是资金量相对较小的散户来说，这也应该成为其主要的盈利策略。

一旦确定了自己的基本交易策略，就应该坚决地贯彻执行。最忌讳的是交易策略的多变，即明明按照短线的思路买入了股票，当股价下跌后，又想到要进行长线持仓了。总之，在介入股票前，必须明确交易策略，即追逐短线热点，博取的也是短线收益。

通过对游资操盘记录的追踪和研究，可以大致归纳游资的操盘路线。投资者可以以下面几个步骤为核心，设置自己的交易体系。当然，投资者也可以根据个人喜好或感觉，在此基础上进行调整。

第一步：判断主流热点。

符合主流热点的强势股，是一年中难得的挣钱机会，若有机会上车，千万不要随意下车。即使行情发展弱于预期，也可以等到出现回调少挣一点再卖出，这类机会提早卖出，错过的可能是数年都难以寻找和再遇的挣大钱的机会。由此可见，寻找热点、追踪热点，是我们操盘的基础。

先判断市场的主流热点在哪个方向，同时也要清楚自己要参与的是主流热点、次主流热点，还是非主流热点。

关于主流热点的判断，可以借助沪深两市的涨幅榜来分析。下面来看一

下 2024 年 4 月 11 日的沪深两市涨幅榜，如图 1-2 所示。

	.	代码	名称	现价	涨幅%	涨跌	市净率	每股盈利	细分行业	所属行业
1		688691	N灿芯	49.58	+149.75	+29.72	--	1.42	集成电路制造	半导体及元件
2		301161	唯万密封	19.98	+20.00	+3.33	2.59	0.261	工程机械	专用设备
3		300823	建科机械	20.23	+19.99	+3.37	1.98	0.430	其他专用设备	专用设备
4		301092	争光股份	28.40	+19.98	+4.73	2.12	0.630	合成树脂	化工合成材料
5		300641	正丹股份	6.55	+19.96	+1.09	2.14	0.055	其他化学制品	化学制品
6		300079	数码视讯	5.77	+19.96	+0.96	1.94	0.025	IT服务	计算机应用
7		300409	道氏技术	12.71	+17.69	+1.91	1.30	-0.047	电池	电力设备
8		300282	*ST三盛	1.44	+14.29	+0.18	0.410	-0.105	教育	教育
9		301052	果麦文化	31.27	+13.30	+3.67	4.61	0.542	出版	传媒
10		301073	君亭酒店	29.53	+12.47	+3.30	5.91	0.120	酒店	酒店及餐饮
11		300905	宝丽迪	17.01	+12.05	+1.82	1.66	0.620	纺织化学用品	化学制品
12		300234	开尔新材	4.85	+11.49	+0.50	2.18	0.150	其他建材	建筑材料
13		300229	拓尔思	15.34	+10.59	+1.46	3.64	0.047	软件开发	计算机应用
14		300271	华宇软件	6.65	+10.28	+0.62	1.01	-0.326	软件开发	计算机应用
15		301055	张小泉	13.45	+10.16	+1.24	3.20	0.060	其他家用轻工	家用轻工
16		600815	厦工股份	2.72	+10.12	+0.25	2.87	-0.020	工程机械	专用设备
17		600984	建设机械	3.50	+10.06	+0.32	0.837	-0.603	工程机械	专用设备
18		002761	浙江建投	9.20	+10.05	+0.84	1.51	0.400	房屋建设	建筑装饰
19		601121	宝地矿业	7.12	+10.05	+0.65	1.88	0.260	冶钢原料	钢铁
20		603813	原尚股份	14.25	+10.04	+1.30	2.28	-0.080	物流	物流
21		601179	中国西电	6.03	+10.04	+0.55	1.44	0.173	输变电设备	电力设备
22		000528	柳　　工	10.86	+10.03	+0.99	1.29	0.445	工程机械	专用设备
23		000428	华天酒店	4.06	+10.03	+0.37	2.46	-0.123	酒店	酒店及餐饮
24		603500	祥和实业	11.42	+10.02	+1.04	2.98	0.273	轨交设备	非汽车交运
25		002970	锐明技术	29.98	+10.02	+2.73	3.73	0.471	计算机设备	计算机设备
26		603358	华达科技	24.93	+10.02	+2.27	3.32	0.600	汽车零部件	汽车零部件
27		001378	德冠新材	32.18	+10.02	+2.93	2.30	1.01	膜材料	化工合成材料
28		000881	中广核技	7.14	+10.02	+0.65	1.09	-0.110	其他化学制品	化学制品
29		605069	正和生态	7.91	+10.01	+0.72	1.29	-0.860	综合环境治理	环保
30		603721	中广天择	33.18	+10.01	+3.02	8.29	-0.070	影视院线	传媒
31		603508	思维列控	20.33	+10.01	+1.85	1.77	1.08	计算机设备	计算机设备
32		603280	南方路机	23.63	+10.01	+2.15	2.09	0.830	工程机械	专用设备
33		600444	国机通用	14.51	+10.01	+1.32	3.22	0.274	其他专用设备	专用设备
34		002597	金禾实业	21.11	+10.01	+1.92	1.75	0.989	食品及饲...	化学制品
35		001376	百通能源	24.85	+10.00	+2.26	11.53	0.310	热力	电力
36		605376	博迁新材	25.40	+10.00	+2.31	4.09	0.050	能源金属	小金属

图 1-2　沪深两市涨幅榜（2024.4.11）

结合图 1-2 可以看出以下几点。

第一，图 1-2 所示的涨停板为第一页面的数据，也就是说，当日涨停股票数量尚可，超过 60 只个股涨停。也就意味着，当日股市走势相对可以，至少不算特别差，短线也是可以参与交易的。

第二，从上榜企业的行业或概念分布来看，相对比较分散，如半导体、汽车零部件、工程机械、专用设备、计算机应用等。说明当日股市已经呈现百花齐放的态势，这是一种市场较强的体现。而从另一个角度来看，市场热点没有集中于一两个特定板块，这对于寻找主流热点并不是好事。

第三，寻找那些在早盘开盘后不久就进入涨停位附近的股票，一般来看，封住涨停的时间越早越好。若之前几个交易日，该类板块内的个股已经出现多个涨停板，且当日多只个股封住涨停板或即将封住涨停板，则属于强势的表象，可以考虑追涨。

第二步：试仓。

试仓的核心就是轻仓买入，千万不要以为自己发现了一个金矿，就全仓杀入，也不要因为轻仓买入错过很多利润而懊恼。在市场上，机会有很多，但资金并不是随时都有的。要知道，在投资市场上，若利润能够每周增加 1%，都是了不得的事情。因此，保护本金安全，才是投资的第一要务。

在具体买入时，一定要争取介入主流热点中的大龙头品种。大龙头介入的机会稍纵即逝，若无法及时介入，买入二龙头也可以收获一定的利润。

对于次级主流热点，若机会好也可以重仓参与，对于非主流热点，若要参与，也要考虑在次日及时退出。热点排名越靠后，持续性越容易不足。

第三步：确认后加仓。

此步骤是短线盈利的关键。只有在试仓产生盈利的基础上，才能进一步追加仓位。当然，也可以主力拉升至高点时，将试仓买入的股票卖出。总之，必须要在试仓产生盈利后才加仓。

试仓产生利润，说明先前的判断是正确的，否则说明判断错误。在操作中最忌讳一点，就是试仓出现亏损后，仍然坚定地看好这只股票，并认为是自己介入的良机（毕竟买入成本降低了），于是加仓买入。其实，很多短线交易者的亏损都是这么形成的。

第四步：卖出。

一般来说，股价上攻的势头一旦出现停滞，投资者就应该离场观察了。这也是分批入场、滚动交易的原因。由于 A 股市场是“T+1”交易制度，投资者要尽可能保证自己容易离场。对于先前连续涨停的个股，一旦涨停板无法回封，就应该坚决离场。观察一下市场上顶级游资的交易可以发现：这些顶级游资也不是神仙，他们也会判断错误，也会买在高点。但这些游资和散户相比，有一点做得特别好，就是行情于己不利时，会坚决离场，而不会选择持仓观望。他们宁可先离场，再观望；宁可错过一段反弹涨幅，也不愿坐以待毙。

最后说一句：如果你没能及时把握第一波热点行情，也可以接着重点关注这一板块，待第二波行情起来时再杀入。

二、炒股养家：短线的基础是市场情绪

游资大佬炒股养家曾这样说：短线的基础是市场情绪。只要市场情绪在，主流把握对了，盈利只是概率的问题。同时，在短线操作方面，炒股养家也给出了一些建议，如图 1-3 所示。

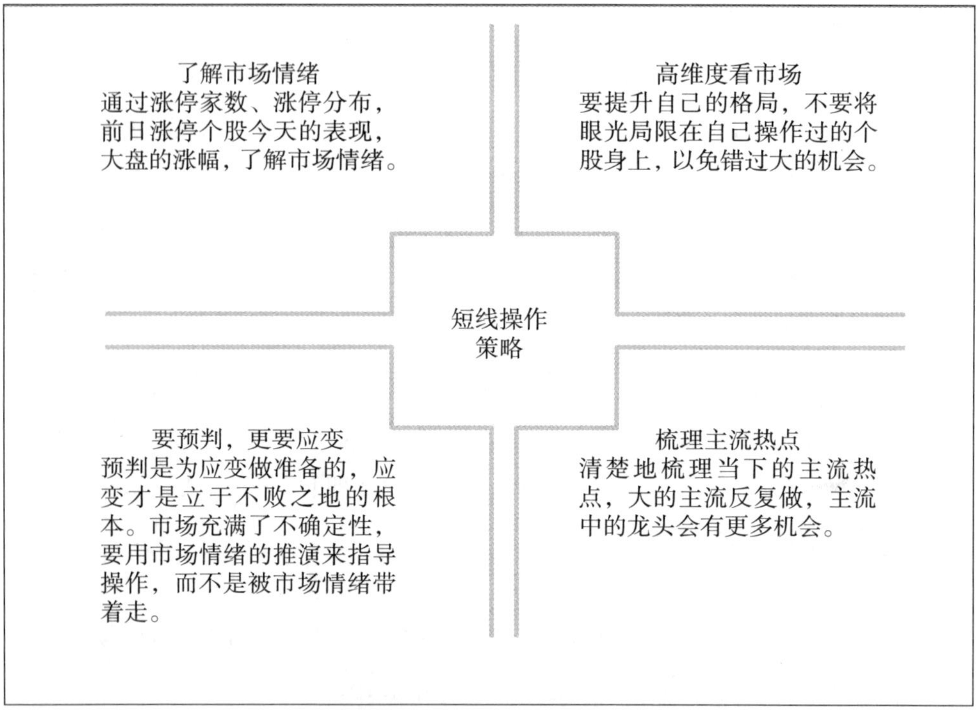

图 1-3　短线操作策略

下面来看一下炒股养家交易固高科技的案例。

如图 1-4 所示，在 2024 年年初的一段期间里，A 股市场上多次出现炒作机器人概念的热潮，固高科技也是借着这波热潮启动了一波上升行情。2024 年 3 月 15 日，知名游资炒股养家在该股股价即将封住涨停板时，入手

了 867 万元的固高科技股票。3 月 18 日，该股股价跳空高开后，经历一波冲高后出现回落，炒股养家趁机将手中的筹码全部卖出，共计 933 万元。炒股养家只拿了一个“T+1”就出手了，挣了 66 万元左右，净利润达到了 7.6%。这就是游资常常使用的标准的超短线交易，完全是根据市场情绪的变化（当时市场情绪主要聚焦在机器人概念板块），顺势推升了股价，次日趁着股价走高，早早出货兑现了利润。

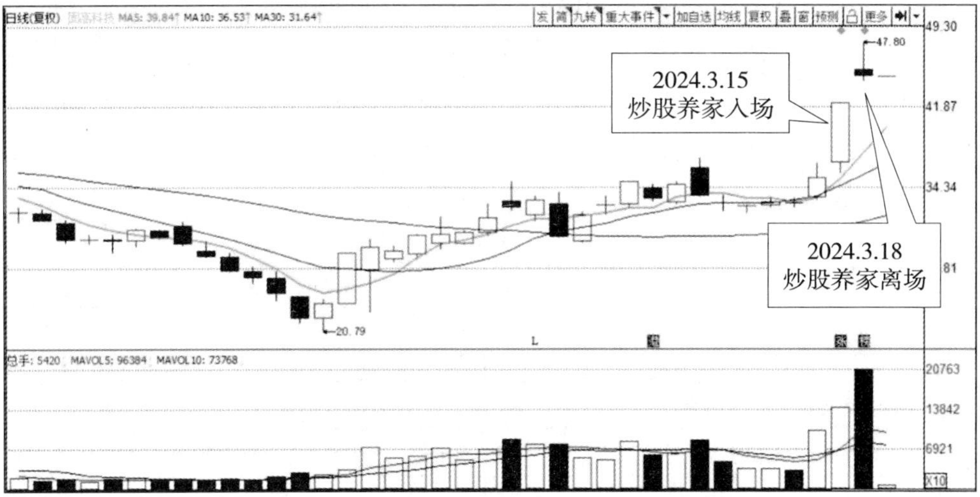

图 1-4　固高科技（301510）日 K 线走势图

三、赵老哥：短线不讲技术，只讲故事

很多投资者在进行短线交易时，不可避免地会从技术形态、股票价值等多方面去研究它，试图找到短线交易的诀窍。普通投资者总是希望能够在纷繁杂乱的市场上找到一种确定性，希望找到一种方法、技巧或模式，让自己的交易“百战百胜”，然而现实却总是会将这种“希望”打得粉碎。对此，游资大佬赵老哥曾这样说：短线交易，不讲价值，不讲技术，只讲故事。

如果说短线交易还有什么技术要讲，那也一定是“人气”。只要“人气”起来了，股价就会直冲云霄；“人气”要是散了，股价也就会一跌不振。“人气”这种东西，还不是事先能看出来的，都是在盘中交易过程中感知到的。有些股票“人气”大涨，盘中可能直接一波流封上涨停；而还有一些股票，看着“人气”还可以，股价也起来了，很多散户都去追涨，但是在冲击涨停板时一口气没上来，股价就可能立即由大涨转为大跌。这就是市场，市场的残酷在这里，市场的精彩也在这里。

下面来看一下睿智医药 2024 年 3 月 18 日的走势。

如图 1–5 所示，2024 年 3 月 18 日，市场上出现了一波炒作 CRO（Contract Research Organization，临床研究机构）概念的风潮，睿智医药的股价直线拉升，与此同时，成交量同步出现了大幅放大。随着入场资金的增加，股价线直冲 20% 的涨停，但是当股价临近涨停板位置时，场外资金的入场进度跟不上场内资金离场的进度，股价被残酷地打下来了。很多在高位入场的投资者就只能坐等被套在高位了。再看一下该股的日 K 线走势情况，如图 1–6 所示。

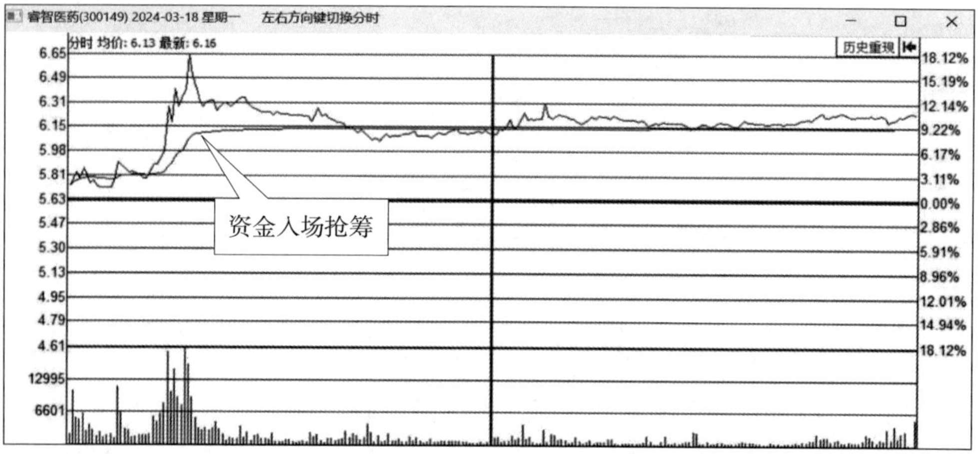

图 1–5 睿智医药（300149）分时走势图（2024.3.18）

从图 1–6 中可以看出，睿智医药的股价自 2024 年 2 月 8 日触底后出现了一波反弹走势。2024 年 3 月 12 日，该股股价完成了对 30 日均线的突破，意味着股价中线将会从下行趋势转为上行趋势，此后该股股价经历了三个交易日的调整。

3 月 18 日，该股高开高走，直冲涨停板未果。其实，当日若能成功封上涨停板，该股股价后面必然会迎来一波可观的涨幅。从技术分析角度来看，该股股价的上攻似乎是顺理成章的，只是在 3 月 18 日当天“人气”稍稍差了一点点，最终“功败垂成”。短线交易在很多时候，其实都是差了这一点点。

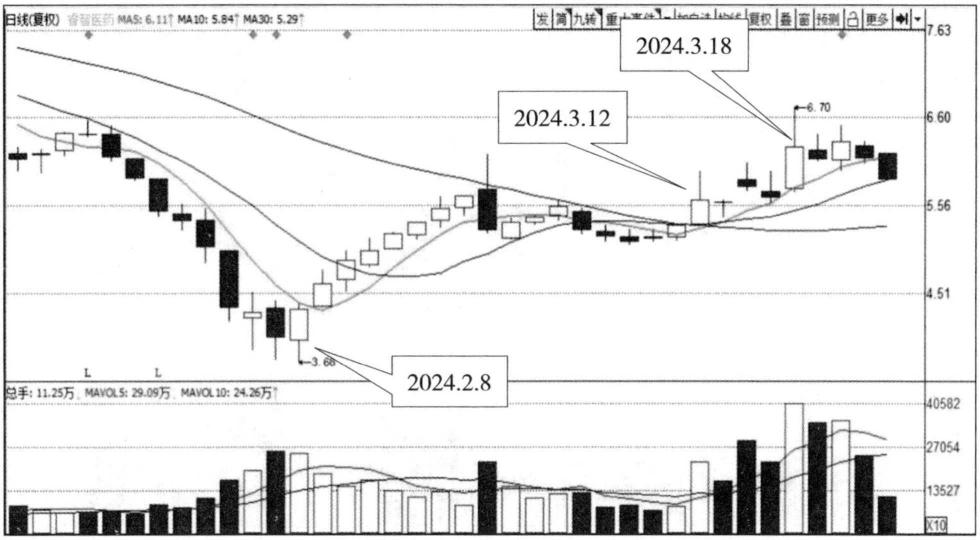

图 1-6　睿智医药（300149）日 K 线走势图

四、小鳄鱼：炒股基本靠势

炒股就是炒趋势。知名游资小鳄鱼曾这样说：炒股基本靠势，有时候都搞不懂为什么这么烂的题材都能封住板，有时候也搞不懂为什么自己手中这么好的题材也会被闷杀。把握好了这个势，共振上涨，共振下跌，交易的大部分问题也就解决了。

短线所需的势，不仅指的是个股的趋势，还有大盘的趋势。尽管短线盈利与否主要靠个股的趋势，但大盘对个股的影响也是不可忽略的。当然，逆势上行的个股也有，但投资者在操盘时还是稳妥一点为好。

尽管短线交易者不需要特别大的行情做支持也可以进行交易，但是如果整个市场都处于下跌趋势中，那么短线交易要想获利就会变得特别艰难。孙子曰：古之所谓善战者，胜于易胜者也。引申到短线交易中来，就是一个优秀的短线交易者，只会做最容易成功的交易。也就是说，只有大盘趋势向好的时候，才是短线交易者最佳的行动时机。

下面来看一下上证指数的走势图，如图 1-7 所示。

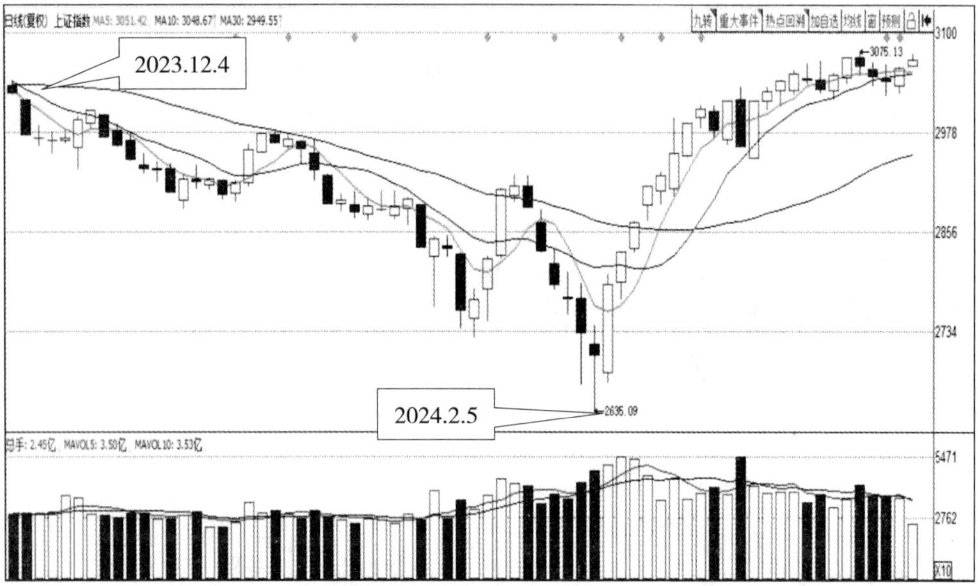

图 1-7　上证指数（000001）日 K 线走势图

图 1-7 是上证指数的股价在 2023 年年底到 2024 年年初的走势情况。从图中可以看出，大盘指数在 2024 年 2 月 5 日前主要呈下行趋势。投资者若在这段时间内操作短线，盈利的可能性极低；反之，若在 2 月 5 日之后的时间操作短线，则盈利的面会大很多。短线交易尽管每次交易所耗费的时间很短，却不是一定要进行频繁交易的。会休息、懂得休息的人，才是真正会投资的人。

第二节　短线选股精要：题材、盘子与量能

短线选股与中长线选股完全不同。短线选股对股票基本面要求不高，但对股票的题材、盘子大小以及成交量能情况都有要求。

一、题材：旧不如新

旧题材不如新题材。游资大佬赵老哥曾说：新题材就是印钞机。新题材是指那些在市场上没有经过炒作，没有被深度挖掘的题材。

这类题材具有这样几个特点。

第一，之前没有被提及，这些新题材就拥有了更大的炒作空间，因而游资都愿意参与炒作。

第二，由于属于新题材，自然会有更大的想象空间。

第三，新题材必然会有更多待挖掘的领域或板块，这就为其他游资提供了炒作机会。

这都是游资喜欢新题材的原因所在。当然，新题材的炒作同样也会伴随着风险，主要来自以下几个方面。

第一，题材热度不及预期，没有得到很好的发酵。通常情况下，游资会在消息正式出现前介入个股，在消息出现后，游资借势推动股价上攻。其后，其他各路游资也会争相涌入新题材，接着散户也会追涨入场。但是，若题材热度不及预期，这些游资就无法顺利出货，最后还可能不得不割肉离场。

第二，市场环境突变。比如国际地缘政治冲突或者其他突发事件，导致整个市场充满恐慌，此时就没有散户或资金愿意入场接盘，这些新题材也就缺乏了继续向上炒作的基础。

第三，新题材的延展性与持续性不及预期。新题材要想在市场上立住，一方面需要树立一个超级大龙头，吸引足够的关注度；另一方面还需要对题材相关的板块或概念进行深度挖掘。两个方面缺一，都无法达到预期的炒作效果。

下面来看一下元宇宙概念的炒作情况。

2021 年 9 月初，元宇宙概念横空出世，市场上由此掀起了一波元宇宙概念的炒作热潮。

元宇宙是利用科技手段进行链接与创造的与现实世界映射和交互的虚拟世界，具备新型社会体系的数字生活空间。此前一直存在于影视作品里的概念，如今成为市场关注的热点。

2021 年 3 月，元宇宙概念第一股罗布乐思（Roblox）在美国纽约证券交易所正式上市；2021 年 5 月，脸书（Facebook）表示将在 5 年内转型成一家元宇宙公司。此时 A 股市场上并未出现关于元宇宙的炒作行情。

2021 年 9 月 6 日，中青宝微信公众号披露：中青宝致力打造一款能映射玩家内心世界到元宇宙的模拟经营类游戏，将虚拟世界的体验感做得更真实。在这种发展大趋势和实现元宇宙所需技术完备的前提下，《酿酒大师》有了强势入局元宇宙游戏之势。

由此，A 股市场元宇宙概念横空出世。由于在国外市场已经有很多大型互联网公司介入元宇宙领域，因而该概念一经出现，就引发了市场的疯狂追捧。中青宝的股价在 2021 年 9 月 6 日强势涨停。

如图 1-8 所示，中青宝在发布介入元宇宙的消息后，该股股价直线被封上涨停板。此后，该股股价连续大涨。不过，由于此时中青宝并不符合登上龙虎榜的条件，所以无法判断哪路游资已经入场。到了 9 月 8 日，中青宝登上龙虎榜。

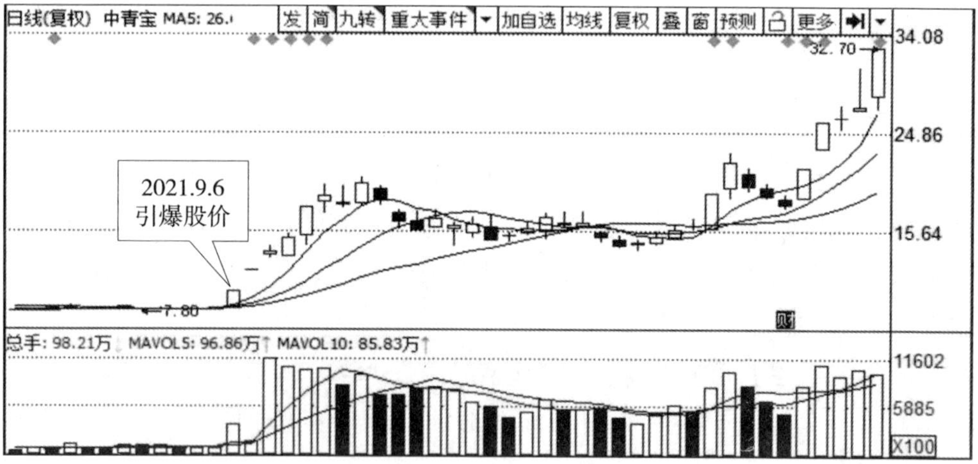

图 1-8　中青宝（300052）日 K 线走势图

如图 1-9 所示，中青宝在 2021 年 9 月 8 日登上龙虎榜。从该龙虎榜上看到了“华鑫证券上海分公司”这个自 2021 年风光无二的游资席位。9 月 9 日，国内顶级游资席位“中信证券上海粟阳路”同步追涨，进入龙虎榜买盘第一位。

中青宝龙虎榜数据

2021-09-08

日期：2021-09-08 总成交金额：57835.84万元，总成交量：5830.63万股

排序	营业部名称	买入金额/万	占总成交比例	卖出金额/万	占总成交比例	净额/万
买入金额最大的前5名　买入总计 16942.19 万元，占总成交比例 29.29%						
1	财通证券股份有限公司杭州上塘路证券营业部	6258.30	10.82%	0.00	0.00%	6258.30
2	华鑫证券有限责任公司上海分公司	2546.15	4.40%	88.10	0.15%	2458.05
3	国金证券股份有限公司上海浦东新区梅花路证券营业部	2465.41	4.26%	11.54	0.02%	2453.87
4	中国中金财富证券有限公司无锡人民中路证券营业部	2038.67	3.52%	5.49	0.01%	2033.18
5	宏信证券有限责任公司西昌月海路证券营业部	1699.07	2.94%	0.58	0.00%	1698.09
卖出金额最大的前5名　卖出总计 2901.03 万元，占总成交比例 5.02%						
1	中信证券股份有限公司北京紫竹院路证券营业部	1204.12	2.08%	740.77	1.28%	463.35
2	湘财证券股份有限公司台州祥和路证券营业部	726.98	1.26%	603.25	1.04%	123.73
3	华泰证券股份有限公司江阴福泰路证券营业部	3.48	0.01%	532.33	0.92%	-528.84
4	中国中金财富证券有限公司中山小榄升平东路证券营业部	0.00	0.00%	492.00	0.85%	-492.00
5	申万宏源证券有限公司上海黄浦区新昌路证券营业部	0.00	0.00%	426.56	0.74%	-426.56
买卖净差：14041.16万元						

图 1–9　中青宝（300052）龙虎榜数据（2021.9.8）

此后，元宇宙概念在市场上愈演愈烈，掀起了多轮炒作热潮。对于比较早入场的游资来说，这一概念确实是他们的“印钞机”。

二、盘子：大不如小

相对于散户，游资确实具有很大的资金优势，但面对主力庄家，游资的资金量也并不是很大。特别是目前的 A 股市场，很多上市公司的市值动辄上千亿元，游资的资金量也并不是很充裕，因此，游资选择炒作的股票肯定会对股票的盘子（市值大小）有所考虑。与盘子一起考量的还有流通性的问题。

一般来说，游资考虑盘子大小时，比较关注这样几点。

第一，盘子相对较小。这里的盘子主要指的是股票的流通盘，而非总股份数。大盘股往往有大量的主力基金和庄家驻守，游资很少参与这类股票。但游资所挑选的股票，也并非盘子越小越好。若盘子过小，流通性就可能不足，这样游资进去拉升之后，很可能短期内找不到接手的，自己也就成了股东，这肯定不是游资想要的效果。因此，盘子的大小肯定要适中，这里的适中，主要是考虑游资实力水平的前提下定义的。一个只有几千万元资产的游资和十几亿元资产的游资，所选的盘子肯定是不一样的。

第二，流动性要好。回顾一下之前讲解的几只游资拉升的股票就可以发现，这些股票的流动性极佳，在拉升后期，每日的换手率高达 20% 以上，这样游资想要进出就会变得很容易。投资者需要清楚一件事，游资炒作股票的主要目标是盈利，是能够兑现的盈利，而不是将股价拉升至高位。其实，对于这些游资来说，将股价拉升起来相对比较容易，但如何才能出来才是关键。

而什么股票的流动性好？就是那些市场上的热门股票。对于有些游资来说，股票流通性的重要性还要高于盘子的大小。

国内顶级游资赵老哥还买入过万科 A。按说万科 A 的盘子可是相当大了，游资一般是不碰的，但由于赵老哥的资金量很大，进出很多股票并不容易，当万科 A 成为市场热门股票时，操作万科 A 就相对容易一些。尽管盈利的幅度相对其他小盘股可能少一些，但由于资金量大，小幅盈利也能获得较多的绝对收益。

同理，一些大牛股，即使一波上攻结束，股价也不会很快下跌，而是出现较长时间的横向盘整，这时先前介入的游资就可以从容撤出。而另外一些股票即使短线出现了暴涨，但很快又跌回来了，由于时间过短，其实会有很多游资困在其中。也就是说，不仅散户不喜欢这类股票，就是游资也不喜欢这类股票。

总之，一般来说，游资还是比较偏好流通市值在 50 亿元左右的股票。市值过低，容易造成流通不畅，而市场过高，游资拉升也有困难。

比如，2022 年 4 月初的化肥股票行情中，六国化工与云天化同属于化肥板块，且云天化无论是业绩还是知名度，均要高于六国化工。不过，游资还是将六国化工作为主要的拉升对象。下面来看一下二者的走势情况，如图 1-10、图 1-11 所示。

通过图 1-10 与图 1-11 的对比可知，在 2022 年 4 月 8 日前，六国化工与云天化的走势基本相近。4 月 8 日，在化肥股走强的刺激下，六国化工强势涨停，与此同时，云天化的股价冲高回落，次日更是平收。从二者走势的对比来看，六国化工显然就是游资眼中的“菜”。

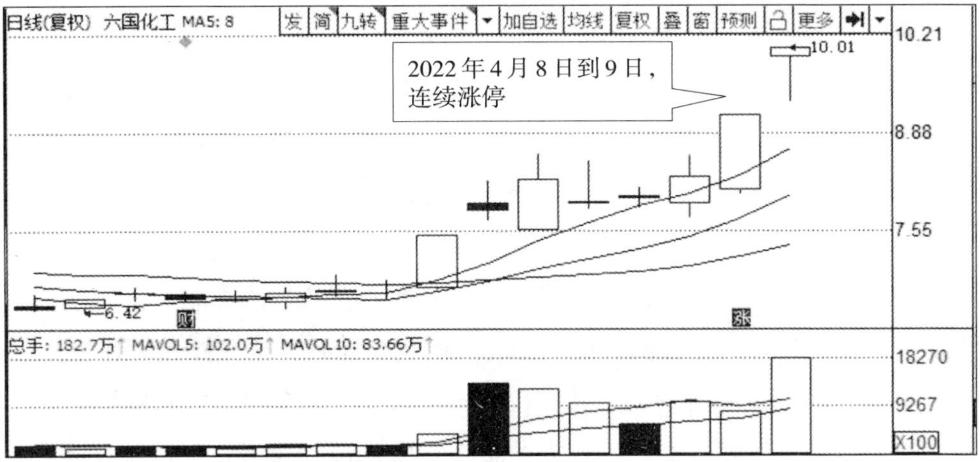

图 1–10　六国化工（600470）日 K 线走势图

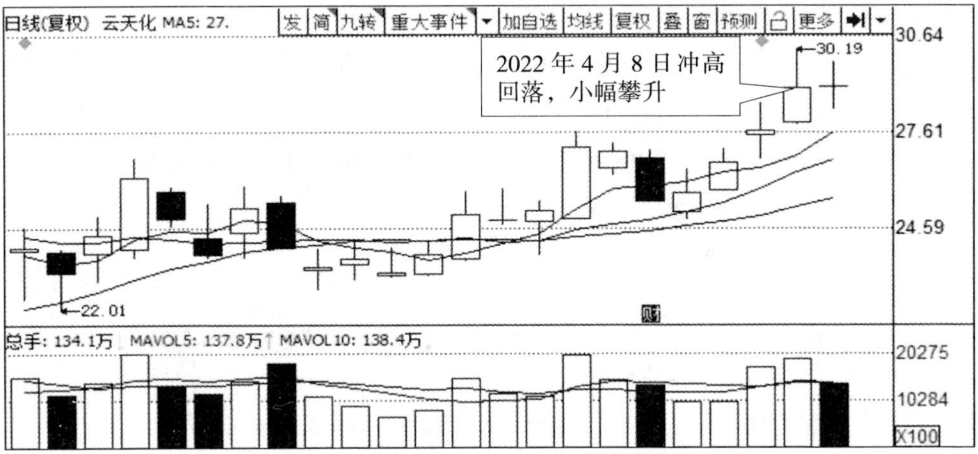

图 1–11　云天化（600096）日 K 线走势图

其实，对比二者盘子的大小就可以发现其中的端倪。截至 2022 年 4 月 11 日，六国化工的总市值为 52.21 亿元（全部属于流通股），其中大股东持股 25% 左右；截至 2022 年 4 月 11 日，云天化的总市值为 528.4 亿元（其中流通市值为 493.6 亿元），其中大股东持股在 44% 左右。

一般来说，若无特殊公告，大股东不会轻易减持股票。从上述两只股票的流通市值对比来看，六国化工要远远小于云天化，这也是六国化工常常成为游资目标猎物的原因所在。

三、拒绝强庄股票

游资在选股方面还是非常注意的，并不是见到从属于热点板块的股票就会入手。在入场前，势必会对目标股票的股东情况进行排摸，以便了解以下几点信息。

1. 大股东情况

包括大股东的持股情况。通常情况下，大股东的持股都相对比较稳定，因而，大股东持仓占比越高，说明流动筹码越少，游资拉升就会相对容易。

同时，游资最担心的就是其在拉升股价时，大股东突然宣布减持股票，这会对游资整个操盘计划产生较大的影响。股价进入高位后，大股东减持，实质上就是与游资争夺承接盘，而大股东手中的筹码价格极低，其减持势必会对游资的操盘产生沉重打击。

事实上，很多有实力的游资在介入股票前，都会多方面了解大股东的情况，包括是否存在减持意愿等。在有些时候，这些游资甚至能够通过所在证券营业部联系到大股东，以具体了解企业经营情况、大股东持仓意愿等。

2. 主力与庄家情况

目前，很多股票都会有一些庄家常年驻守。这些主力庄家通过在低位吸筹，并在高位散筹的方法，以获取股价波段振荡的利润。

这类股票有以下几个特点。

第一，主力庄家可能有一个或多个，这与股票盘子大小有关。

第二，主力庄家一般持仓量较高，持仓时间也比较长。

第三，这类股票的价格走势相对较稳，毕竟股价的波动几乎都在主力庄家的掌控之中。

第四，这类股票还有可能属于超级绩优股或大盘股。这时候，主力庄家就不再是一家或几家，而是有很多大基金驻守了。游资是不愿意碰这类股票的，毕竟自己的资金投入这类股票中，无法对股价产生较大的影响，只能顺着这些大资金的方向做。

相对于散户来说，这些游资的资金体量很大，而相对于主力庄家来说，游资的资金量并不是很大，这就使得其与主力庄家的较量容易陷入被动。特别是游资拉升股价时，若主力庄家砸盘，有时候游资都可能接不住。因此，游资在选择拉升标的时，常常会选择避开有强庄或多主力庄家驻守的，而选择股份非常分散的股票。

四、成交量：短线强势股的血液

成交量是市场供需关系的量化表现，是指在单位时间内所达成交易的总量。通常情况下，当股票供不应求，投资者纷至沓来都要买进时，股价就会上涨，此时成交量自然会放大；反之，当股票供过于求，市场门可罗雀，交易者寥寥无几时，股价下行，成交量势必会有所缩减。在技术分析中，成交量具有极其重要的地位。

确认价格变化，是成交量指标最重要、最核心的作用。股价到达某一位置时，如果成交量出现放大态势，也就意味着买卖双方在此位置达成了共识，未来会有更多的人在此位置进行买入或卖出交易，股价很可能还会延续当前的运行态势；反之，如果成交量极度萎缩，则说明买卖双方分歧较大，没有人愿意买入或卖出股票，股价未来转向的可能性较大。

如图 1-12 所示，龙头股份的股价在 2023 年下半年出现了一波下跌走势。随着股价的不断走低，成交量也同步出现了萎缩。2023 年 11 月 29 日，该股股价创下阶段低点后，开始反弹。

11 月 30 日，该股小幅回落，成交量萎缩到了一个很低的水平，这说明买卖双方的股价走势分歧严重，如果未来不再继续萎缩，则股价有企稳反弹的可能。对照前一交易日，股价刚刚创出新低。投资者可重点关注该股成交量与股价的变化，一旦该股走出量价齐升形态，则意味着股价将终结下行趋势。

随后，该股经过几个交易日的盘整后，出现了快速上涨行情，成交量也同步出现大规模的放大，这说明多空双方认可了股价的上涨，未来继续上涨的概率较高。

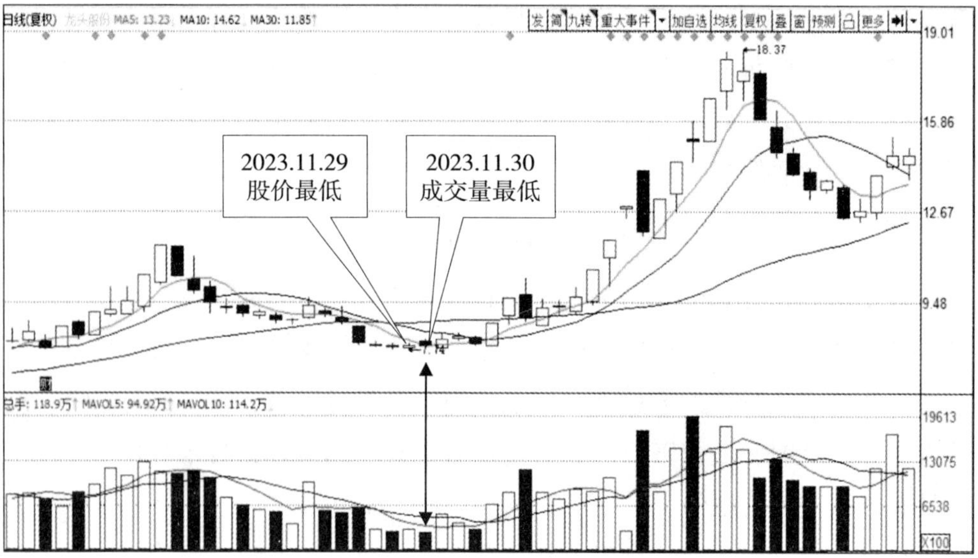

图 1-12　龙头股份（600630）的量价走势图

在游资的短线交易体系中，成交量也是非常核心的一个指标。判断一只股票是否属于货真价实的大龙头，也要看这只股票有没有经历过成交量放大的考验。也就是说，当一只龙头股在上升过程中出现大幅振荡，而成交量出现了较大规模的放大，且股价还能回封涨停板，则可认定该只股票市场人气较旺，属于真正的“大龙头”。

比如，在 2024 年年初时段，智能制造概念被热炒过程中，艾艾精工就成为这波行情中绝对的大龙头。

如图 1-13 所示，在 2024 年年初时段的智能制造炒作热潮中，艾艾精工成为资金追捧的“宠儿”。一时间，该股成为市场上的绝对大龙头。

不过，观察该股的成龙之路也不是一帆风顺的。在股价上攻过程中的 3 月 11 日和 3 月 18 日，该股股价两次触及跌停板位置，但都被新入场的资金拉起来了，并封上了涨停板，与此同时，成交量都出现了异常放大，换手率都在 20% 左右。

正是经受住了这种高成交量高换手率的考验，该股才最终成为市场的大龙头，一口气拉出 10 多个涨停板。

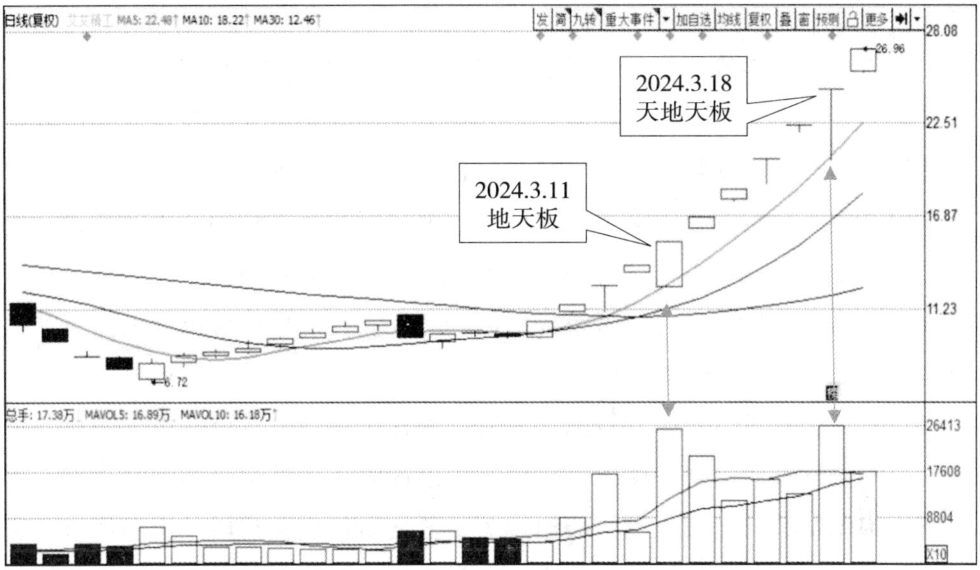

图 1–13 艾艾精工（603580）日 K 线走势图

第三节 短线交易精要：仓位、时机与模式

股票交易本身就是一种有风险的交易活动，而短线交易又是整个股票交易中风险最高的一项活动。因此，短线交易盈利的核心，不光要在判断正确时尽可能地多盈利，还要控制判断失误时造成的损失。只有这样才能在短线交易的道路上走得更远。

一、仓位，短线操作的核心

短线交易者都把止盈位与止损位看得非常重，于是就常常出现这样一种情况：股价上攻前的波动，常常将止损位击穿，而不得不割肉离场；待自己割肉离场后，股价又重新上涨。另一种情况是，股价刚刚开始上升，又因为触及止盈位，而错过了后面一大波上升幅度。归根结底，就是没有掌握短线交易的精髓。

从游资的角度来看短线交易，只有市场情绪变化，而没有所谓的股价波动高低之分。事实上，我们回顾这些短线上攻的股票就可以看出，很多股票上升过程中都会出现幅度极大的波动，地天板、天地板频频出现。这就意味着我们通常所设置的止盈位与止损位并不能起到太大的作用。也就是说，游资更加关心的是市场上情绪的高低，若情绪出现消散，则会坚决出货，哪怕股价跌停也要出货；反之，若市场情绪仍然很高，即使股价出现大幅下跌，也不会卖出，还可能会继续买入。

当然，在这里有一个问题需要明确。相比于散户，游资有更为明显的优势，即游资可以通过将手中的筹码抛出，以检验市场承接盘的情况，进而预判情绪有无发散，而散户则只能通过盘中的交易量变化来研判市场情绪。这里还有一点要注意，我们要观察的是成交量变化，而非简单的价格波动。

但是，无论是游资还是普通散户，交易风险控制都是必须要考虑的优先事项。在游资的交易体系中，风险控制主要是通过仓位控制来完成的，而非止盈位和止损位。

很多游资在进入某只股票抢筹时，第一笔投入的金额都非常少，后面的交易可能会投入几千万元资金，但第一笔也就在几百万元到一千万元的水平。其实这就是在试盘，也是在检验自己的判断。如果第一笔入场的资金出现了亏损，就可以大致认为自己的判断存在失误，后面也就没有了继续投入的基础。

概括起来，短线仓位控制大致应该保持如下比重。

首先，单只个股投入的金额一般不应超过总仓位的20%。

其次，在单只股票仓位投入方面，应该按照以下比例分批入场：

第一笔10%，

第二笔20%，

第三笔20%，

第四笔30%。

剩余的 20% 为轻易不会投入的备用仓位，同时，投资者必须保证在前一笔盈利的基础上才能投入第二笔。如果行情振荡不明，也可以像游资一样进行滚动交易，即前一笔有盈利兑现利润后撤出，然后机会出现时再度买入。毕竟短线强势上升的个股，波动也是非常大的。

短线交易从本质上来说，是一种风险极高的交易活动，投资者只有通过极为严格的仓位控制才能在市场上生存下来。投资者不要有一夜暴富的心态，更不能想要在一只股票上实现暴富。投资者是要在股市中长久生存的，错误的方法可能会让你一次或两次取得成功，但以后可能会面临更大的损失。

比如，2015 年的大牛市中，很多投资者都使用了杠杆资金，在股价上升时，盈利规模固然急剧放大；但股价一旦转入下跌，由于使用了杠杆资金，先前的盈利又一夜归零。

总之，要想在市场中长久生存，合理管控仓位就是第一步，也是最重要的一步。

二、控仓与止损，短线交易持续的关键

短线交易离不开控仓与止损，游资在控仓与止损方面的理解显然与普通散户有所不同。通常来说，在游资的交易系统中，并没有固定的仓位或止损位的设定，都是根据个人接受程度、市场环境动态调整形成的资金管控体系的一部分。

很多人喜欢研究仓位，与止损的幅度设置问题一样，每个人心理承受程度不一样，那么其止损与仓位的控制肯定是有所不同的。

事实上，尽管在短线交易时时常会讨论设置止损位的问题，但追涨强势股时，股价波动的幅度是非常大的，有些股票一天波动幅度就在十几个点以上，这时候再考虑设置 8 个点左右的止损位，就是一种徒劳，主力的一个震仓，你就得投降了。最为明智的选择，就是在介入股票前对仓位和股价波动进行充分的预期，确定自己能接受的波动幅度。如果在单只股票上介入的金额占总仓位的比重较低，你就能够承受更大幅度的波动；反之，若仓位较重，可能很难接受较大规模的振荡。这也是在游资交易系统中反复提及分仓交易

的原因。

举个简单的例子。假如你能拿来炒股的资金有 10 万元，在交易时，若将全部资金投入到一只股票身上，那么，当这只股票下跌 5～6 个点时，你的亏损就会达到 5～6 千元，你可能就会冒汗了；若股价继续下跌至 15 个点，你就有 1.5 万元资金被吞噬掉了，你恐怕就很难坐得住了。但是，如果你在交易时进行分仓管理，将单只股票的买入金额控制在 1 万元的水平，此时，当这只股票的股价下跌 10 个点，你也就亏损 1000 元，相当于整个资金仓位损失了 1 个点，是不是可以接受了呢？

其实很多人对游资交易存在一个误区，总以为游资都是全仓杀入，然后力求获得暴利收入。其实不然，越是资金规模大的游资，操作起来越是稳健。他们在很多交易中所动用的资金量，可能根本不到总资金量的十分之一。相对而言，单笔交易的盈亏可能对整个资金的影响也不大，也正因如此，他们的操作才不会患得患失，能够更加客观、理性。在满足买入条件时入场，在具备卖出条件时离场，而不考虑盈亏。只要交易方法正确，交易模式没有问题，剩下的就交给概率了，而他们的资金也正是通过这种方法一点一点地滚动起来的。

下面来看一下桑田路操作因赛集团的一次交易。

如图 1-14 所示，因赛集团作为人工智能软件 Sora 概念的龙头股，在 2024 年 2 月出现了一波炒作热潮。到了 3 月份，该股股价进入横向调整状态。

2024 年 3 月 13 日，市场上人工智能概念又一次启动，因赛集团又一次强势涨停。知名游资宁波桑田路强势介入，买入了 4675 万元的股票。

次日，该股股价低开冲高后出现回落。对于很多游资来说，当日涨停的股票，次日若不能冲击涨停，意味着股价下行的概率就会比较大。当日，宁波桑田路卖出了大部分股票，合计 4028 万元。也就是说，尽管这一波宁波桑田路可能会出现一定的亏损，但这个亏损幅度仍在其可接受的范围之内。同时，对于这些游资来说，盈亏并不是最重要的，毕竟有交易就会有盈亏，只要做好了分仓，剩下的就是维护交易模式、交易纪律了。

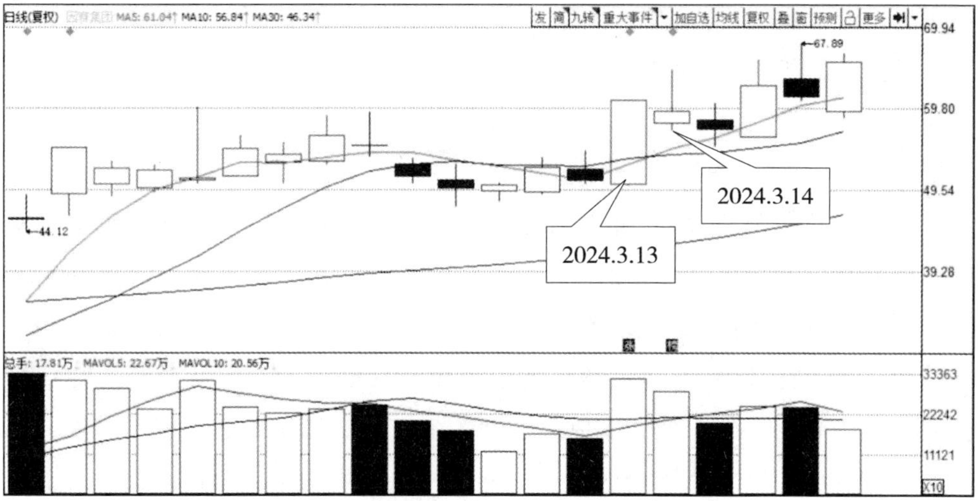

图 1–14 因赛集团（300781）日 K 线走势图

三、时机，捕捉最佳出手机会

按照通常的短线交易技术的标准，最佳的短线入场时机，就是股价有效突破某一重要阻力位时，包括各条均线、前期低点、前期高点以及趋势线等。但是从游资战术来看，这些并不是较佳的入场时机。

从游资的角度来看，一只股票的最佳买入时机主要包括两个。

第一，市场情绪升温，股价开始爆发性增长时。

第二，市场陷入恐慌情绪，亟待出现修复性行情时。

1. 追涨时机

按照游资的理论，市场情绪没有上来的股票，短期内上涨的动能就可能不足。因此，选股就要选择那些短线情绪高涨，上涨动能充足的股票。在识别这类股票时，可以从以下几个角度入手。

（1）加速上升的股票，特别是连板股，更是优先考虑的对象，但同时必须控制好仓位。

（2）股票的成交量持续增加，换手率进入高位，这是股票受追捧的一个典型特征。只要有成交量，就说明有主力在运作这只股票，就是可以考虑的标的。相反，一些交易清淡的股票，是不能作为短线交易标的的。不只是投资者，游资也怕进去容易出来难。

（3）从技术指标角度来看，这类股票往往都是处于超买区域的股票。按照通常的理解，都是应该准备卖出的股票，但在游资眼中，这类股票恰恰是情绪较为高涨的股票，也是最适合短线交易的标的。

比如湖南发展在2022年4月底的一波拉升行情中，股价的启动就是从KDJ指标进入超买区域开始的。

如图1-15所示，湖南发展的股价自2022年4月22日结束盘整，并强势涨停。此后的4月25日，该股股价再度封住涨停板。与此同时，KDJ指标同步进入超买区间，曲线J更是达到了100线。对于普通投资者来说，此时该股股价已经进入高风险区域，不应该再执行入场买入操作。而对于游资来说，4月25日之后，该股才算开始显露强者本色，也是各路游资开始争相入场的时机。

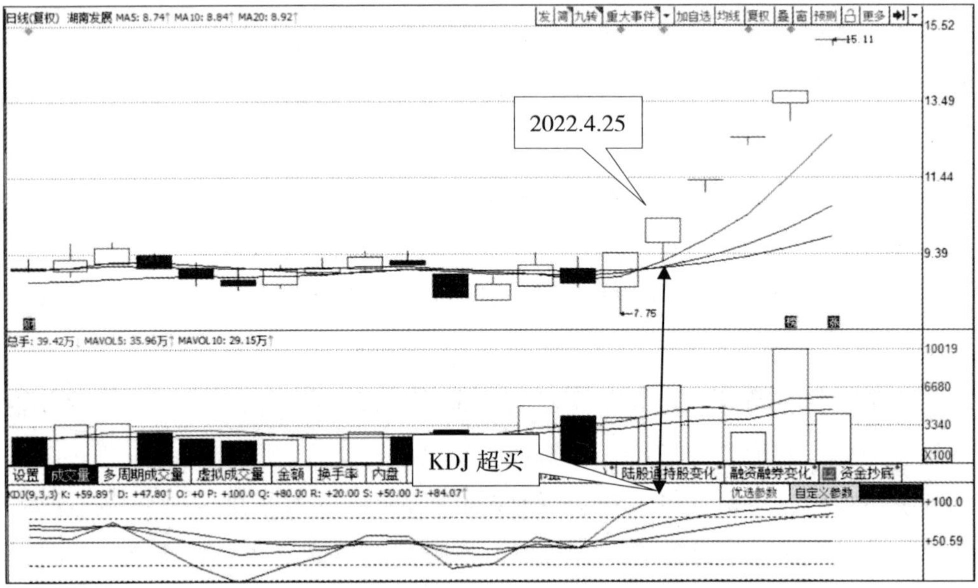

图1-15　湖南发展（000722）日K线走势图

在此之后，苏南帮、苏州帮、深圳帮、炒新一族、欢乐海岸等诸多游资相继入场抢食。

2. 超跌买入时机

除了市场情绪集中的板块外，还有另外一种极端的，可以视为买入时机的情形，即超跌买入。不过，相比于追涨热点的买入，超跌买入其实风险更大。有人曾经将超跌买入看成一种“刀口舔血”的行为。股价进入下跌趋势后，你根本不可能准确知道反弹何时到来，而很多看着像反弹的行情，也多为“一日行情”。

也就是说，介入超跌反弹的时机是非常难把握的，一般应该满足这样几个条件。

第一，股价下跌的幅度不重要，要感受市场的气氛，只有市场陷入极度恐慌，才是较佳的入场时机。有些投资者将股价下跌幅度或者基本面因素看成超跌买入的时机，并不能说这样不对，但若从短线博反弹的角度来看，肯定是不行的。市场处于下行通道时，没有人可以准确地预知股价的下跌幅度和止跌位置，这肯定不能作为短线入场时机。

一般而言，股价持续大幅下跌，且连续地将利好消息置若罔闻，甚至任何利好都被用于出货，市场上的散户就如同惊弓之鸟，此时往往就意味着一波反弹行情正在酝酿之中。

第二，反弹多在放量杀跌之后。市场进入底部区域后并不会立即反弹，而且主力还会趁机大肆打压股价，以逼迫散户交出筹码。因此，大的反弹一般都出现在极度杀跌之后（1～2 个交易日）。有些时候，一般大幅放量下跌之后，整个市场弥漫着恐慌气氛时，就是反弹即将到来之时。这里的恐慌盘也是需要明确的一个方面，这里指的不是短线的恐慌盘或者波段交易的恐慌盘，而是那些想要长期持仓的恐慌盘。也就是说，市场的持续下跌，已经让那些想要长期持仓的投资者放弃了持仓的想法，这就是反弹要到来的时候了。投资者可以通过观察或浏览一些网上的投资者发言来感受这一氛围。

第三，反弹一般会出现在市场普遍认为的强支撑位被击穿之后。当然，这些强支撑位也可能会产生一波反弹行情，但力度肯定非常小，而且常常带有很大的诱多性质。主力常常借助这样的支撑位引诱投资者加仓或入场，待投资者入场后，再做最后一次的极限打压，逼迫最后入场的投资者割肉离场。

市场从来都是如此的残酷，要想在市场上生存，就必须将盈亏看得淡一些，否则是无法面对股价的剧烈波动的。

第四，博反弹并不是为了反转。操作上仍是以短线操作为主，因而，在股价连续几个交易日反弹后，最好先兑现收益。一般情况下，3 个交易日就应该能看出一些端倪了。

四、寻找并固化交易模式

每个人都应该清楚自己的交易体系，比如低吸模式、半路拦截模式、打板模式等。每个模式都没有对错之分，但每个模式都有不同的操作要领，越专注，犯错的概率就越低。

固化自己的交易模式，专注自己的模式，给自己的交易模式定下框框，不断地去完善，这样才能对操作节奏的把握更加自如。每种交易模式都有成功的范例，也都有失败的教训。比如所谓的低吸模式，很多人看到股价回调就低吸，结果往往被套牢在高位或半山腰。其实在短线强势股或龙头股交易过程中所使用的低吸模式，更多的是在大龙头回调时采取的交易模式。这类股票具有如下几个特点。

第一，必须是整个市场中的龙头股，涨停板至少要 4 个以上。

第二，股价回调时，无论股价涨跌，成交量都会非常大，不能出现下跌有量而反弹无量的情况。

下面来看一下长白山的案例。

如图 1-16 所示，在 2023 年年底到 2024 年年初时段，受东北冰雪旅游热的影响，冰雪旅游概念龙头股长白山自 2024 年 1 月 2 日启动了连续涨停走势。到了 1 月 10 日，该股股价已经连续第 8 个涨停板了，龙头风采尽显。

相比于其他几个交易日的涨停板有所不同，当日该股股价出现了回调，但最终仍封上了涨停板，说明该股的人气非常之高。次日，该股股价高开低走，收出一根假阴线，股价出现了较大的波动。不过，从当日的成交量可以看出，尽管成交量出现了放大，却并未出现异常的天量，说明市场资金仍旧十分看好该股。其实这两个交易日，也是喜欢进行低吸操作投资者的最佳交易时机。

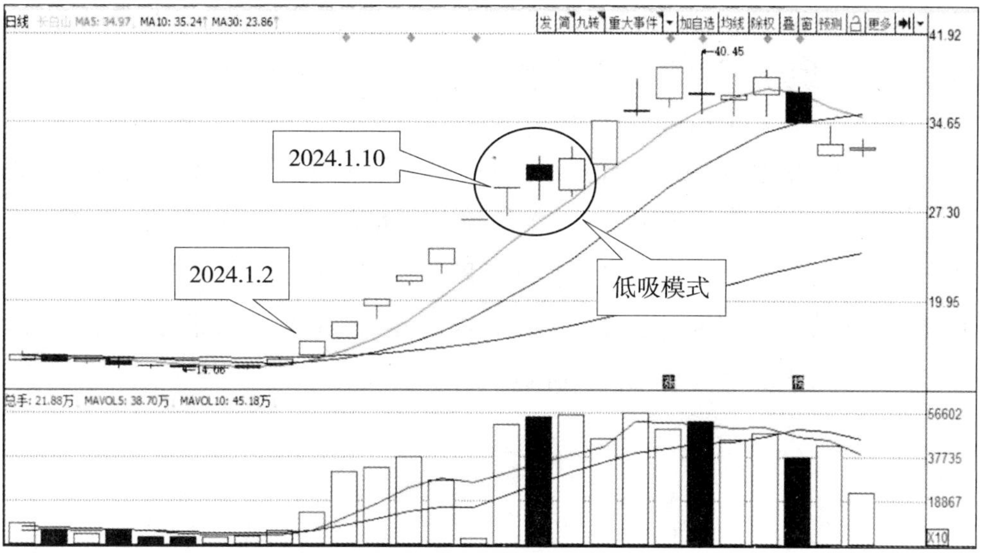

图 1-16　长白山（603099）日 K 线走势图

先来看一下该股 1 月 10 日的分时走势情况，如图 1-17 所示。

从图 1-17 中可以看出，长白山的股价在早盘打开涨停板后出现了回落走势，但股价回调至前日收盘价上方时，因受到较强的支撑重新开始振荡上

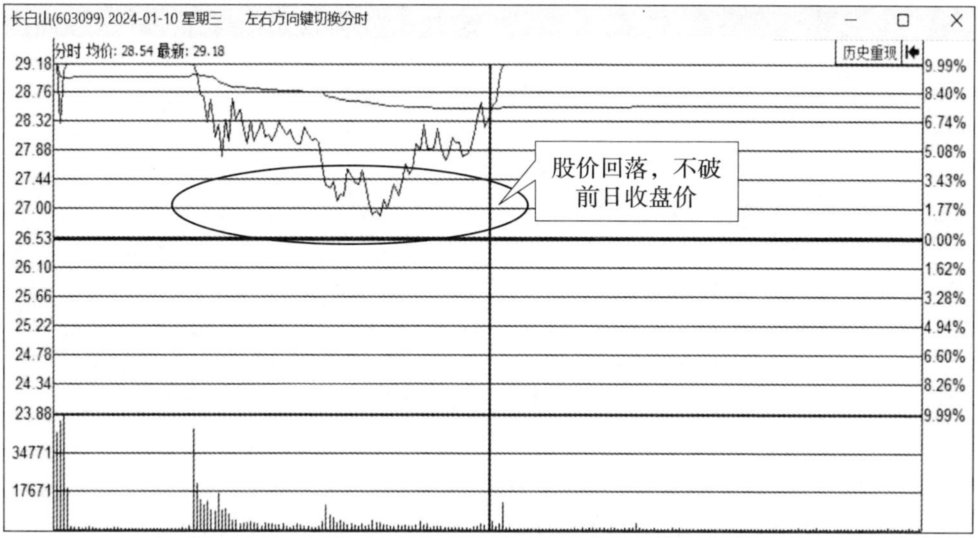

图 1-17　长白山（603099）分时走势图（2024.1.10）

涨,并通过几波拉升回封了涨停板。股价回调之际,其实就是最佳的低吸时机。只是投资者还有一点需要注意，低吸的仓位必须控制好，最好不要超出一成仓位，且如果被套牢绝对不能加仓。

很多投资者见到股价已经连续收出 8 个涨停板了，就会有畏高情绪不敢入场。其实这种高位板要比 2～3 个涨停板更安全一些，2～3 个涨停板后，如果股价不能涨停，则很容易直接转入跌停模式，而这种 8 连板的股票，因为资金深度介入，想要出去并不容易，因而终结连板后，常常会出现高位振荡态势，此时投资者离场就会更容易。

第二章
游资打板战术

与普通散户最大的不同，就是游资更加偏爱打板。在散户眼中，打板尽管可能带来一定的收益，但由于股价已经处于高位，带来的风险更大；而在游资的眼中，打板则是机会，是一种确定性。当然，也不是所有的高位板都是能打的，也要具体问题具体分析。

原理解构：打板的环境、热点与情绪

打板并不是单纯地为了感受涨停的那一下，而是为了盈利。事实上，抢入涨停板并不困难，但最让人感到为难的是封板之后会不会炸板。如果看到股价涨停就要冲进去，那也会有很大的概率导致亏损，而在熊市阶段，可能会爆亏。

因此，投资者在打板时必须要有所选择，不能什么板都打。通常来说，可以从以下三个维度来考虑。如图 2-1 所示。

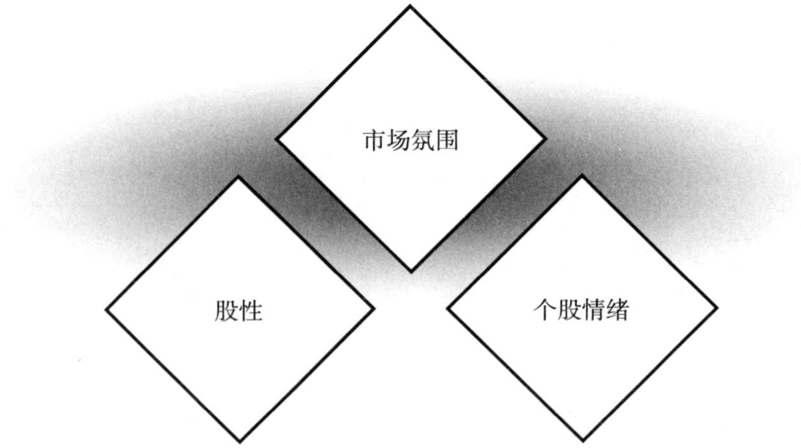

图 2-1　提升打板成功率的三要素

1. 市场氛围

市场氛围是整个打板战术的核心，也是重中之重。只有大盘环境安全时，股票的炸板率才会下来，打板的成功率才会高。试想一下，如果在沪深两市的涨幅榜上躺着众多跌幅在 5% 以上的股票，跌停股票一大堆。这种市场环境下，还有场外资金愿意入场接盘吗？再想象一下，如果两市涨幅榜上涨停板有几百只，是不是会有很多资金想要入场分一杯羹？总之，只有让大家看到赚钱的希望更大一些的时候，才会有资金愿意入场。就这么简单。谁都不是傻瓜，只有赚钱的可能性更大时，才会有资金愿意入场；只有资金持续入场，股价上升的概率才更大。

2. 股性

个股的股性、人气也是很重要的条件。一只股票在过去常常拉出涨停板，那么未来这只股票收出涨停板的概率也会远远大于其他股票。这就是股性。当然，最好这些能够收出涨停板的股票，还能在次日不被封在跌停板。有些股票虽然也容易拉出涨停板，但与此同时，跌停板也很多，甚至很多涨停板后就是跌停板，这类股票的股性就不好，投资者最好少碰这类股票。

容易涨停的股票往往也是最容易聚集人气的股票，只要市场环境不太差，有机会或炒作由头就可能启动。

3. 个股情绪

个股情绪也是是否参与打板的一个重要依据。一只股票的情绪起来了，就可以坚定地追涨打板入场；反之，若个股的情绪散了，那么无论股价如何波动，也不应该再入场了。通常来说，市场热点相对较少时，个股也就更加容易聚集市场的情绪，这也是很多大龙头多产生在市场环境并不是特别理想状态下的原因；反之，在普涨格局中，热点比较发散，个股就会很难聚焦市场情绪，股价连板就会相对困难。

对于散户来说，对个股情绪的判断还是有一些难度的，多是通过观察盘面资金流动与股价波动来判断市场情绪。而游资的办法就会多一些。当前日涨停的股票次日再度冲高时，这些游资可以在临盘过程中先将前一个交易日买入的股票全部或部分抛出，一方面是从兑现利润的角度考虑，另一方面也是在测试市场的承接能力，看看市场情绪如何。游资抛出股票后，若股价下跌幅度很小，且很快又重新拉升上来，并出现冲击涨停的迹象，说明市场情绪较佳，此时游资多会反手再度买入股票，趁机将股价拉升至涨停板位置；反之，若游资抛出的股票，市场缺少承接盘，直接将股价打压到较低的位置，则说明市场情绪不佳，游资也就不会再入场了。

战术 1：高位涨停打板战术

前些年，宁波涨停敢死队曾经成为游资的代名词，也是游资领域最具代表性的一股力量。时至今日，涨停打板已经成为游资领域最重要的入场方式了。

很多时候，尤其是资金实力相对较弱的游资，涨停板附近入场要相对更为保险一些，毕竟抢入的股票之前大多已经有了一定的涨幅，若能再度拉升至涨停位附近，就说明市场情绪仍旧较高，此时入场只需再给其加一把火，就能将这股情绪再推向更高的高点，何乐而不为。

在具体操作层面有以下几个要点。

第一，下方要有承接盘。即股价拉升回调时，下方立即会有大量买盘出现，这是承接能力强的表现，也是游资可以入场的信号。

第二，不见涨停位不入场。当然，游资可以在股价即将达到涨停板时抢入，而若普通投资者想要参与炒作，一定要等到涨停板位才能入场。事实上，这类股票往往是越早入场风险越大，到达涨停位再入场，风险要相对小一些。

下面来看一下翠微股份的案例。

如图 2-2 所示，翠微股份的股价经过一波拉升后出现横向盘整走势。2022 年 1 月 26 日午盘后，该股股价的分时线直线拉升，成交量线急剧放大。

光大解放南路等知名游资在涨停板附近疯狂抢入。

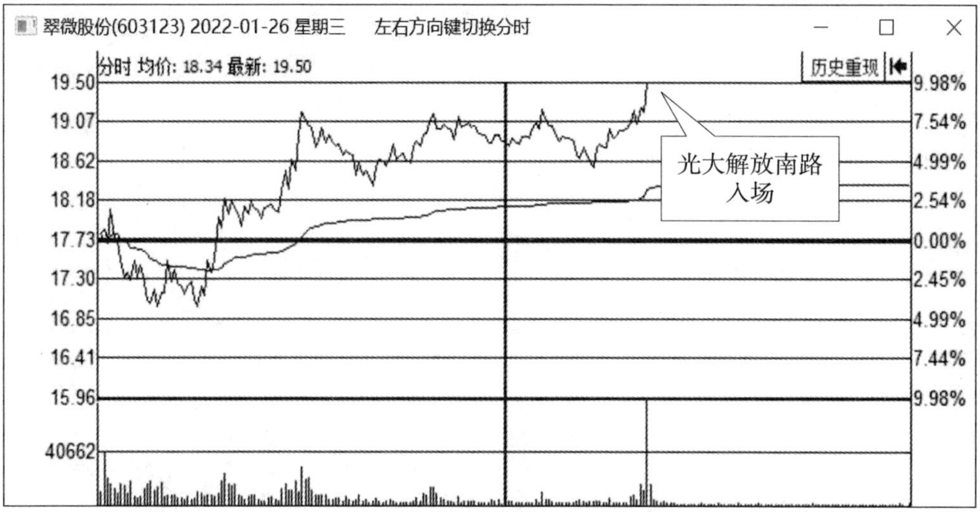

图 2-2　翠微股份（603123）分时走势图（2022.1.26）

这就属于典型的涨停打板抢入打法。从盘后的龙虎榜数据可以看出，还有其他顶级游资参与了该股的涨停打板抢筹，如图 2-3 所示。

翠微股份龙虎榜数据

2022-01-26

日期：2022-01-26 总成交金额：202780.76万元，总成交量：11056.06万股

排序	营业部名称	买入金额/万	占总成交比例	卖出金额/万	占总成交比例	净额/万
买入金额最大的前5名　买入总计 **21537.45** 万元，占总成交比例 **10.62%**						
1	光大证券股份有限公司宁波解放南路证券营业部	5086.69	2.51%	0.00	0.00%	5086.69
2	华泰证券股份有限公司总部	4731.01	2.33%	0.00	0.00%	4731.01
3	中泰证券股份有限公司湖北分公司	4503.74	2.22%	0.00	0.00%	4503.74
4	光大证券股份有限公司深圳金田路证券营业部	3974.17	1.96%	0.00	0.00%	3974.17
5	国金证券股份有限公司深圳分公司	3241.83	1.60%	0.00	0.00%	3241.83
卖出金额最大的前5名　卖出总计 **16760.98** 万元，占总成交比例 **8.27%**						
1	东方财富证券股份有限公司拉萨东环路第一证券营业部	0.00	0.00%	4411.86	2.18%	-4411.86
2	东方财富证券股份有限公司拉萨团结路第一证券营业部	0.00	0.00%	3443.68	1.70%	-3443.68
3	东方财富证券股份有限公司拉萨东环路第二证券营业部	0.00	0.00%	3243.49	1.60%	-3243.49
4	长城国瑞证券有限公司北京远大路证券营业部	0.00	0.00%	2902.59	1.43%	-2902.59
5	华泰证券股份有限公司总部	0.00	0.00%	2759.36	1.36%	-2759.36

买卖净差：4776.47万元

图 2-3　翠微股份（603123）龙虎榜数据（2022.1.26）

从当日翠微股份的龙虎榜数据可以看出，不仅光大解放南路参与了抢筹，另一知名游资金田路也参与了该股的抢筹，这说明这些游资都非常看好该股

其后的走势。

下面来看一下该股的日 K 线走势情况，如图 2-4 所示。

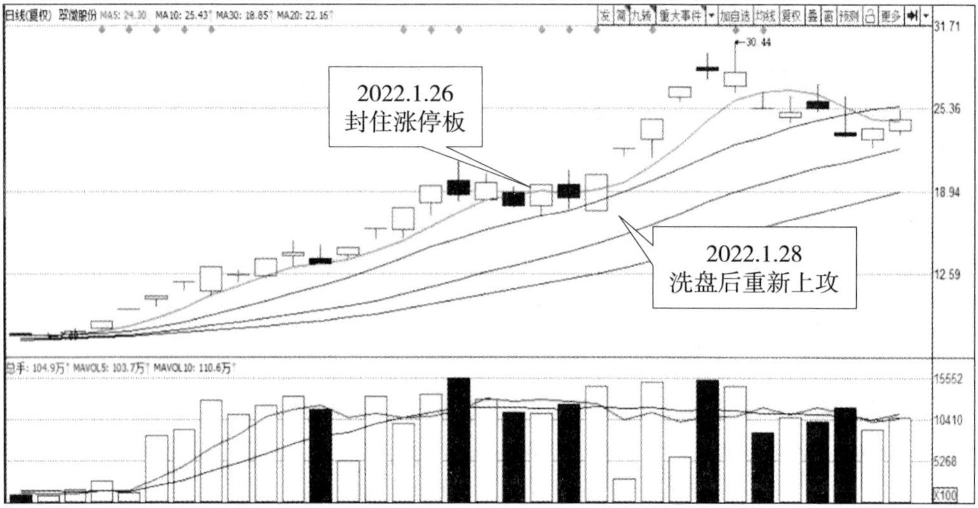

图 2-4 翠微股份（603123）日 K 线走势图

从图 2-4 中可以看出，翠微股份在 2022 年 1 月中旬前已经出现了一波大幅上攻走势。在经过一波短暂调整后，1 月 26 日，该股股价涨停，也就是说，此时的涨停很可能意味着该股将开启第二波上攻行情。同时，由于涨停板形成时有多家游资入场抢筹，更可印证市场对该股后期走势的看好。

1 月 28 日，该股股价经过前一交易日的调整后再度涨停，此后，该股股价正式开启了第二波上攻狂潮。

战术 2：高位撬板入场战术

高位撬板入场战术，是指股价经过连续涨停后，某一交易日盘中出现跌停板，而后有大量资金入场将跌停板撬开，甚至能够再度封上涨停板的战术。

相对而言，撬板入场的风险是非常高的。一旦拉升失败，就意味着自己撬板入场的资金将会被套牢于高位。

对于游资来说，撬板战术的应用情形包括以下两种。

其一，某只个股或板块属于近期热门股，整个市场的狂热情绪并未消散，通过撬板可以迅速重新凝结市场情绪，重新将市场情绪推向高点，一般多发生在暴涨妖股身上。

其二，市场情绪陷入极端低迷，股价持续暴跌，甚至连续出现跌停板。当股价进入极度超跌区域或者市场反转信号出现时，很多资金就会入场撬起跌停板。

总之，从游资操作来看，其更喜欢撬动妖股的跌停板，毕竟人气还在。特别是当跌停板一旦被撬起，很多人自然就会跟随进入，甚至会将股价拉升至涨停位。

下面来看一下惠威科技的案例。惠威科技属于电子消费行业的典型企业，以生产音响、扬声器设备为主要业务，在 2023 年 11 月中旬的消费电子概念炒作中，因其具有明显的“消费电子”概念，而成为市场热炒的标的。在 11 月 24 日之前，该股曾被连续拉出两个涨停板，可见该股股价走势之强。

2023 年 11 月 24 日，该股低开之后却出现了振荡走低态势，很多获利盘开始陆续涌出，到 11 点左右，该股股价更是被封于跌停板。

如图 2-5 所示，惠威科技的股价在 11 月 24 日开盘后振荡走低，并于 11：06 左右封于跌停板。20 分钟后，各路游资和机构资金入场，强行将跌停板撬开，并最终将股价封于涨停板。这已经是该股的第三个涨停板了，其实，所有人都知道此时股价已经进入高位，但仍有游资愿意介入，其目的自然是次日高价卖出。

如图 2-6 所示，2023 年 11 月 27 日，该股再度高开高走，并封上涨停板。成交量尽管有所萎缩，但仍维持在高位，也就意味着 11 月 24 日入场的很多投机资金很可能已经获利离场了。

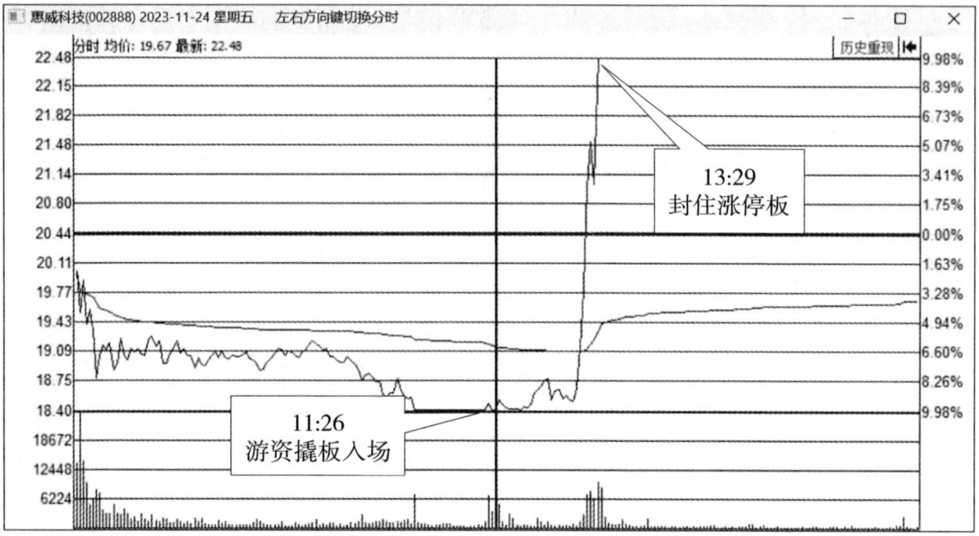

图 2-5 惠威科技（002888）分时走势图（2023.11.24）

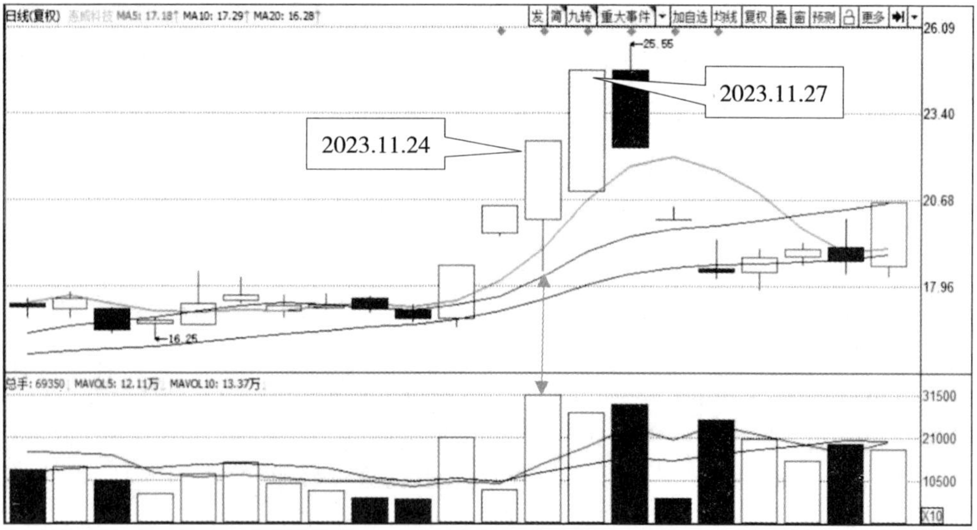

图 2-6 惠威科技（002888）日 K 线走势图

战术 3：回封板入场战术

回封板是指涨停板打开之后，又再次封上涨停板的形态。该类形态的出现，多与盘中部分资金急于兑现出逃有关，随着涨停板的打开，想要离场的资金都会出逃，而后新入场的资金又重新将股价拉回涨停板，说明仍有大量资金看好该股的后市走势。相对来说，回封板形态可以让想离开的资金出去，也减轻股价后续上升的压力，同时抬高市场成本进行换手，对后续股价回调会有强劲的支撑。

在具体操作层面有以下几个要点。

第一，股价涨停打开前的几个交易日，最好已经出现了几个涨停板，说明该股已经属于市场热门股票，甚至龙头股了，这样这只股票就更加容易聚焦市场情绪。

第二，股价打开涨停板后，经历了一波资金出逃后，在股价重新上攻时，主动卖出资金明显减少，说明抛盘存在不足。

第三，在实战中，也存在回封失败的情况，即股价打开涨停板后，经过一波振荡重新上拉，但在即将封上涨停板时又被打压下来。有的股票则是断断续续地封上涨停，然后又打开。也就是说，拉升意愿并不坚决，甚至出现将股价拉升至涨停板后，又撤掉买单的情况，这些是需要投资者特别警惕的情况。

第四，原则上，股价回拉时，还是要坚持不见涨停位不入场。当然，游资可以在股价即将达到涨停板时抢入。若普通投资者想要参与炒作，一定要等到涨停板位才能入场。事实上，这类股票往往是越早入场风险越大，到达涨停位再入场，风险要相对小一些。

第五，封板后打开，再回封，卖盘会少很多，安全很多。

如图 2-7 所示，2023 年年底，新质生产力概念、工业互联网概念在市场上掀起了几波炒作热潮，身具工业互联网概念的四川金顶一度成为资金攻击的重点目标。

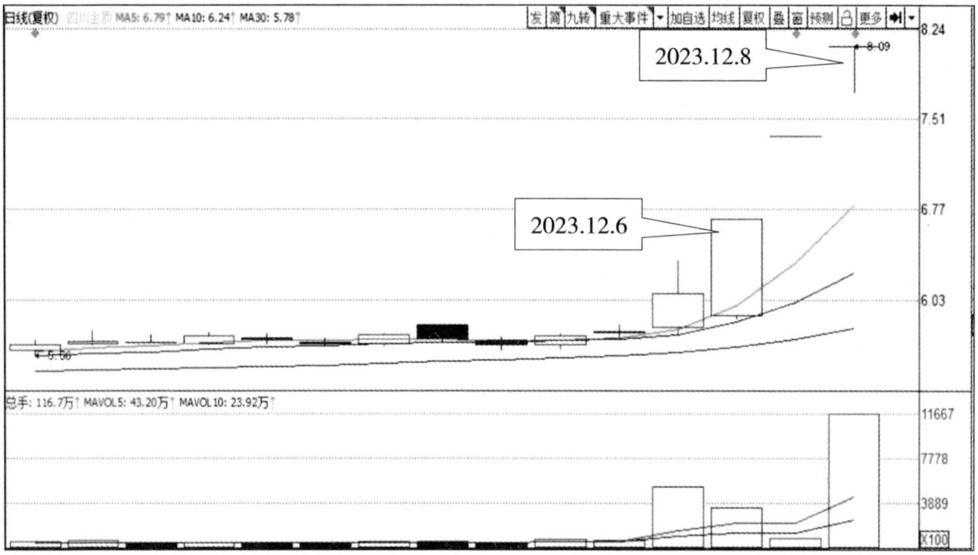

图 2-7　四川金顶（600678）日 K 线走势图

2023 年 12 月 6 日，该股股价平开后，5 分钟即完成封板操作，强势尽显；12 月 7 日，该股股价更是直接以一字封板；12 月 8 日，该股再接再厉，又一次以涨停价开盘。不过该股的涨停板在盘中时段一度被打开，其后又实现了回封。

如图 2-8 所示，四川金顶的股价在 12 月 8 日早盘以涨停的价格开盘后，临近午盘时，涨停板被砸开，大量资金出逃。不过股价回调的幅度却十分有限，最低点仍在 5% 的涨幅以上。此后，该股经过几波振荡后，很多想要出逃的资金全部离场了，但在下午开盘后，该股股价迅速回封涨停板，说明仍有大量场外资金看好该股的后市。在股价即将回封涨停板时，投资者若有机会，还是要积极入场的。

从当日的龙虎榜数据中可以清晰地看出，知名游资南京证券桐乡庆丰北路爆买了该股。此后，该股股延续了之前的上攻走势。

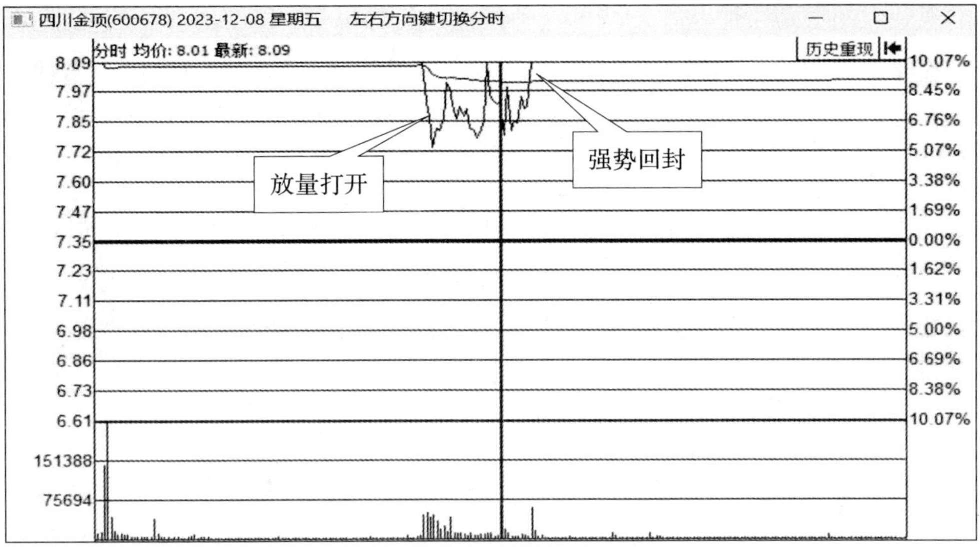

图 2-8 四川金顶（600678）分时走势图（2023.12.8）

战术 4：换手板入场战术

严格意义上来说，所有非一字涨停的股票，都可称为换手板，毕竟股价涨停过程中都会有较高的换手率。不过，我们这里讲的换手板，却是其中比较特殊的一类。

这里的换手板，是指股价经过几个交易日的上攻后，某日开盘后上涨至 5 个点以上，出现了横盘走势，这种横盘持续一段时间后突然启动封板，几乎是一波完成扫货的。因为很多想要卖出股票的人，已经在股价上涨超过 5 个点的时候卖出了，此后再封板会容易很多，想要买入的投资者都是需要抢筹的。

在具体操作层面有以下几个要点。

第一，股价在开盘后走高，基本在 5 个点的涨幅上下波动，期间也可能出现一定的振荡，但基本维持了这种横向运行的态势。

第二，股价在横向振荡过程中也可能出现几波小幅的拉升，但都出现了明显的回落，给人一种上攻无望的感觉，此时很多持有该股的投资者就会选择卖出获利了结。

第三，股价经过一段时间的横盘后，突破直线走高，并强势封上涨停板。对于其他散户投资者来说，留给自己追涨的时间窗口非常短暂，最佳的选择就是股价临近涨停位时瞬间追涨买入。当然，过早的介入也可能出现股价冲高回落的情况。

下面来看一下大理药业的案例，如图 2-9 所示。

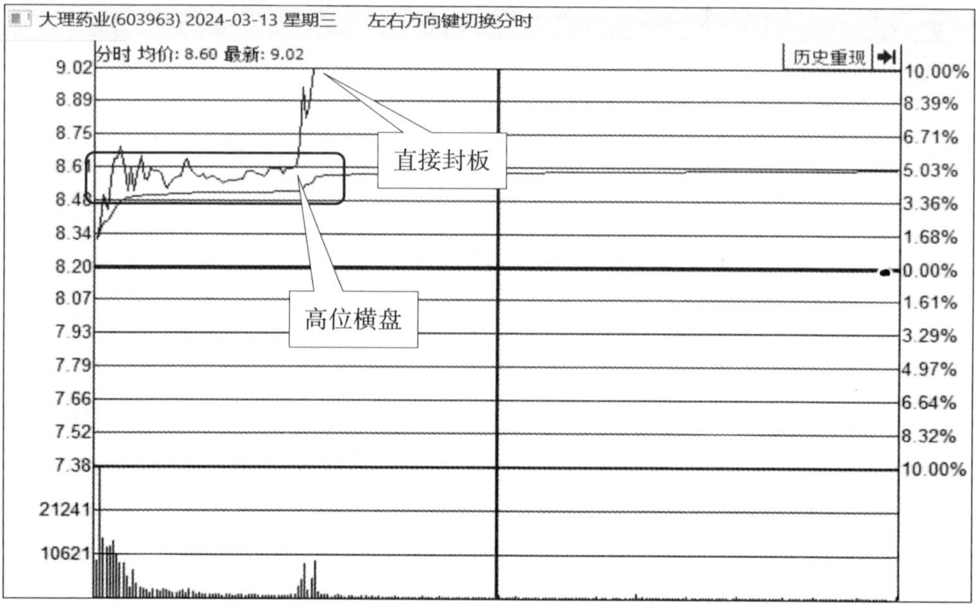

图 2-9　大理药业（603963）分时走势图（2024.3.13）

受市场炒作中药制剂的影响，大理药业的股价在 2024 年 3 月 12 日强势涨停。3 月 13 日，该股股价小幅高开之后，迅速冲高到 5 个点的涨幅左右。其后的一个小时时间里，该股股价一直在 5 个点的位置横向振荡。期间，该股股价也曾出现两次冲高，但均出现了回落走势，给人一种股价冲高无力的感觉，很多投资者选择出货了结。

10:30 左右，该股股价直线冲高，几乎是一波流封上了涨停板。该股股价即将封板之时，就是普通散户最佳的追涨入场机会。其后，该股延续了之前的上升攻势。

如图 2-10 所示，大理药业的股价自 2024 年 3 月 12 日强势涨停，并向上突破了多条均线，说明该股股价已经终结了之前的横向调整走势，开启了上攻之路。3 月 12 日当日，大理药业强势登上了龙虎榜。当日的龙虎榜上可以看到诸如炒股养家、益田路、宁波桑田路等超级游资的身影，这也为该股股价后面的上攻做了一定的准备。

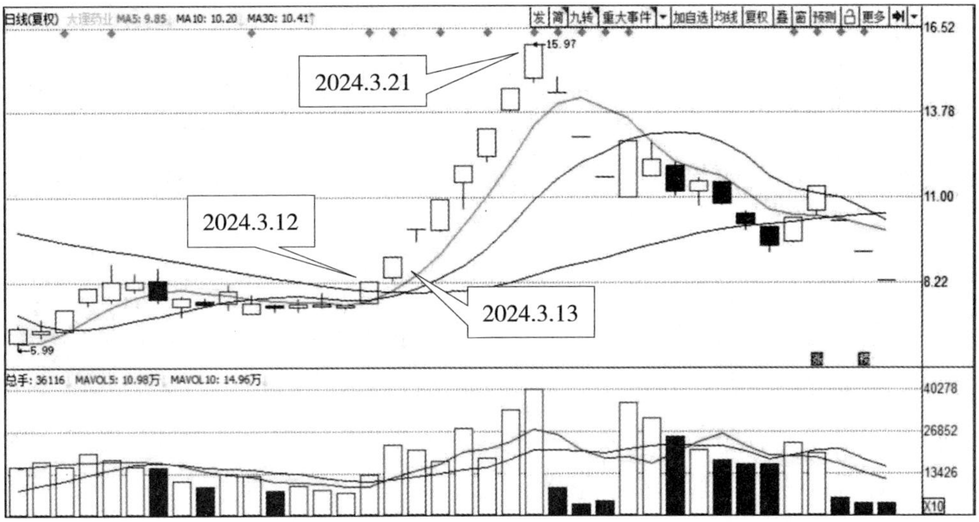

图 2-10　大理药业（603963）日 K 线走势图

3 月 13 日，该股高开振荡一段时间后强势封板，其后股价更是连续涨停。此波段，该股一口气连续拉出了 8 个涨停板，成为中药制剂概念的大龙头。

战术 5：投机板入场战术

两点半之后的涨停板，被称为投机板，也就是说，大家看到某个板块人气不错，想要投机一下相关股票。这类股票次日继续冲高的概率很低，当然，市场大龙头除外。市场大龙头可在任何时段冲击涨停，而且都有继续冲击涨停的可能，毕竟人气在那里。

当然，在实战过程中，如果整个市场做多氛围较浓，而且没有其他机会时，也可以少量参与，但对次日的盈利幅度不要抱太大的期望，尽量有利润就离场。事实上，很多游资也是操作这类投机板的主力，毕竟市场上的人气股、龙头股有限。

在具体操作层面有以下几个要点。

第一，尽管投机板封板时间都比较晚，但还是应该尽量选择较早封板的股票，甚至可以说，越早越好，越早越安全。

第二，股价拉升过程也是非常重要的。若是股价被一波拉升后能够直接封上涨停板，也是非常不错的选择。

第三，对于这类股票，投资者更是要秉持不见涨停不入场的原则。这类股票多数在拉升一波后就会直线回落，只有成功封上涨停板，次日才有走高的可能。一旦股价未到涨停位就回落，那么股价次日直接走低的概率是极高的。

第四，股价上攻涨停板时，必须有成交量的放大相配合，同时股价在拉升过程中，下方买盘应该不会出现长时间的断档情况。即股价拉升时，下方应该保持较大的承接盘，以确保股价不会瞬间滑落。

下面来看一下深南电 A 的案例。

2024 年 4 月初，电力能源类股票被资金大幅炒作，很多能源电力类股票出现了涨停走势。特别是 2024 年 4 月 8 日，能源电力股票大幅上涨，深南电 A 作为能源电力概念股，在当日临近尾盘时段才被拉升至涨停板。

如图 2-11 所示，深南电 A 的股价在能源电力概念大涨的刺激下，早盘出现了一波冲高后，一路横向振荡运行。到 2 点半左右，在整个板块大幅上攻的背景下，该股股价也直线拉升至涨停板位置。考虑当时能源电力类股票大涨的背景，投资者如果没有其他较好的标的，也是可以少量参与一下的。但必须在股价达到涨停板的位置时才能行动，过早入场很容易被套牢在高位。

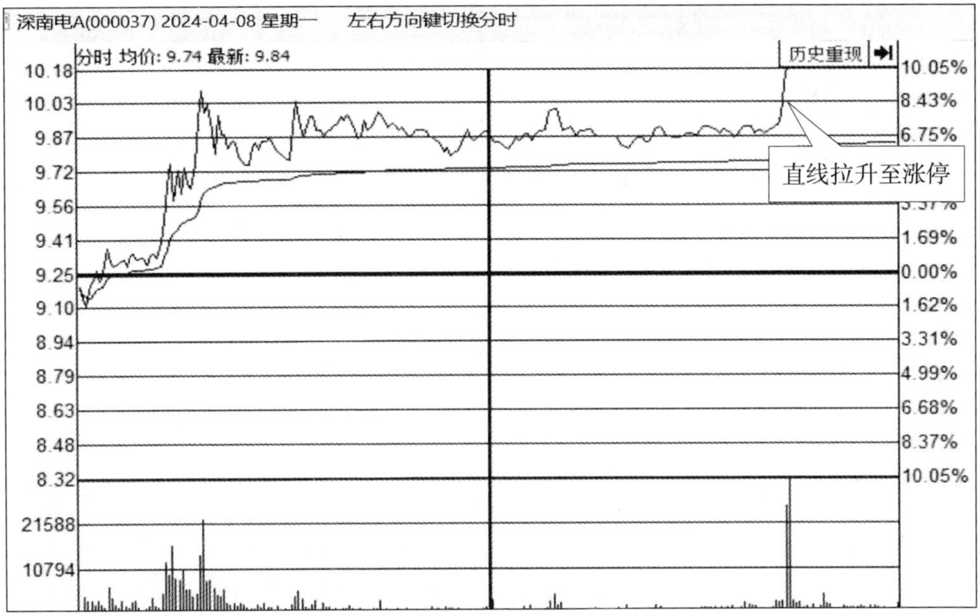

图 2-11　深南电 A（000037）分时走势图（2024.4.8）

下面来看一下该股股价次日的走势。

如图 2-12 所示，深南电 A 的股价在 4 月 9 日早盘低开之后，股价出现了一波快速冲高走势。对于这类投机板股票，只要有盈利机会就应该快速止盈离场，不可恋战。观察这类股票的价格走势还可以发现一点，即股价快速冲高时，成交量呈现出一定的放大，但当股价开始回落时，却再也没有大单买入了，这就意味着这类股票缺少承接盘，股价是很难稳住的。

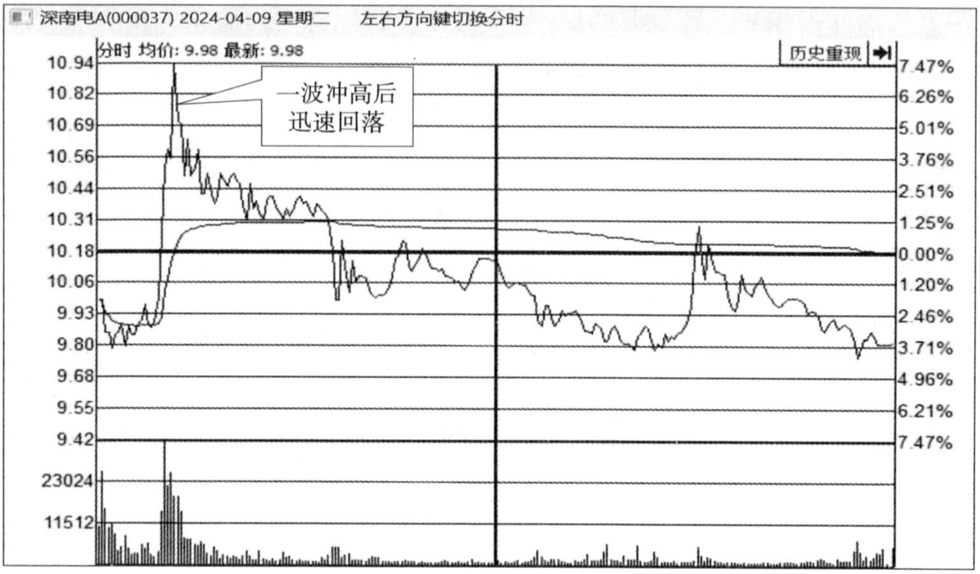

图 2-12　深南电 A（000037）分时走势图（2024.4.9）

战术 6：地天板战术

地天板，即在一个交易日内，股价同时触及了当日所能达到的极限最低价和最高价。地天板的形成，说明资金对该股的态度从极度看空到极度看多的转变，多为妖股或超级龙头股才会有的典型特征。在一定条件下，地天板形成后，股价至少都会有一个惯性冲高，甚至涨停的行情，而这就是喜欢高风险投机的交易者的机会。

如图 2-13 所示，当地天板形态在一定条件下形成，未来（至少下一个交易日）还是会有一定的交易机会的。这种形态的形成条件包括如下几点。

第一，股票本身属于市场热门概念，最好属于当前市场炒作主线内的股票。

第二，股票属于市场上的领涨品种，龙头股最佳。

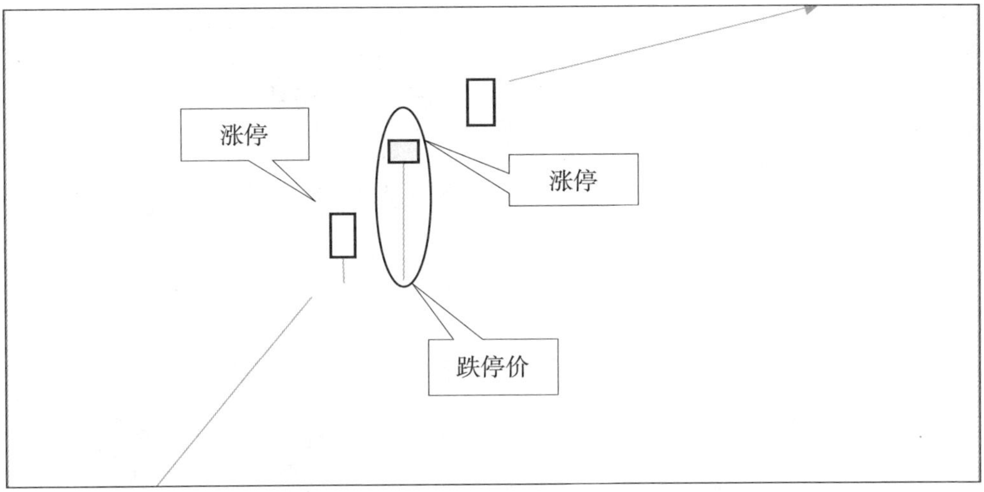

图 2–13　地天板战术

第三，地天板形态出现在股票连续一字板涨停之后的第一个交易日，未来冲高的概率更大。

第四，股价在出现地天板前已经形成了两个以上的涨停板，此时的地天板说明资金对股价未来走势存在巨大的分歧。

第五，股票形成地天板的当天，股价不是以跌停价开盘的，即地天板并未因跌停撬板引发，而是盘中股价大幅下挫触及了跌停板，而后被拉升而起，最终达到了涨停板位置。

第六，股价触及涨停板，并有大单抢入时，才是投资者能够入场的时机。当然，从整体上来看，交易这类股票的风险极高，从以往的走势来看，也出现过“地—天—地”的走势形态，因此，即使喜欢冒险的投资者也要控制好仓位。次日，股价高开不能封住涨停或冲高出现回落，则应第一时间卖出股票。

下面来看一下哈森股份的案例，如图 2–14 所示。

受 2024 年开年“冰雪旅游 + 零售”概念的影响，作为新零售概念股，哈森股份自 2024 年 1 月 16 日开启了一波上攻行情。该股股价自 1 月 16 日开始，连续拉出了 5 个一字板，根本不给其他资金以机会。通常来说，这类股票要么确实有非常重大的利好能够支持股价继续走高，要么这种上攻在一字板结束之时，就是股价到顶的时刻。

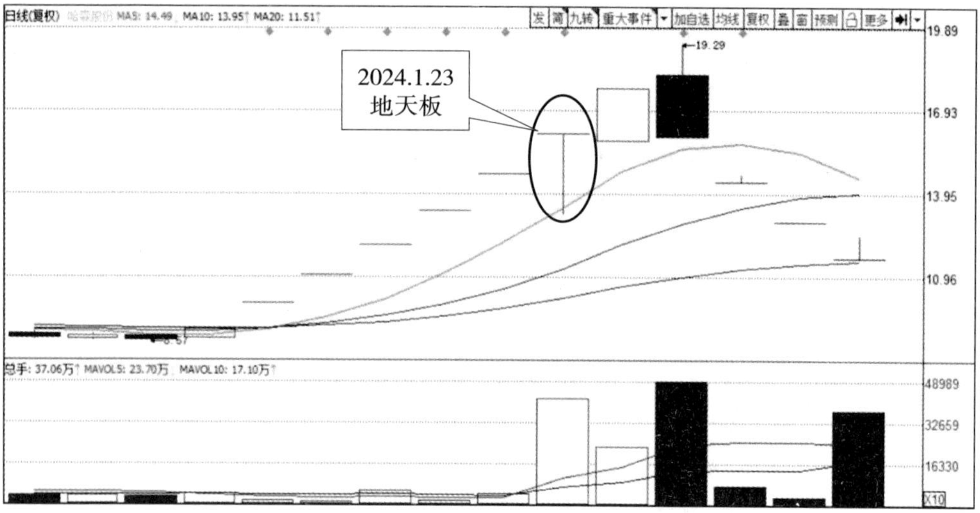

图 2-14　哈森股份（603958）日 K 线走势图

1 月 23 日，该股股价惯性以涨停价开盘后，涨停板迅速被砸开，此后，该股股价一路向下，这也印证了之前对这类股票走势的预判。毕竟没有经历较大的资金换手，场外资金入场的意愿就会比较低。

盘中该股股价一度触及了跌停板位置，如图 2-15 所示。

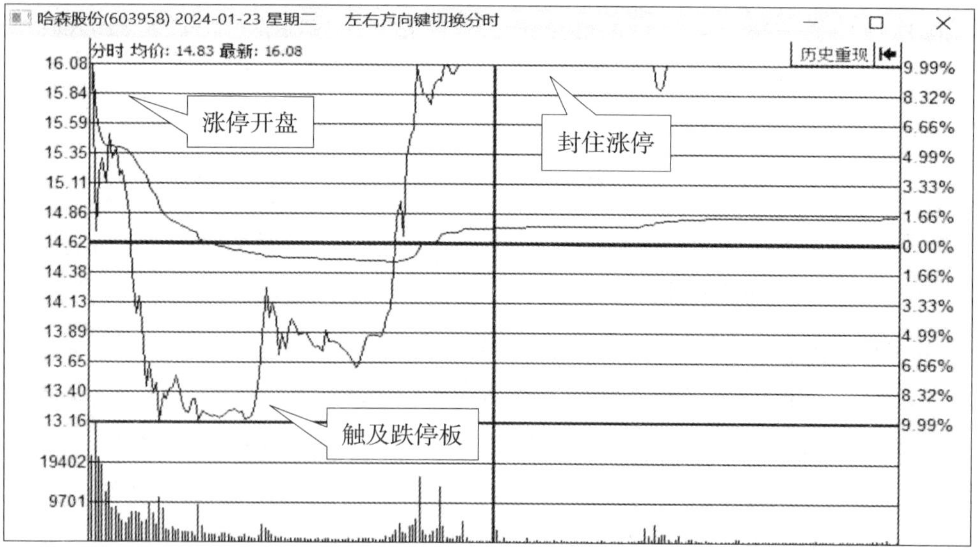

图 2-15　哈森股份（603958）分时走势图（2024.1.23）

从图 2-15 中可以看出，该股股价在盘中几度触及了跌停板位置，但都被资金拉升而起。11 点以后，更多的资金入场将股价直接拉升到了涨停板位置。投资者可以在资金开始打板时少量入手该股，毕竟这类股票的风险还是很大的。

此后，该股股价又拉出一个涨停板后，才开始进入回调通道。

战术 7：高开秒板战术

市场上总有一些股票在大幅高开后，几乎是秒封涨停板。这类涨停板如果同时还属于最近一段时间以来的首板，那么后市往往都会有不错的上升空间。

在一定条件下，高开秒板形成后，股价至少都会有一个惯性冲高，甚至涨停的行情，而这就是喜欢高风险投机的交易者的机会。

如图 2-16 所示，当一只股票能够实现高开秒板时，往往都是市场上有利好消息或者做多情绪积累所致，未来（至少下一个交易日）还是会一定的交易机会的。这种形态的形成条件包括如下几点。

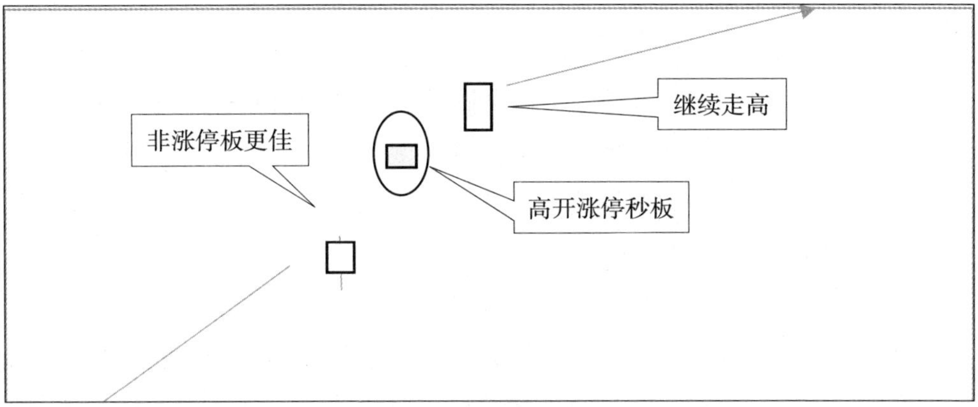

图 2-16　高开秒板战术

第一，由于该股票所具有的某种属性或概念先前没有被充分挖掘，而当时恰好被发现，此时该概念又已经出现了一定的发酵。这就意味着这只股票存在某种补涨的需求，未来涨幅是相当可观的。

第二，某种利好或新题材、新概念出现，且股票属于市场上的领涨品种，龙头股最佳。

第三，股票高开（通常高开在 7 个点以上更佳）之后的走势非常关键，股价并未出现回调，而是直线冲击涨停板，此时就是投资者追涨的时刻，但也要预防主力的诱多陷阱。

第四，股价高开之后，成交量同步呈现放大态势，此后封板时间越短越好。封板时间越短，股价未来的上升空间也就越大。

第五，对于投资者来说，这类股票留给自己的时间并不多，需要在几秒钟内迅速做出交易决策，这是十分考验人的。投资者可在每天集合竞价阶段重点关注市场的涨幅榜，重点关注涨幅榜靠前且并未封板的一些股票。在集合竞价之后，重点研究这些高位股票高开的原因，预判哪些股票存在秒板的可能。当然，也不能见到高开股票就冲入，毕竟每天都有很多股票高开后振荡走低，并就此进入了下跌通道。

下面来看一下百大集团的案例。

如图 2-17 所示，百大集团是一家集零售、酒店、旅游业于一体的综合性商业集团。该股股价在 2024 年 4 月 11 日曾拉出一个涨停板，此后股价出现了振荡回落走势。

到了 4 月底，由于“五一”小长假临近，该股股价出现了振荡上扬态势。4 月 30 日，也就是“五一”前的最后一个交易日，该股股价直接跳空高开，几乎是秒封涨停板。观察该股的 K 线图还可以发现，该股高开之时还完成了对 4 月 11 日高点的突破。

再看一下当日的分时图，如图 2-18 所示。

2024 年 4 月 30 日，百大集团的股价在集合竞价阶段步步走高，并以 8.51% 的幅度高开，此时投资者就应该密切关注该股的动向，随时准备入场抢筹。其后，该股股价快速冲高，并在五分钟内封住了涨停板，投资者可在涨停板价位预先填好买单，待股价冲击涨停板，且涨停板位置没有大卖单时入场。

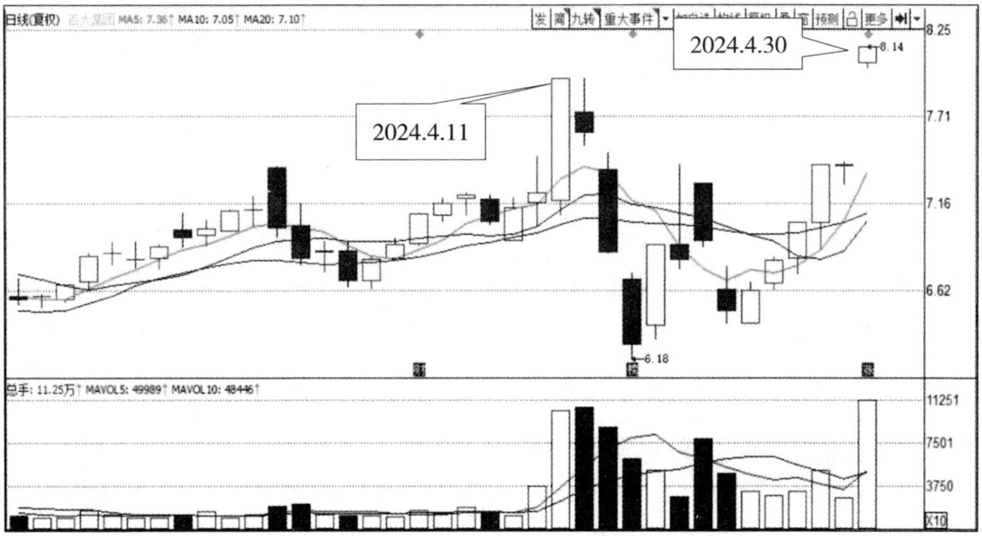

图 2–17　百大集团（600865）日 K 线走势图

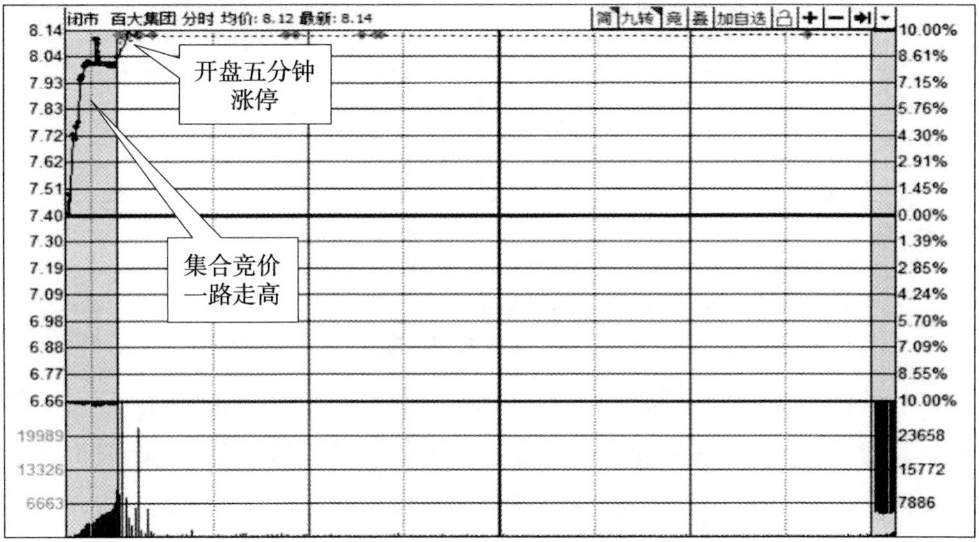

图 2–18　百大集团（600865）分时走势图（2024.4.30）

当然，任何时候抢入涨停板股票可能带来巨大收益的同时，也可能带来较大的风险，因此，投资者在买入时必须控制好仓位。

战术 8：高开回调打板战术

股价高开之后，有时稍有上冲，有时干脆直接振荡走低，此后股价出现反攻。这类股价走势，常常给投资者带来一定的困扰：一方面，追涨股价容易被套牢在高位；另一方面，股价回调之后反攻成功，就会顺利封板，不追涨容易错失牛股，如图 2-19 所示。

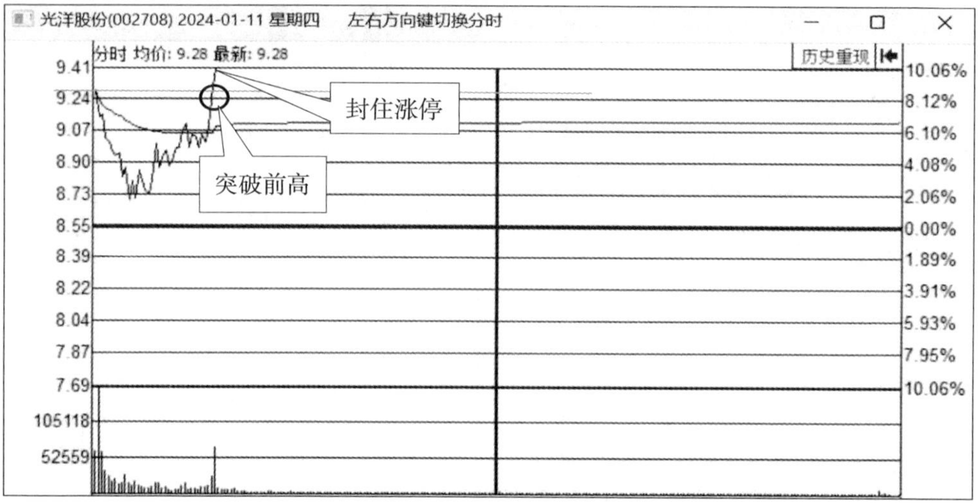

图 2-19 高开回调打板形态

从游资的角度来看，股价高开，意味着前日入场的资金出现了较大的盈利，因此，很多游资或其他获利资金都有可能选择获利出逃，此时股价就会出现回落态势。而场外的资金则继续看好该股而选择入场买入，当买入涌入量远远超过卖出量时，股价就会结束回调开始反攻。此时，开盘时间点附近形成的高点就是一个关键点位。股价若能向上突破前期高点，则意味着资金有将股价拉升至涨停的决心；反之，若股价没有上攻至前期高点就再度回落，则说明场内的卖盘仍旧十分强大，投资者最好不要入场。

该战术的操作要点包括如下几点。

第一，股价高开后出现回调走势，此时并非投资者入场的机会。投资者最佳的选择是等待。

第二，股价经过回调整理后出现反弹走势，甚至会出现直线拉升形态，投资者一般只要保持关注，在股价突破开盘之后形成的高点之前，一般都不要追涨，除非整个板块或概念异动，多股涨停。毕竟很多股票的股价在拉升至前期高点附近时，都因遭到较大的抛压而回落。

第三，这类形态股票的第一个买点就在股价放量突破前期高点位置，第二个买点则是在股价临近涨停板开始打板时。

第四，高开回调打板形态出现前，若股价已经出现了连续涨停，则股价当天封板的概率会更大一些。当然，若连续涨停板过多，风险也会越大，投资者则需要控制好自己的仓位。

下面来看一下睿能科技的案例。

如图 2-20 所示，2024 年 2 月初，机器人概念热炒了一波，睿能科技一度成为这波概念炒作中的龙头股。

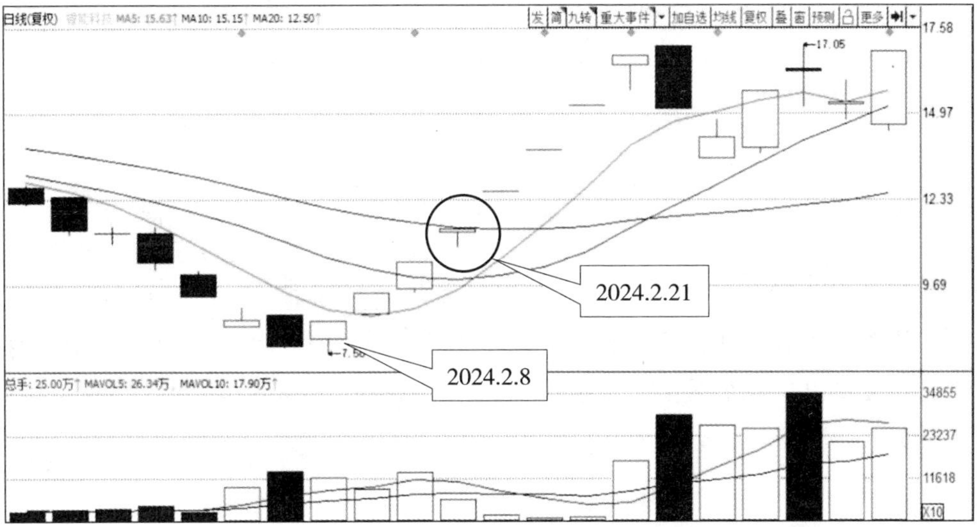

图 2-20　睿能科技（603933）日 K 线走势图

从图中可以看出，睿能科技的股价在2月初以前一直呈现振荡下跌态势。到2月8日，在大盘向好的刺激下，该股股价开启了涨停模式。到2月21日之前，该股股价已经完成了三个连续涨停板，风光无限。2月21日，该股同样高开，但出现了小幅回落。

如图2-21所示，睿能科技的股价在2月21日强势高开8个点以上，此后，该股股价下杀4个点。正当投资者以为股价将要大幅跳水的时候，却反向出现了拐头拉升，股价几乎在一分钟内完成了对前期高点的突破，并封上涨停板。这也就意味着，这只股票给投资者的反应时间极为短暂，一瞬间就要做出并执行买入操作。

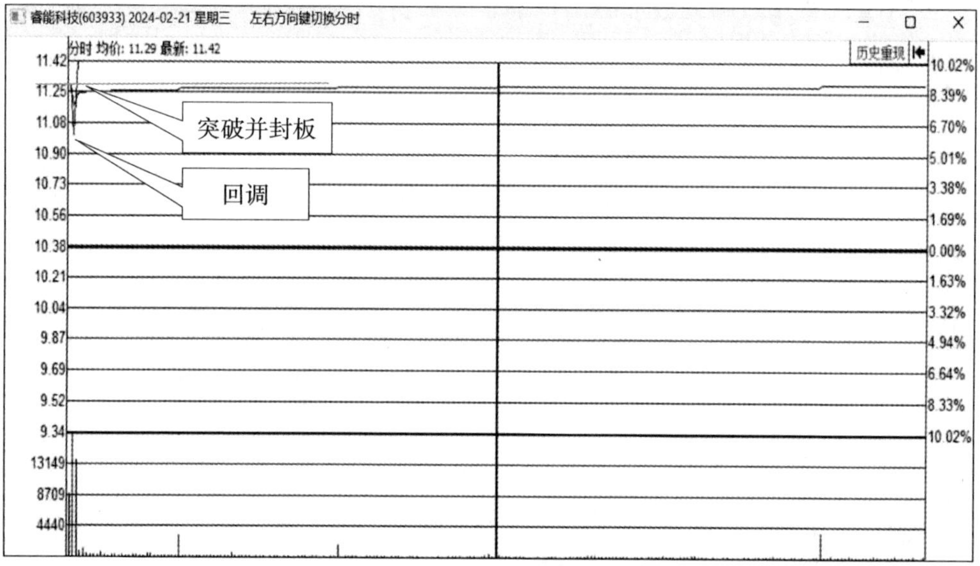

图2-21 睿能科技（603933）分时走势图（2024.2.21）

投资者可在股价向上突破前期高点时直接入场买入该股，此后，该股股价又连续走出了4个涨停板，强势尽显。

战术 9：快速涨停第一板打板战术

快速涨停第一板，即股价长期未出现涨停板后走出来的第一个涨停板，且涨停时间较早，一般在开盘半小时内实现涨停。当然，这类走势需要将前期经历过大幅炒作的股票排除掉。很多前期经历了大幅炒作的股票，也可能在沉寂一段时间内收出涨停板，但这种涨停板往往带有很强的诱多性质。

打板快速涨停第一板的好处有以下几点。

第一，前期获利盘小，相对而言，即使出现回撤，幅度也不会太大。

第二，一旦成功实现连板，后期获利巨丰。

第三，次日出现惯性冲高的概率很大。

快速涨停第一板打板战术的操盘要点如下。

第一，股价经过一段时间的振荡后，在某一交易日突然大幅拉升。若股价大幅拉升前出现了“挖坑”走势更佳。

第二，股价从开始大幅拉升到涨停，用时非常短，说明资金做多态度非常坚决，没有任何犹豫。

第三，股价大幅拉升时，市场开始流传关于该股票的利好消息，可能会为股票带来一定的助涨效应。

事实上，很多游资都偏好打首板。比较有代表性的游资包括首板挖掘、佛山系、成都帮等。

下面来看一下顺威股份的案例。

如图 2-22 所示，顺威股份的股价在 2023 年年底到 2024 年年初的一段时间内呈现了单边下跌态势。

2024 年 2 月 8 日，该股股价在大盘向好的带动下，出现了触底反弹走势。此后，该股股价一路小幅振荡上扬。

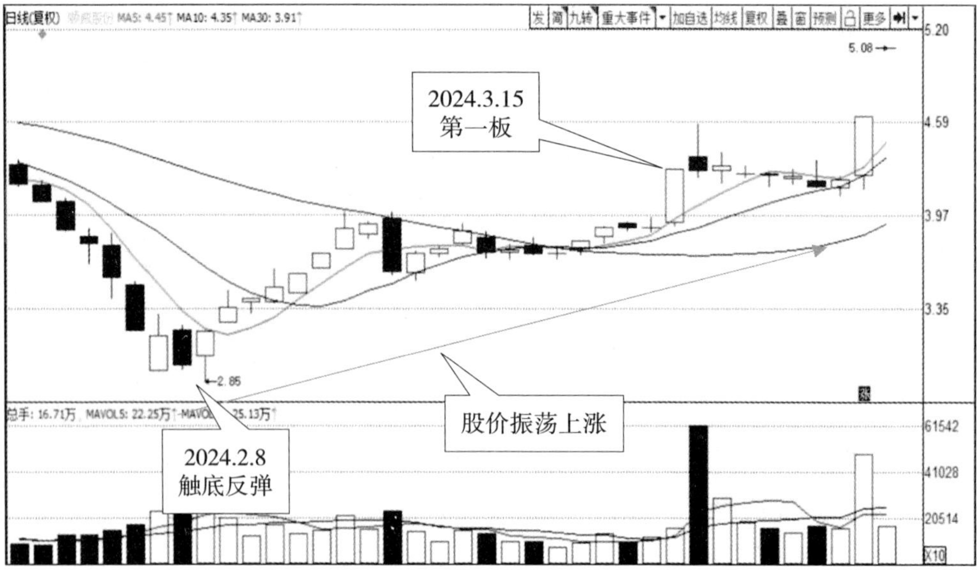

图 2-22　顺威股份（002676）日 K 线走势图

3 月 15 日，在市场大幅炒作飞行汽车概念的刺激下，顺威股份的股价在开盘不久后就封上了涨停板，如图 2-23 所示。

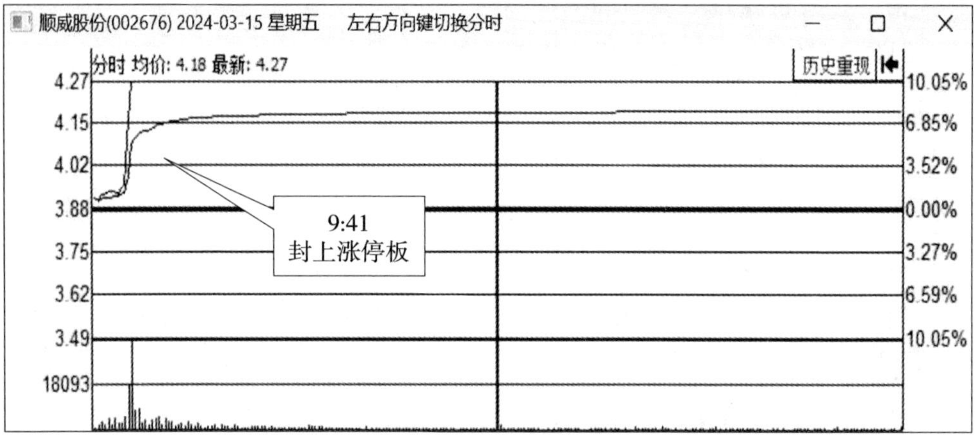

图 2-23　顺威股份（002676）分时走势图（2024.3.15）

从图 2-23 中可以看出，2024 年 3 月 15 日，顺威股份在早盘开盘 10 多分钟的时间里，经过一波拉升就封上了涨停板，说明资金做多该股的态度非常坚决，也反映了资金对其后市的看好。想要打板的投资者就应该第一时间入场抢筹。

此后，该股股价出现了一波振荡上升走势。

战术10：龙头分化打板战术

游资大佬赵老哥曾说过，一个板是看不出什么龙头股的，三个板后，股票开始分化， 龙头股才会现身。

一般来说，龙头分化打板操作需要注意以下几点。

第一，在概念炒作初期，同一概念板块内应该有多只涨停股，这说明市场对该概念的认可，同时大家也对哪只股票是大龙头没有准备。

第二，热门概念启动第二日，先前的涨停板已经有很多没有能够二度封板了，这说明市场已经开始有所选择了，毕竟要想让龙头股走得远，资金必须集中火力才行。

第三，热门概念启动第三日，热门概念股票进一步分化，通常来看，同一概念内的股票已经不超过3只，甚至只有1只了。当然，这并不意味着这一概念内只有1只股票涨停，事实上，该概念内可能还有其他股票出现涨停的情况，只是三连板的股票没有几只了。这时候龙头股基本现身了。

第四，通常来说，龙头股在第三个或第四个涨停板附近也会出现大幅振荡，这是资金产生分歧的标志。很多场内资金获利流出，场外资金继续看好该股入场买入，成交量放大是其显著标志。另外，在很多游资大佬看来，没有经过放量检验的龙头，都不能成为真正的龙头。而这一放量阶段也是投资者判断龙头股的试金石。股票若能在放量振荡后继续回封涨停，就可以认定该股很可能就是引领股价上行的真龙。

比如，2023年11月，新能源汽车概念以及与之相关的汽车零部件概念成为市场热炒的概念。从最近几年的市场情况来看，由于我国正在大力发展新能源汽车产业，且新能源汽车已经颇具国际竞争力，这也使得该概念常常成为市场反复炒作的热门概念。2023 年 11 月 10 日，新能源汽车概念以及汽车零部件概念炒作再起波澜，银宝山新、东风汽车、海马汽车、东安动力、福然德等多只同概念股票收出涨停板。

到 11 月 13 日（11 月 11 日、12 日周末休市），能够成功实现两连板的股票就只剩下海马汽车和银宝山新了。先来看一下两只股票在 11 月 13 日的分时走势图，如图 2-24、图 2-25 所示。

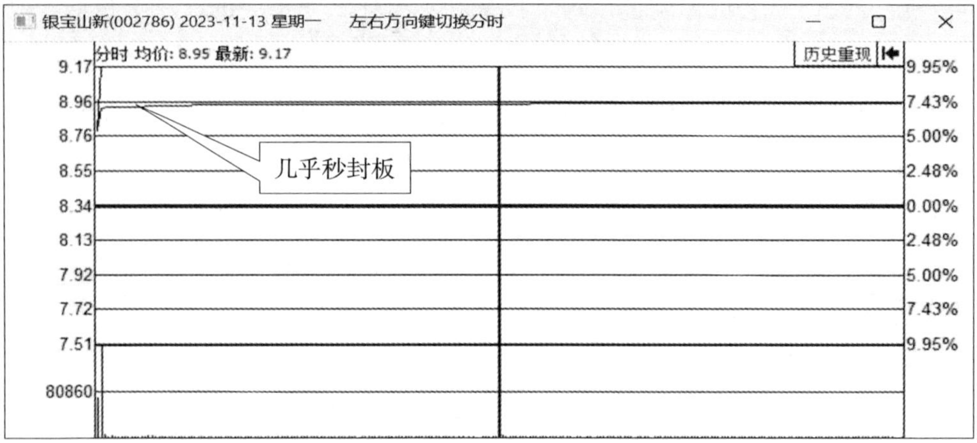

图 2-24　银宝山新（002786）分时走势图（2023.11.13）

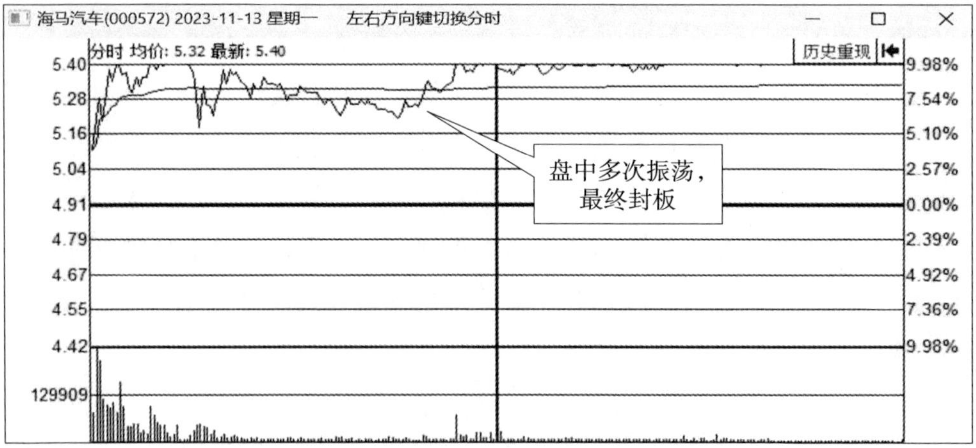

图 2-25　海马汽车（000572）分时走势图（2023.11.13）

从银宝山新 2023 年 11 月 13 日的分时图中可以看出，该股股价几乎是在开盘后秒封涨停板，从中也可以看出市场资金对其追捧的程度。

从图 2-25 中可以看出，海马汽车的股价在盘中多次振荡，但最终还是封上了涨停板，只是封板不太牢靠，封板时间有点晚。相比较而言，肯定就不如银宝山新更为干脆。

再来看一下 11 月 14 日两只股票的走势情况。

先来看一下银宝山新的走势。如图 2-26 所示，银宝山新的股价在 11 月 14 日高开后，经过一波振荡，并在半个小时左右的时间内成功封板，成交量也同步放大了很多。在午盘时段，该股的封板一度被砸开，但很快又回封了。这说明此时资金分歧较为严重，很多获利盘出逃了。但该股仍能迅速回封涨停板，说明市场对该股的走势仍是十分认可的。

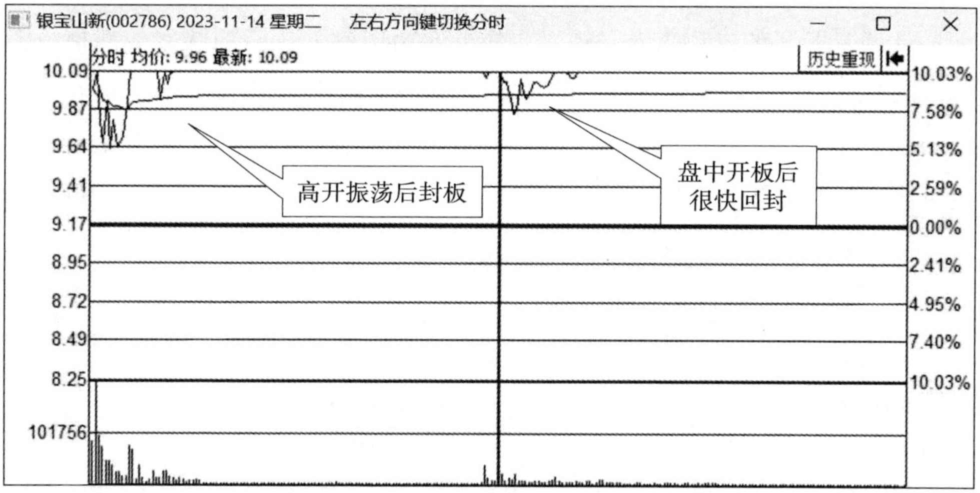

图 2-26　银宝山新（002786）分时走势图（2023.11.14）

再来看一下海马汽车的股价走势情况，如图 2-27 所示。

图中可以看出，海马汽车在 1 月 14 日开盘后，一直呈现横向振荡态势，到了下午时段，在银宝山新重新封板的带动下才再度起涨，并最终封上涨停板。

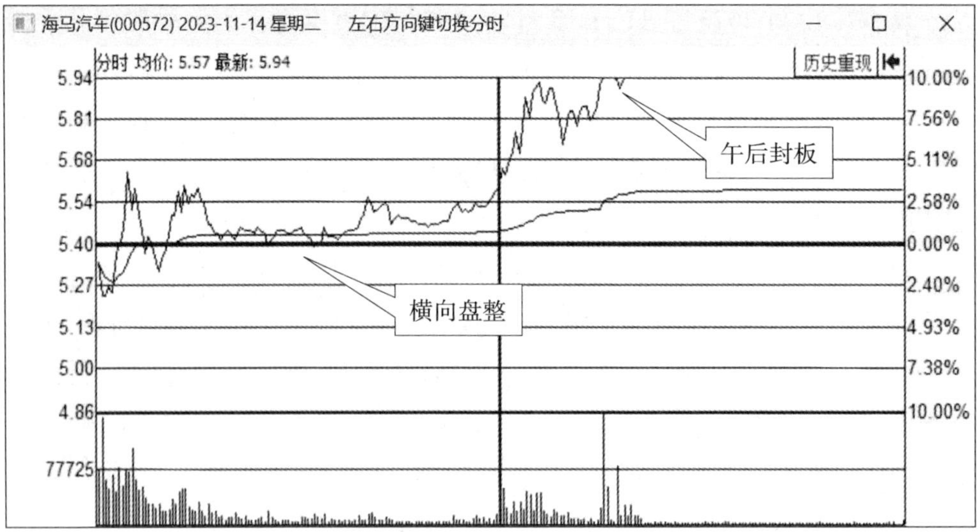

图 2-27　海马汽车（000572）分时走势图（2023.11.14）

从两只股票的走势来看，海马汽车几乎每天都处于跟随状态，都是在银宝山新封板后才涨停的。银宝山新成为龙头股的概率要远远大于海马汽车。

到了 11 月 15 日，海马汽车没能延续封板节奏，而银宝山新再度高开高走迅速封板，如图 2-28 所示。

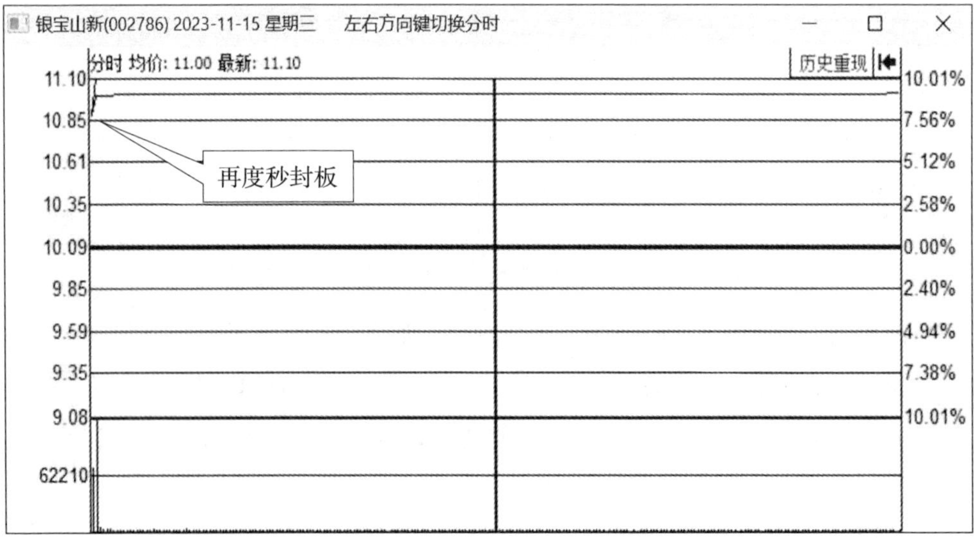

图 2-28　银宝山新（002786）分时走势图（2023.11.15）

从图 2-28 中可以看出，银宝山新在 11 月 15 日大幅高开后，在 1 分钟时间内就完成了封板操作。至此，此波龙头就真正现身了。想要打真正的龙头板的投资者就应该在 11 月 15 日股价高开之日，第一时间迅速跟进买入该股。

该股股价此后又连续收出多个涨停板，如图 2-29 所示。

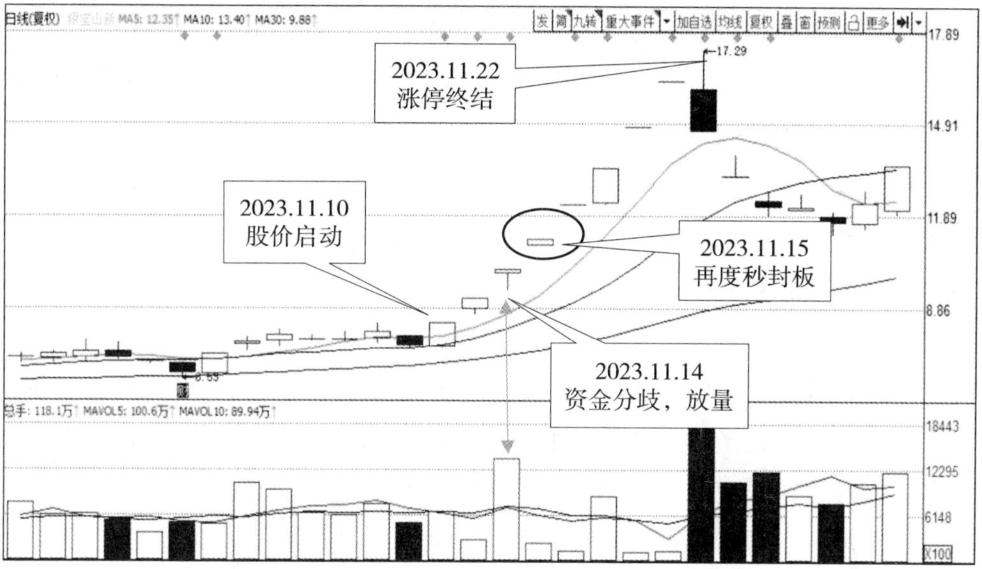

图 2-29 银宝山新（002786）日 K 线走势图

从图 2-29 中可以看出，银宝山新的股价自 2023 年 11 月 10 日启动大幅上攻，并在 11 月 14 日收出第三个涨停板。在 11 月 14 日的涨停过程中，股价出现了较大幅度的振荡，成交量同步出现了明显的放大，这是资金分歧的标志，也是一只股票成为真正龙头所必须经过的一个“坎”。只有经历了成交量放大的考验，才可能成为真正的龙头。

到了 11 月 15 日，该股股价再度大幅高开，意味着龙头股的上攻已经开始提速，想要打板入场的投资者，当日就是最佳时机。

战术 11：新股初次涨停打板战术

这里的新股，特指上市 20 个交易日以内的股票。新股初次涨停，是指新股上市后第一波无量拉升（有时没有这一波拉升）结束后出现的第一个涨停板。当一只新股的第一个涨停板出现时，往往意味着该股在第二个交易日也会有一波冲高走势。相对于其他类抢入涨停板的情况，抢入新股的涨停板会安全一些。

投资者追涨新股初次涨停时，需要注意以下几点。

第一，新股第一波拉升的幅度。

鉴于新股涨跌停的限制，新股上市后很可能会出现一波一字板涨停行情，若一字板出现的数量较多，则该股其后可能会出现回调走势，回调的幅度与拉升的幅度往往成正比。当然，随着新股发行和上市交易制度的改革，很多新股在上市后常常会出现首日冲高后立即转入回落的走势。也就是说，以前的那种新股上市必然遭到爆炒、必然连续一字涨停的定律已经不存在了。这就为新股交易增加了更大的风险。

第二，涨停板出现位置。

涨停板出现在以下两个时段最好：一是股价经过回调整理之后，出现第一个涨停板；二是股价创新高时，出现第一个涨停板。

第三，追涨时机。

投资者要秉持一个原则，即股价不涨停不追。只有股价到达涨停板位置，且有大单开始买入时，方可追涨买入。

第四，成交量关系。

涨停板出现当天，成交量如果能够相比前几个交易日有所放大，则可以增加股价继续上涨的可能性。

第五，仓位控制。

股价临近涨停时追涨涨停板的操作面临非常大的风险，因而宜以少量资金参与。参与该项操作的资金占资金总额的比重不能超过 20%。

下面来看一下平安电工的案例。

如图 2-30 所示，平安电工于 2024 年 3 月 28 日正式上市交易，发行价格为 17.39 元，当日开盘价为 31 元，收盘价为 33.11 元，相比发行价格，涨幅为 90%。此后，该股股价出现横向调整态势。

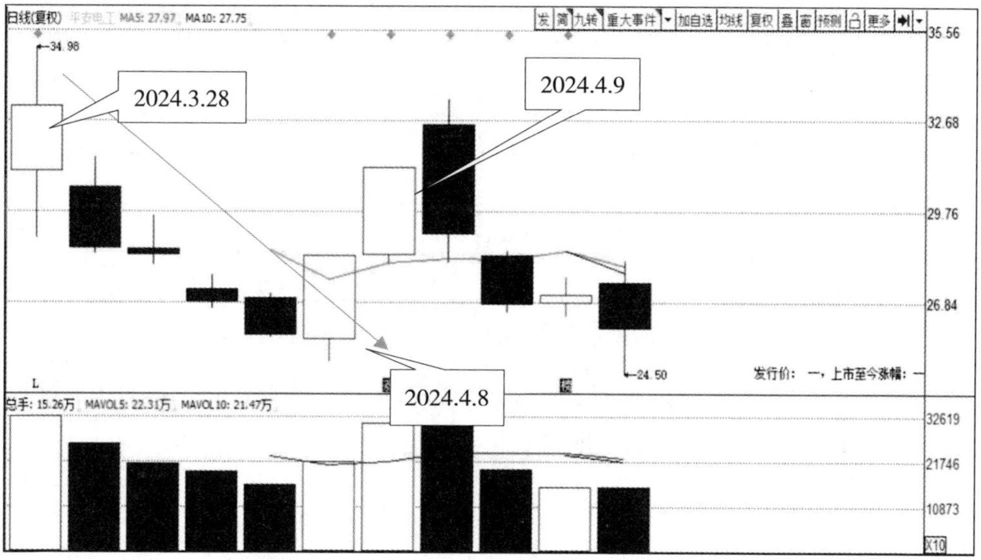

图 2-30　平安电工（001359）日 K 线走势图

2024 年 4 月 8 日，大盘大幅下挫，市场缺乏热点，游资开始拉升注册制新股。

如图 2-31 所示，平安电工的股价经过多日调整后，已经下跌了较大的幅度。2024 年 4 月 8 日，大盘大幅下跌，市场缺乏热点，很多游资开始将注册制新股作为攻击对象。4 月 8 日，平安电工低开低走一波后，被分成几波拉升，到了下午 2 点左右，直接封上了涨停板。对于想要进行抢入涨停板的投资者来说，当股价上涨至涨停价位时，且卖盘再无大单，而买单频现时，就是最佳的买入时机。

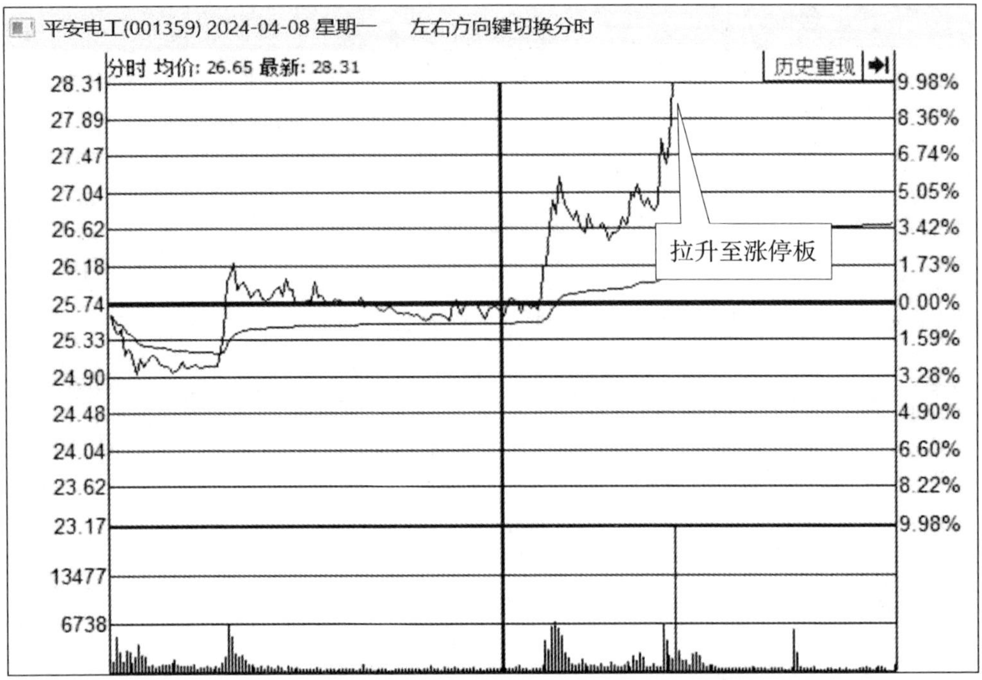

图 2-31　平安电工（001359）分时走势图（2024.4.8）

投资者买入该股后，次日该股股价涨停时继续持有，待 4 月 10 日该股出现跳水走势时执行卖出操作即可。

战术 12：出水芙蓉打板战术

强势出水芙蓉，是多出现于底部盘整或下跌趋势后期的一种涨停形态。股价涨停的同时，均线如果能呈多头排列，那么股价上涨的概率非常大。在游资领域，有很多资金专注于挖掘这类首板涨停股，至于次日股价是否还会涨停，则需要结合当时的市场环境而定。

出水芙蓉打板形态的操作要点包括如下几点。

第一，股价涨停前已经出现了一波横盘或下跌行情，各条均线出现黏合状态。

第二，某一日股价低开高走以涨停报收，并一举突破了多条均线，形成出水芙蓉形态。

第三，股价突破各条均线后，各条均线呈发散排列。

第四，股价突破各条均线当日，成交量出现放大态势。

第五，当股价突破各条均线，并位于各条均线之上时，就是第一个买点。

下面来看大理药业的案例。

如图 2-32 所示，2024 年上半年，大理药业的股价经过一波大幅振荡后，开始走出了一波横向盘整行情，该股的各条均线逐渐黏合在一起。

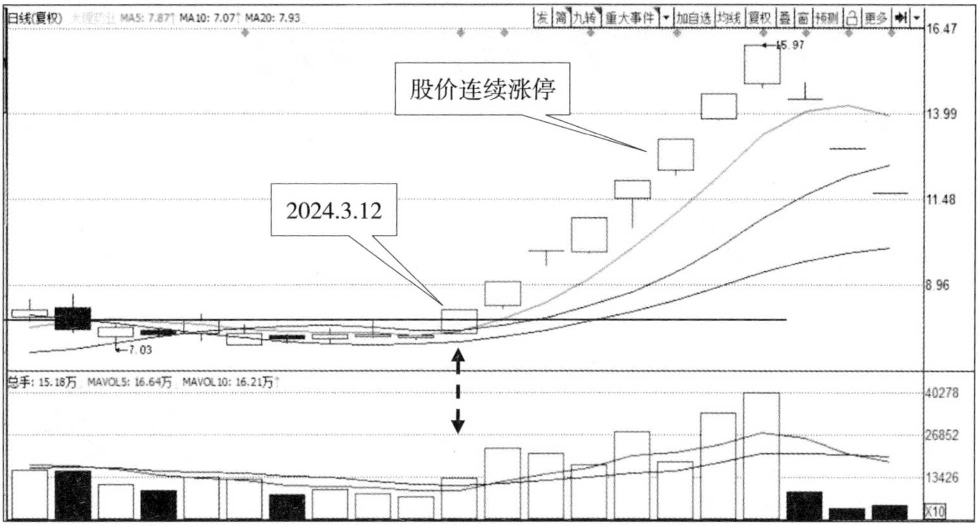

图 2-32　大理药业（603963）日 K 线走势图

2024 年 3 月 12 日，大理药业的股价发动了上涨行情，且当天的 K 线一举突破了多条均线的压制，以涨停报收，形成了强势出水芙蓉形态，预示着该股股价将会发动一波快速上涨。3 月 12 日当天，该股的成交量相比前几个交易日放大数倍，说明有资金流入该股。股价向上突破多条均线之后，各条均线呈多头发散排列，说明股价短期将呈强势，投资者可买入。

此后，该股股价连续拉出多个涨停板，成为中药制剂概念的龙头股。

第三章
二板接力战术

抢入首板固然风险最小，收益可能也比较高，但把握首板的难度也是非常大的，而且一旦封板不成，股价可能会迎来较大幅度的下杀。因此，很多游资喜欢在首板之后介入，并努力将股价再度推升至涨停板。因此，二板接力战术也成为很多游资常用的一种战术。

原理解构：二板的成本、人气与空间

这里所说的二板，是股价自低位启动首次涨停后形成的第二个涨停板，并非股价经过一波拉升调整再度涨停后形成的二板。

相对而言，首板出现后的股票，再度涨停就会比其他股票更容易，二板因其位置较低，更容易获得关注。其背后的原理可以从以下几个角度来解读。

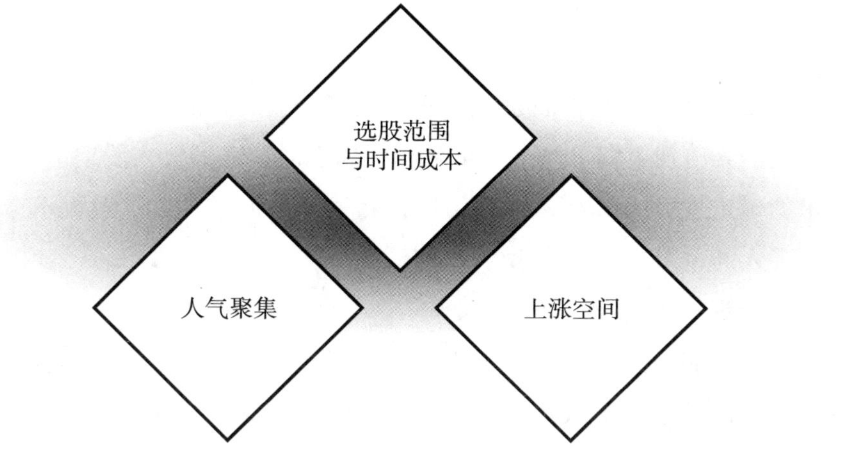

图 3–1　二板背后的原理

第一，选股范围与时间成本。

目前 A 股市场上的股票有 5000 多只，投资者不可能有那么多的时间和精力去研究这些股票，但若将候选目标锁定在前日涨停的股票上，则研究的范围就会缩小很多，研究这些股票所花费的成本也会少很多。

第二，人气聚集。

首板产生后，市场上对这类股票的关注度将会大大提升，甚至会晋升到比较靠前的热点股票排名榜，这都有利于这类股票在接下来的拉升中聚集人气。从游资的角度来说，愿意入场买入或拉升股票的前提，就是这只股票具备相当的人气。这样，投资者也可以通过自己的买入带动更多的观望资金入场；反之，若非涨停股，关注的人气肯定要少很多，人气不足，游资拉升的意愿也会降低很多。

第三，上涨空间。

相对于首板来说，二板的位置已经有了10%的涨幅，但从整体上来看仍处于低位，未来仍有较佳的上涨空间，风险相对可控。

战术1：二板低吸战术

二板低吸战术，是指股票首日涨停次日开盘后，股价分时线经过回调整理（一般不会出现大幅下跌），重新拐头向上时，入场买入股票。相对而言，该战术的确定性并不算高，但因为股价经过了回调整理，一般也不会太高，投资者买入的风险也不算太大。

二板低吸战术的操盘要点如下。

第一，在前一交易日涨停的基础上，股价再度高开，其后出现回落态势。

第二，股价遇均价线或前日收盘价线获得支撑，即在一个区域出现了明显的振荡态势。

第三，股价分时线被快速拉升而起，成交量同步放大，且向上突破了某些重要阻力位，更可增强股价上攻的概率。

下面来看一下荣丰控股的案例。

如图 3-2 所示，荣丰控股的股价在 2024 年年初时段出现了一波大幅下跌走势，股价下跌幅度超过 50%。2 月 19 日，春节假期之后的第一个交易日，该股股价平开之后大幅走高，并成功封上了涨停板。

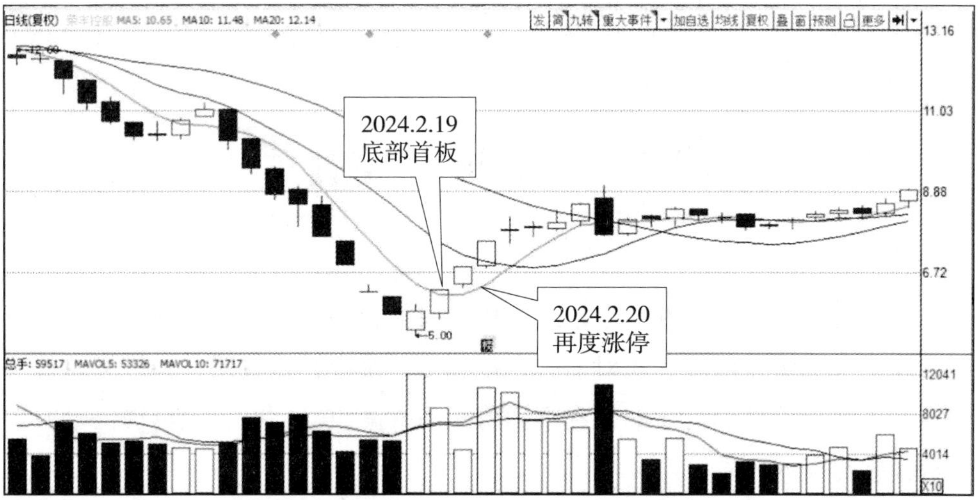

图 3-2　荣丰控股（000668）日 K 线走势图

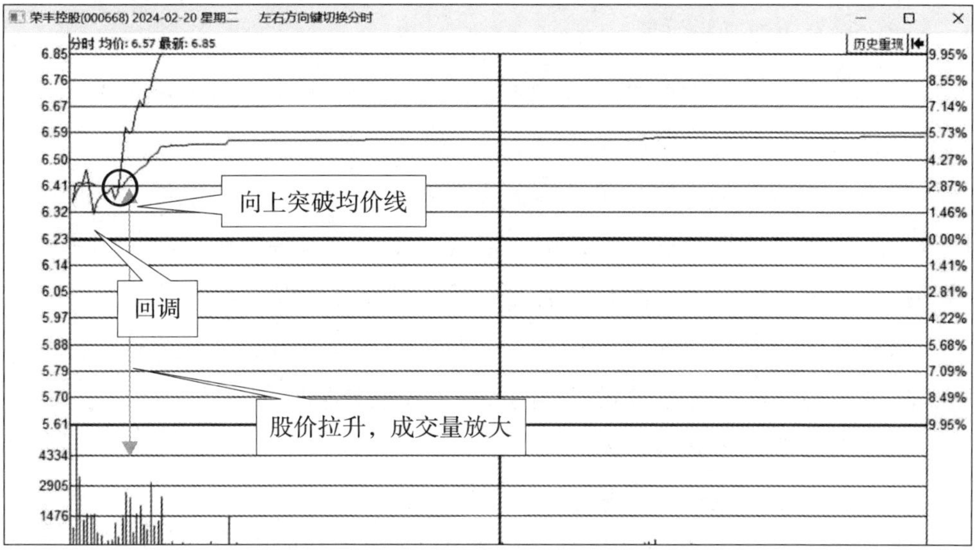

图 3-3　荣丰控股（000668）分时走势图（2024.2.20）

如图 3-3 所示，荣丰控股在 2 月 19 日涨停的基础上，2 月 20 日以 2 个点的涨幅高开，此后经过了一波回调振荡。到了 9:45 左右，该股股价重新拐头向上突破了均价线，此时投资者可考虑低吸入场。当然，低吸入场风险较高，投资者还应该控制好仓位。

此后，该股股价在 2 月 20 日、21 日连续收出涨停板，上攻势头非常强劲。

战术 2：二板打板战术

二板打板战术，即在股票首日涨停次日开盘后，股价分时线上攻涨停板时，快速入场买入股票。相对而言，该战术的确定性比较高，但因为股价已经达到了涨停价位，后续的盈利空间将会大大减少。同时，股价涨停时入场也会面临炸板的风险。

二板打板战术的操盘要点如下。

第一，在前一交易日涨停的基础上，股价最好能够高开或小幅低开，其后出现大幅拉升的态势。

第二，股价线快速向涨停板冲击，临近涨停板时，面对大额卖单，频频有买盘将其吃下，很少出现大单向下发力打压的情况。

第三，投资者可在股价触及涨停板位置，且卖盘大单已经被大部分吞下时入场。当然，这里有些时候还需要点运气成分。有些游资可能采用一笔大单吞掉所有卖单的方法，此时其他投资者就很难再有机会入场了。

第四，二板打板战术选择的标的，最好是开盘几分钟内就能够达到涨停板位置的股票。这类封板时间较早的股票，说明资金对其后市走势比较确定，股价未来继续上攻的概率很大。

下面来看一下电魂网络的案例。

如图 3-4 所示，电魂网络的股价在 2024 年年初时段出现了一波大幅下跌走势，股价下跌幅度超过 50%。2 月 8 日，春节假期前的最后一个交易日，该股股价小幅高开之后大幅走高，并成功封上了涨停板。

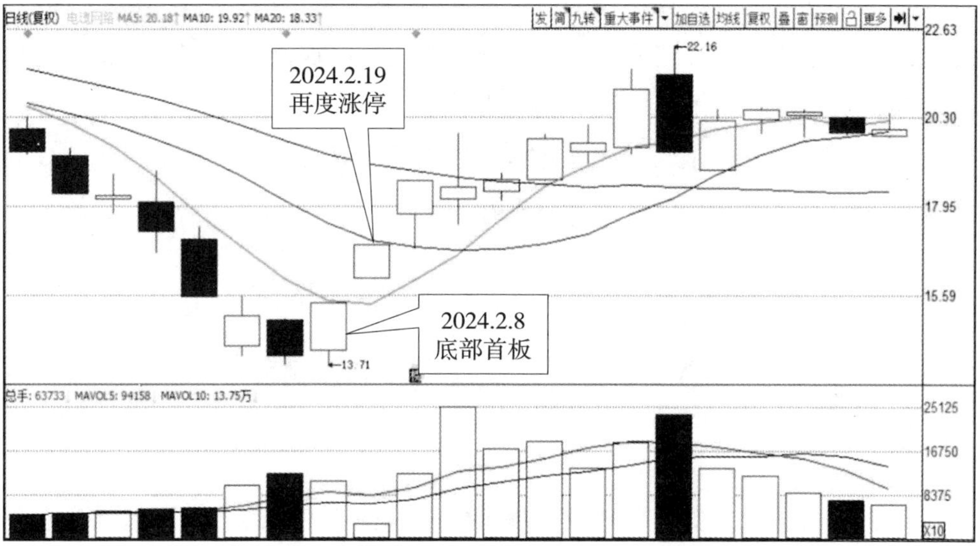

图 3–4　电魂网络（603258）日 K 线走势图

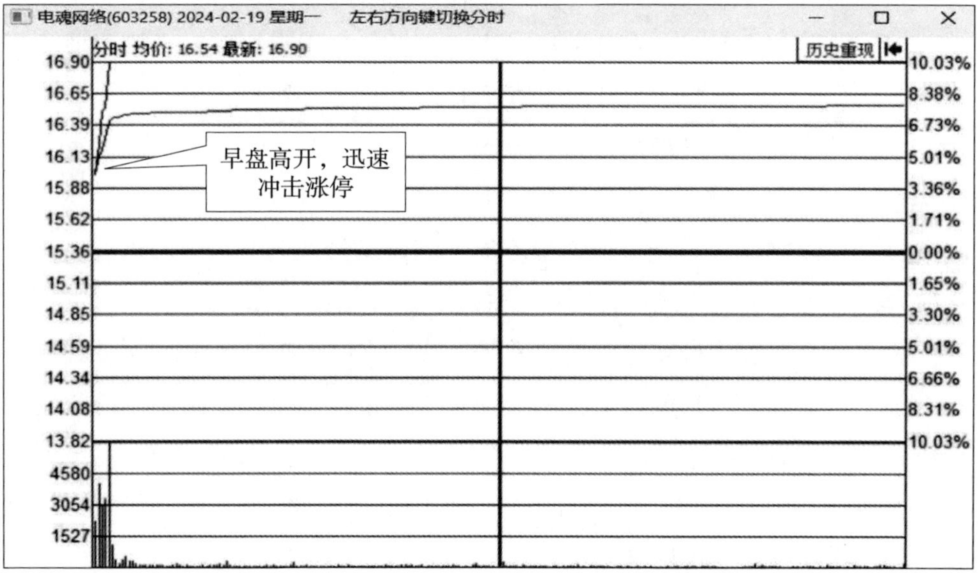

图 3–5　电魂网络（603258）分时走势图（2024.2.19）

2 月 19 日，春节假期结束后，电魂网络的股价延续了之前的攻势，大幅高开后迅速冲击涨停板。

如图 3-5 所示，电魂网络的股价在 2024 年 2 月 19 日早盘以 4 个点的幅度高开，并迅速冲击涨停板，在 4 分钟内完成了打板操作。其实，这类走势的股票就是投资者操作打板股票的最佳标的。

其后，该股股价全天封死涨停板，后面的交易日更是延续了强势上攻的势头。

战术 3：二板竞价战术

二板竞价战术，即在股票首日涨停次日集合竞价阶段，直接以竞价的方式买入股票。

相对而言，是一种确定性较低的战术，而且由于 A 股市场的 T+1 交易规则，一旦买入股票后，当日无法卖出，也就相当于直接锁定了该只股票。因此，只有在一波行情已经启动的情况下，才可以少量参与。

二板竞价战术的操盘要点如下。

第一，在前一交易日涨停的基础上，股价在集合竞价阶段的价格最好控制在 3%～7% 之间，不能太低，也不能太高。竞价太高，出现回落的风险就会加大；反之，若竞价过低，则有可能直接下挫。

第二，只有股价自低位启动出现首板后，才可在次日应用此战术。

第三，投资者所选的投资标的必须是当前市场投资主线范围内的股票，最好是热门股票。

第四，鉴于股票的价格在集合阶段波动较大，因此，下单时间最好在 9:25 之前的一两分钟，不要过早介入。

下面来看一下神马电力的案例。

如图 3-6 所示，2023 年年底，能源电力概念出现了一波炒作行情，神马电力作为智能电网领域的代表性股票，成为此波炒作行情中的热门股票。知名游资秋千、宁波和源路、西湖国贸、益田路、成泉系等都参与了该股的炒作。

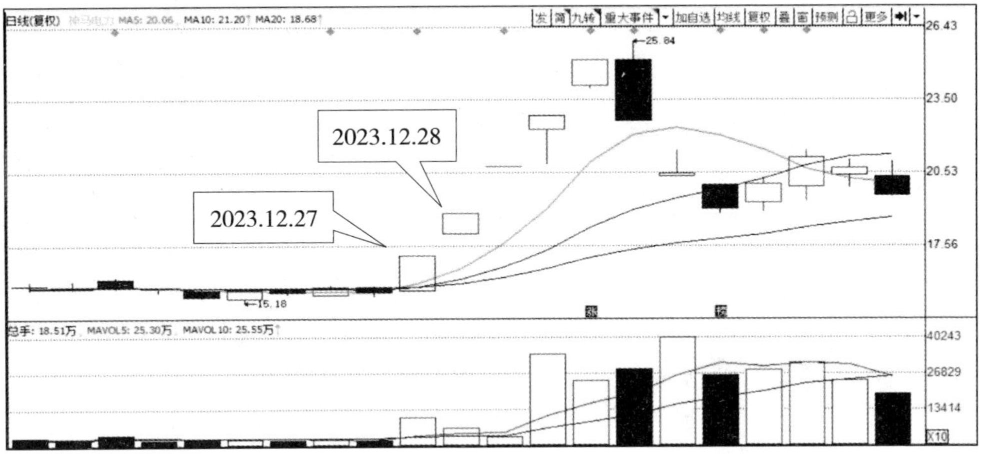

图 3-6 神马电力（603530）日 K 线走势图

2023 年 12 月 27 日，该波行情开始时，神马电力收出了第一个涨停板。12 月 28 日，该股股价在集合竞价阶段出现了大幅走高态势。急于跟进的投资者可考虑在集合竞价阶段入手该股。该股在集合竞价结束时，出现了 5 个点的大幅高开，如图 3-7 所示。

神马电力在集合竞价阶段高开 5 个点后，在 3 分钟内就完成了冲击涨停板的操作，并死死封住了涨停板，这也就意味着投资者若不能在集合竞价阶段入场，后面入场的时间窗口将会非常短暂。当然，从风险防控的角度来看，集合竞价阶段入场的风险还是很大的，因此只能用较少的仓位参与。

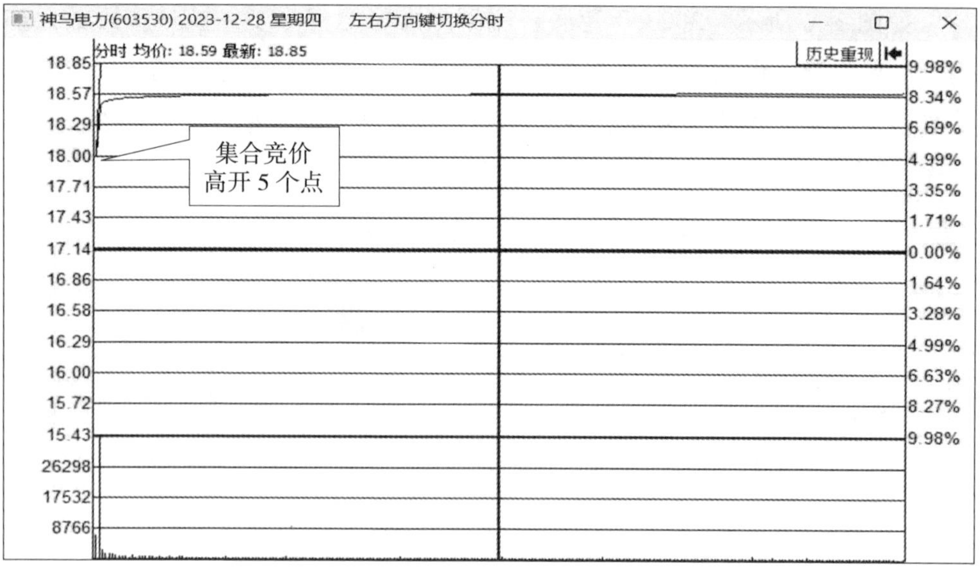

图 3-7 神马电力（603530）分时走势图（2023.12.28）

战术 4：二板半路追涨战术

二板半路追涨战术，是指股票前一交易日涨停后，次日开盘后，在股价分时线呈现出了明显的上攻迹象时，追涨买入该股。相对而言，这种打法的成功率并不算高，却可能是很多散户投资者最常使用的一种方法，也是游资常借此来引诱散户上钩的一种策略。

很多时候，前一交易日入场的游资，为了在次日能够顺利出货，就会采取突然向上拉升股价的方式，很多散户误认为股价将要冲击涨停板，于是纷纷入场买入股票，而游资则趁机将前一交易日入手的股票抛出，此后股价就会出现回落走势。因此，这种战术即使在游资看来都是风险很高的一种方法。

二板半路追涨战术的操盘要点如下。

第一，在前一交易日涨停的基础上，股价在当日开盘后经过一波振荡，最好是横盘振荡，其后突然出现加速上升迹象。

第二，当股价量价齐升时，或者股价分时线向上突破重要阻力位，如均价线位置、前一波冲高高点位置等，可考虑追涨买入。

第三，为了预防可能的主力诱多行为，投资者最好选择那些属于当前炒作主线内的股票，毕竟这类股票拉升涨停的概率要比其他股票高很多。

第四，从整体上来看，这类股票需要自低位启动后直接杀到涨停板才能稳定，因而中途出现拐头向下的概率很高，投资者需要将参与仓位降至较低的水平。

下面来看一下公元股份的案例。

如图 3-8 所示，2024 年年初，机器人概念出现了一波炒作行情，公元股份作为机器人领域的代表性股票，成为此波炒作行情中的热点股票。知名游资秋千、作手新一、粉葛等都参与了该股的炒作。2024 年 1 月 9 日，这一波行情开始时，公元股份收出了第一个涨停板。

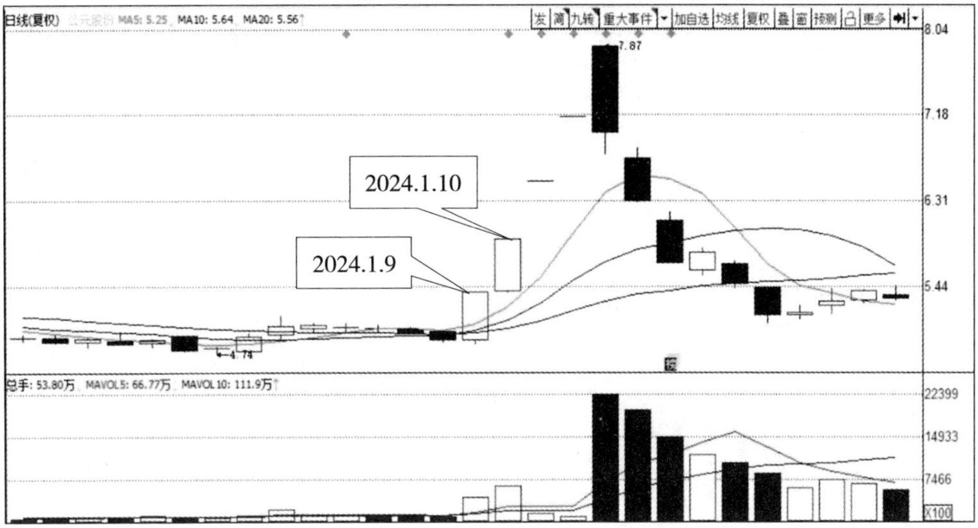

图 3-8　公元股份（002641）日 K 线走势图

1 月 10 日，该股股价以前日收盘价的价格开盘，此后股价出现了快速冲高走势。

如图 3-9 所示，公元股份的股价在 2024 年 1 月 10 日平开后出现了一波迅速冲高走势，其后经历一波回落后重新冲高，并突破了前次冲高的高点。对于想要半路追涨的投资者来说，这是一个不错的机会。第二波冲高之后也同样经过一波回落，而后再度发动了第三波冲高，并直接封到了涨停板。当股价突破第二波冲高高点之时，就是第二个较佳的买点。

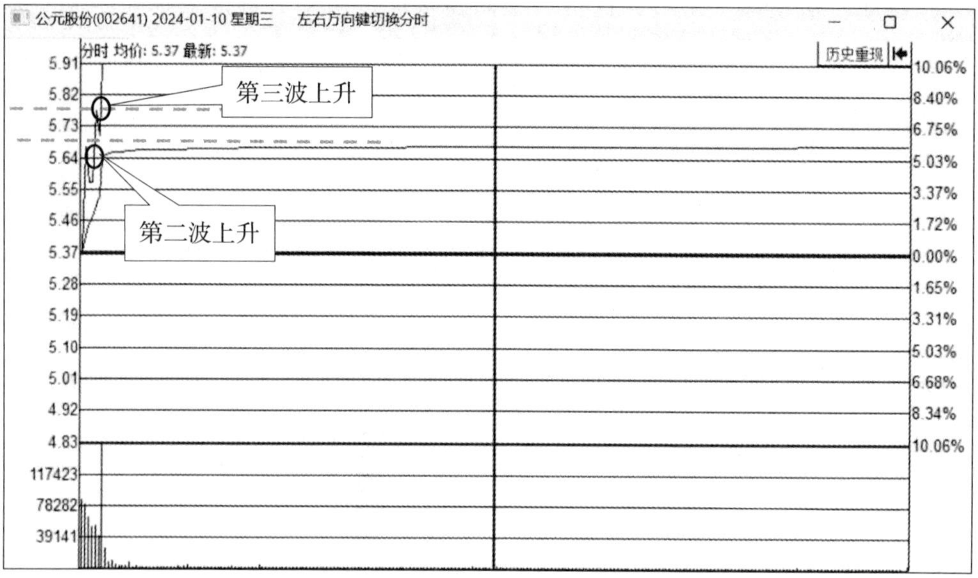

图 3-9　公元股份（002641）分时走势图（2024.1.10）

第四章
反包涨停战术

反包是股市中的一种技术形态，主要指在K线图中一根大阳线完全覆盖前面的阴线，或者一根大阴线完全覆盖前面的阳线的形态。我们这里的反包涨停战术，是指股价在涨停之后并未延续涨停走势，形成了断板，此后一个或几个交易日内，股价再度反攻，成功封上了涨停板。通常情况下，反包一旦成功，意味着股价很可能会继续延续上攻之路。

原理解构：反包背后的逻辑

股票涨停中断，说明市场上的资金出现了巨大的分歧，看涨资金的流入小于看空资金的流出，但若其后能够走出反包形态，则意味着整个市场对股票未来走势的看法出现了逆转。当然，这种逆转发生的概率并不高，肯定需要一定的条件，有其内在的逻辑。

通过对市场上走出反包形态股票的研究，可以大致总结出反包股形成反包的三大基本条件，如图4-1所示。当然，并不是具备这三项条件就一定会反包，只是拥有了三项条件之后，反包的概率会大大提升。

第一，人气与市场地位。

人气股以及市场上的龙头股，特别是超级龙头股，更容易走出反包形态。由于这些股票本身属于市场的人气股，关注的人和资金都比较多，这就意味着，当这些股票出现拉升走势时，市场上的跟风资金也更多，股票也更容易涨停。

这一正向激励的循环，促使更多资金愿意在股票断板之后再行向上拉升股价。

第二，题材。

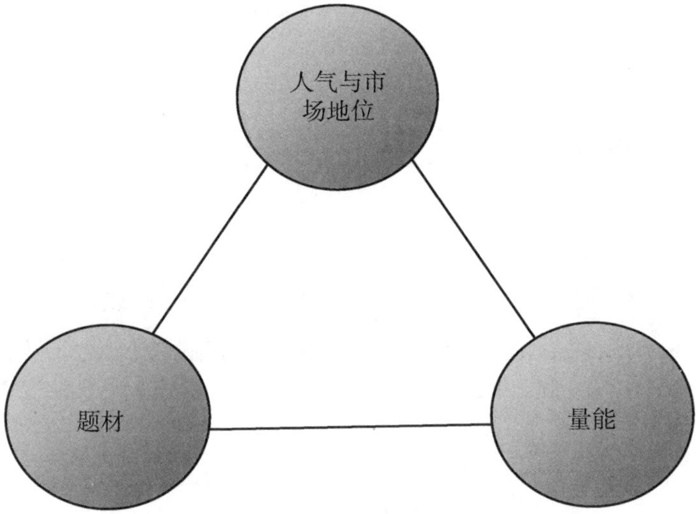

图 4-1　反包股形成的三大条件

越是贴近市场炒作主线的题材，出现反包股票的概率越高。市场上的股票很多，但市场上多数游资和散户还是会将目光锁定在主线题材方面。也就是说，投资者做反包的前提是了解当前市场的热点题材有哪些、主线是哪条、次级反复炒作的题材有哪些等。只有属于炒作主线内的题材，反包的概率才会更高。

当然，还有一类是市场上新出现的题材，如果这类题材同时还拥有较大的想象空间，则反包的概率可能会更高一些。

第三，量能。

量能是市场热度最直观、最真实的反映。只有成交量持续的走高相配合，股价才有反包的可能。股价涨停后出现断板，意味着资金对股价未来走势存在分歧，而成交量放大，才能说明有大量资金入场，同时底部入场的筹码开始流出，即整个市场的持仓成本上移，这也会为股价未来继续上升提供稳定的支持；否则底部筹码不动，股价只要上攻，就会有获利盘涌出，显然不利于资金的拉升。

当然，股票反包需要成交量放大相支持，但并不意味着成交量越大越好。要是股票放出天量，则可能意味着股价阶段性到顶了。

战术 1：反包上影线涨停战术

股票强势涨停的次日，股价高开高走后回落，在 K 线图上留下了一根带长上影线的 K 线，此后的一个或几个交易日内，股价 K 线能够向上突破上影线最高点并实现涨停，则意味着反包形态成立，如图 4-2 所示。

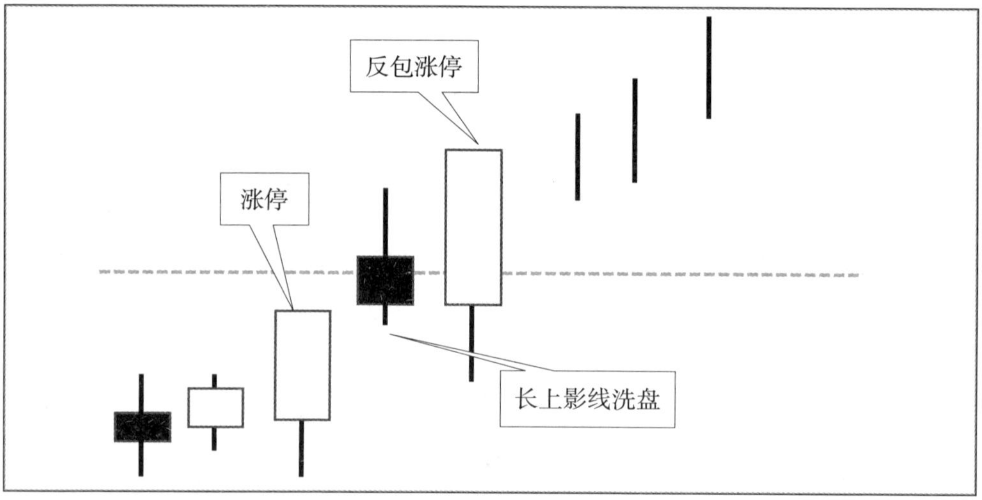

图 4-2　反包上影线涨停

反包上影线涨停，是股价在启动前强势洗盘、试盘时常见的一种形态。上影线的出现多是延续前一个交易日涨停的上攻动能。股价在创出高点后，因获利盘的出逃，造成了股价的下行，这本身就是多空出现分歧的一种表现，期间必然也会伴随着较大的成交量。与此同时，低位筹码的出逃，带动了整个市场平均持仓成本的提升，也为资金继续拉升股价提供了方便。此后的交易日，主力资金还会通过拉升或打压股价来检验该股的市场热度，一旦发现该股的市场人气仍旧很高，且该股还属于市场热点概念股，那么这些游资就会倾向于发力拉升这类股票。

该形态的典型特征如下。

第一，反包上影线涨停形态，以股价能够有效突破上影线最高点为入场基准，若股价以涨停板形式突破上影线最高点更好。

第二，股价完成对上影线突破当日，就是投资者入场的时刻，一般不应等到次日，毕竟这类强势上攻的股票若出现下跌，跌幅也是很大的。

第三，成交量是检验该形态成色的一个重要指标。上影线出现当日，若成交量能维持放大态势，则股价反包成功的概率将大大增加。

下面来看一下中信海直的案例。

如图 4-3 所示，2024 年 4 月期间，低空经济概念成为热炒的概念，中信海直作为低空经济概念中的龙头股，成为资金追捧的对象。

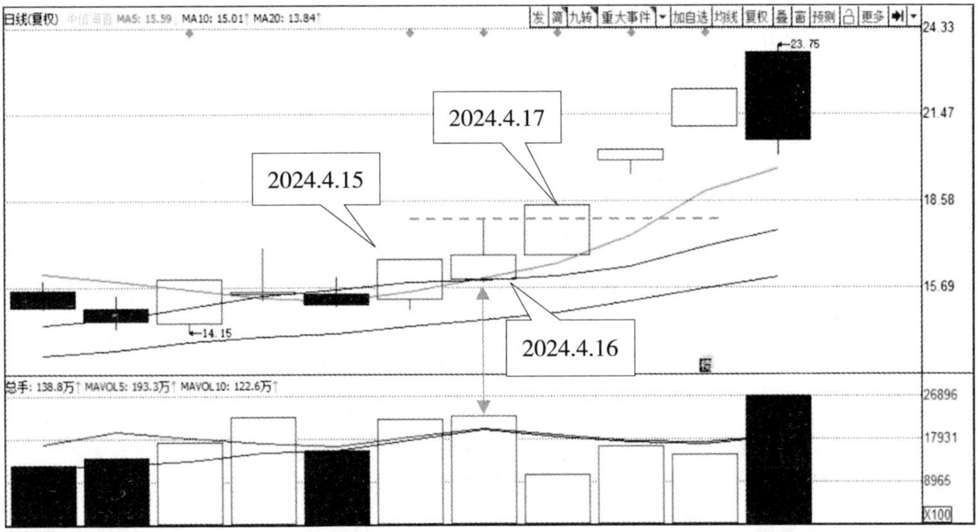

图 4-3　中信海直（000099）日 K 线走势图

2024 年 4 月 15 日，中信海直强势涨停。4 月 16 日，该股股价低开后振荡走高，在创出一个新高之后出现回落。观察当日的成交量可以发现，当日的成交量相比前一交易日不仅没有萎缩，还出现了一定的放量。

4 月 17 日，该股股价平开后迅速冲高，并一路封到了涨停板。投资者可在股价突破前日上影线最高点时，果断追涨入场，也可用打板入场的方式追涨该股。

其后，该股股价又走出了两个连续的涨停板。

战术 2：多方炮反包涨停战术

强势股暴力洗盘过程中，多方炮是最为典型的一种形态，也是出现频率最高的一种反包形态，如图 4-4 所示。

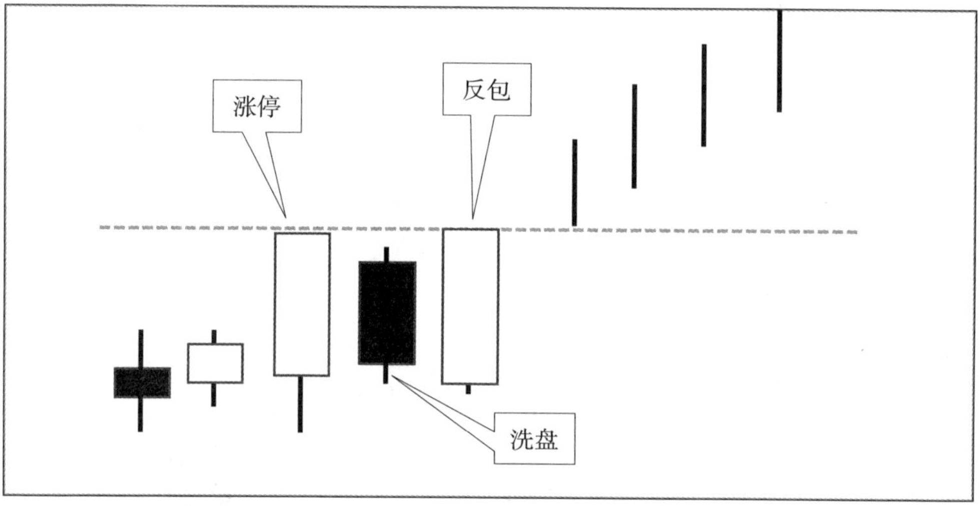

图 4-4　多方炮反包形态

这里的多方炮，特指强势涨停板夹阴线的涨停多方炮。该形态是股价在启动前强势洗盘、吸筹时常见的一种形态。该形态是主力在底部吸筹时，为了让散户摸不清股价运行方向，并尽可能地降低持仓成本而采用的急拉与急打相结合的一种建仓方式。无论是拉升至涨停板，还是拼命向下打压股价（有时甚至会出现跌停板），都是为了尽可能地在低位吸到足够的筹码。

该形态的典型特征如下。

第一，涨停大阳线的出现，是该形态最主要的特征。

第二，通常来说，涨停的次日股价多会惯性冲高，而该形态的涨停次日，股价却直接走出了大幅下跌的态势，让前一交易日入场的投资者叫苦不迭，很多人不得不割肉离场。而这恰恰是主力游资的图谋。通常情况下，股价回调出现阴线当日，成交量会呈现萎缩态势。

第三，第三个交易日，股价低开或平开后上攻，并封上涨停板。投资者可在股价突破第一个涨停板最高点或股价当日临近封板时入场追涨买入。

下面来看一下中视传媒的案例。

如图 4-5 所示，中视传媒的股价在 2024 年 1 月初出现了一波回调走势。到了 1 月 19 日，随着传媒概念的热炒，该股股价大幅上攻，并强势涨停。1 月 23 日，股价经历了大幅振荡，全天振幅达到 8.87%，收出一根阴线。

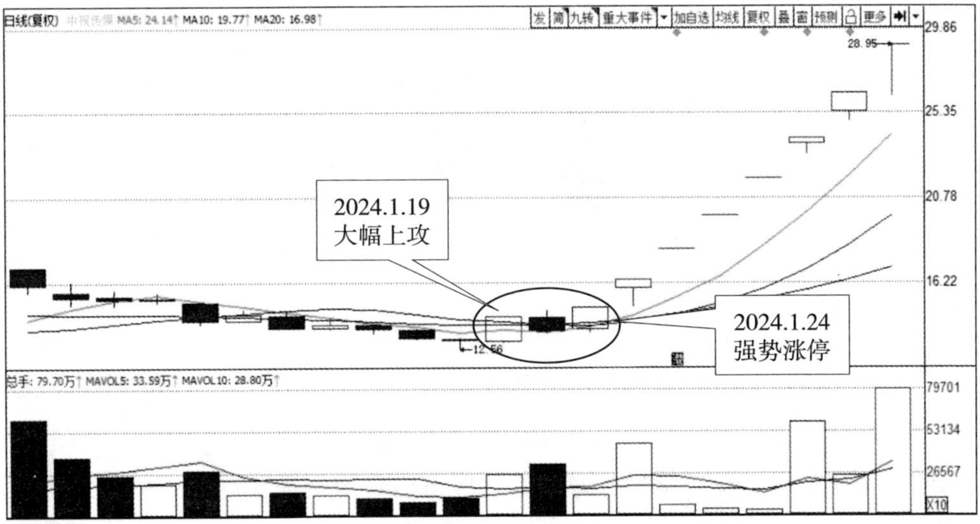

图 4-5　中视传媒（600088）日 K 线走势图

1 月 24 日，该股股价再度强势涨停。至此，涨停多方炮形态正式形成，也就意味着股价继续看涨的可能性极高。此后，主力连续大幅向上拉升股价。

1 月 24 日当日，股价临近涨停板位置时，就是投资者追涨入场的时机。

战术3：叠叠多方炮反包涨停战术

强势股暴力洗盘过程中，叠叠涨停多方炮是经常出现的一种典型形态，其本质上属于反包的一种特殊形态，是双重反包形态，如图4-6所示。

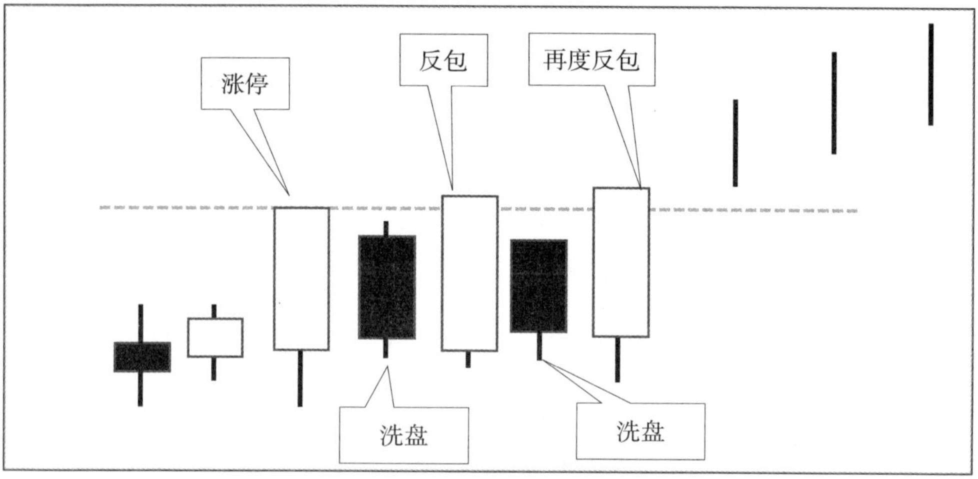

图4-6 叠叠涨停多方炮形态

从本质上来说，叠叠涨停多方炮形态也是主力为了迷惑市场上的散户而采取的一种洗盘、吸筹策略。这类反包形态也是游资操作的股票中经常出现的一种形态。该形态的出现，一方面反映了市场上资金多空双方的博弈情况，另一方面也是游资在测试市场的热度与人气，只有游资感觉人气到达一定程度时，才会发力向上拉升股价。

该形态的特征与多方炮反包涨停形态相似。

第一，涨停大阳线的出现，是该形态最主要的特征。

第二，叠叠涨停多方炮形态并非主力或某路游资事先策划好的，而是根据市场环境，多路游资市场博弈的一个结果。若整个市场已经相当看好这只股票，且游资已经掌控了一定的筹码，此时主力就会直接向上拉升，而非再度回调，形成叠叠多方炮；反之，若手中筹码不够，或市场环境不佳、人气不足，则会继续强势振荡。

作为数字货币行情的大龙头，恒宝股份的股价在启动前走出了叠叠多方炮反包涨停形态，如图 4-7 所示。

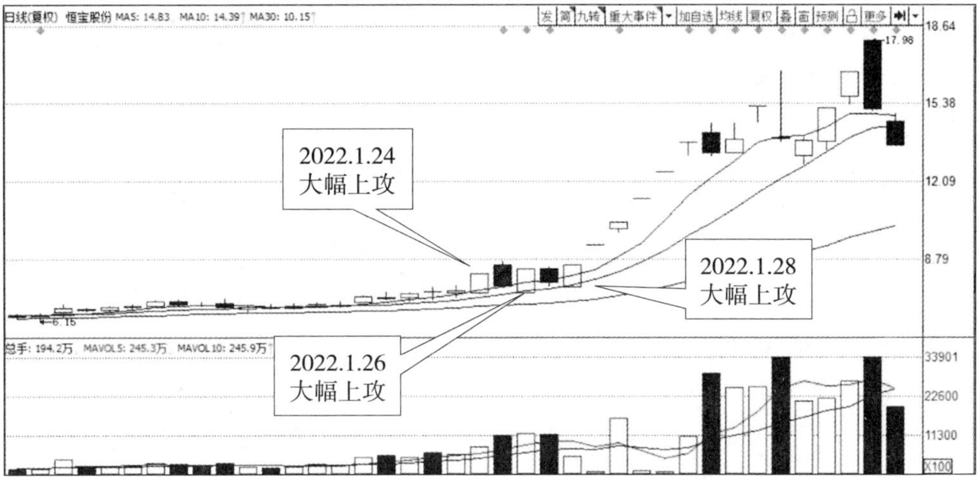

图 4-7　恒宝股份（002104）日 K 线走势图

从图 4-7 中可以看出，恒宝股份在 2021 年年底到 2022 年年初期间出现了一波振荡上升走势。到 1 月底，由于数字货币概念的热炒，恒宝股份异军突起，成为整个数字货币行情的大龙头。

回顾该股启动前的 K 线走势可以发现，主力游资在股价启动前就已经在积极布局建仓了。特别是 1 月 24 日至 28 日，五个交易日内，该股股价三度涨停，中间又夹杂着两次规模较大的下跌，这就构成了经典的叠叠涨停多方炮形态。该形态为强烈的看涨信号，也是游资即将拉升股价的一个信号。只是最后一个涨停日留给散户的时间并不多，可能也就几分钟的时间。股价临近涨停板时，就是投资者最佳的入场时机。

战术 4：增强版上升三法反包涨停战术

上升三法是 K 线上升形态中非常经典的一种。经典的上升三法形态，一般由两根中到大阳线和三根小阴线组成，三根小阴线属于上升途中的洗盘形态。增强版上升三法形态，一般由两根光头大阳线（后一根应为涨停阳线），和两到四根小阴（阳）线组成，且这几根小阴线或阳线多为带长上下影线的小实体 K 线。

增强版上升三法同样属于经典的反包涨停形态，也是游资运作的股票中经常出现的一种形态，如图 4-8、图 4-9 所示。

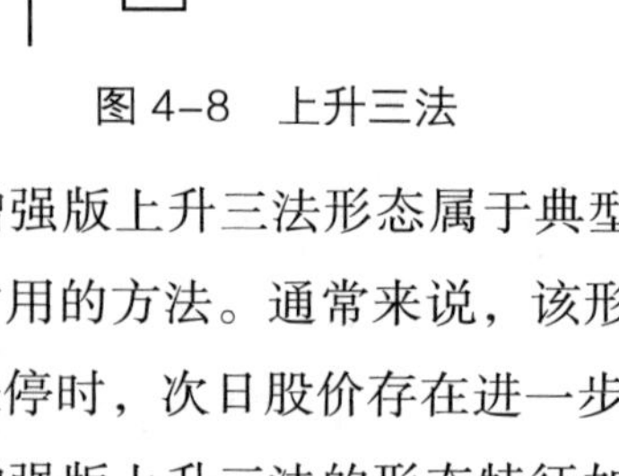

图 4-8　上升三法

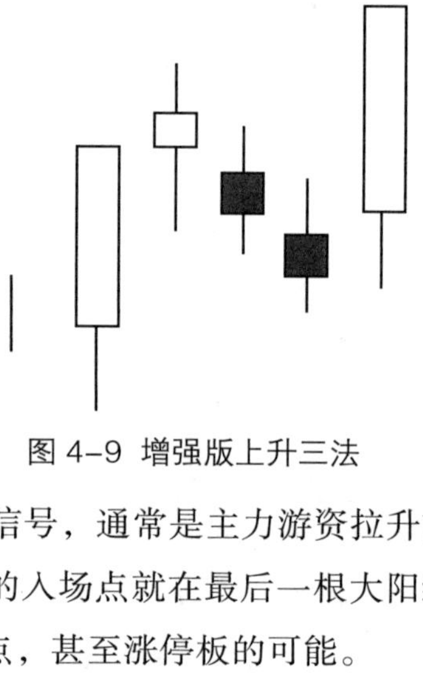

图 4-9　增强版上升三法

增强版上升三法形态属于典型的看涨信号，通常是主力游资拉升前清洗浮筹常用的方法。通常来说，该形态最佳的入场点就在最后一根大阳线出现临近涨停时，次日股价存在进一步挑战高点，甚至涨停板的可能。

增强版上升三法的形态特征如下。

第一，前后两个交易日的涨停阳线，是主力游资进攻的信号，也是坚决做多的一种态度。只是最后一根涨停阳线未必会给散户太多的入场时间，许多游资还喜欢在盘中搞个偷袭。

第二，中间洗盘的长上下影线的阴线与阳线实体大小并不重要，数量一般为两根到四根，有时可能会更多一点，这并不影响形态的成立。通常情况下，这几个交易日股价的波动幅度会非常大，目的就是将意志不坚定的散户吓退。

第三，最后一根光头阳线是整个形态成立的关键，该根阳线必须以涨停板收盘。股价临近涨停时，通常就是投资者最佳的入场时机。

下面来看一下长江投资的走势情况。

如图 4-10 所示，在上海本地股炒作的背景下，2023 年 11 月 1 日，长江投资强势涨停。其后的两个交易日，该股股价出现强势振荡，11 月 6 日，该股股价再度涨停，增强版上升三法形态正式成立。

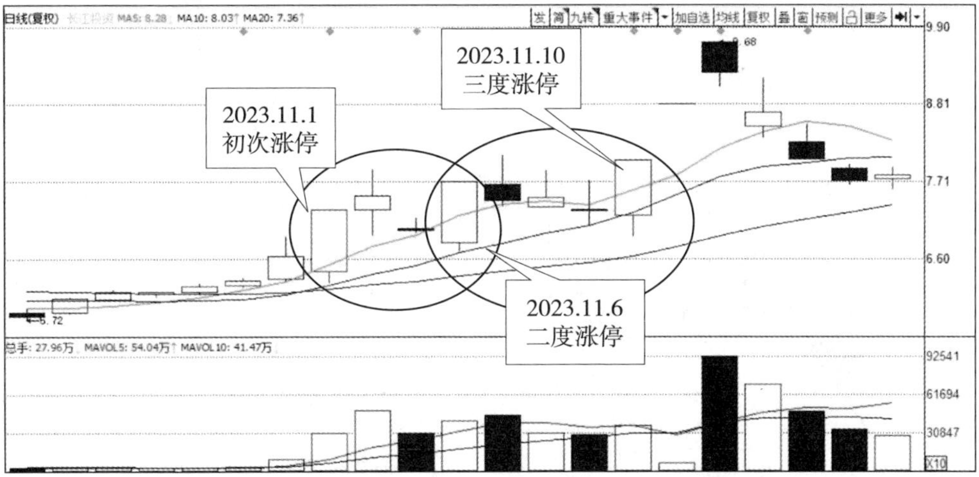

图 4-10　长江投资（600119）日 K 线走势图

不过，此后该股股价并未出现大幅上升，而是重新进入调整区间。11 月 10 日，该股股价三度涨停，即二度形成增强版上升三法形态。至此，主力意图已经非常明显，即继续拉升，别无选择。

此后，该股先是封上一字板，接着又来一次冲高。

当然，主力游资采用涨停回调再涨停的方式，有一个明显的好处，即可以避开龙虎榜，以免暴露踪迹。毕竟，在上海本地股炒作行情下，板块热度本身就比较高了，已经不需要游资主力亲自现身来带动股价了。

战术 5：均线支撑反包涨停战术

强势股涨停后出现回调走势，这种回调的幅度有时也是非常大的，甚至会触及一些中期均线才会反弹，而当股价 K 线触及中期均线（以 10 日、20 日均线为多）反弹并直接封住涨停板时，就构成了一种均线支撑反包涨停形态，如图 4-11 所示。

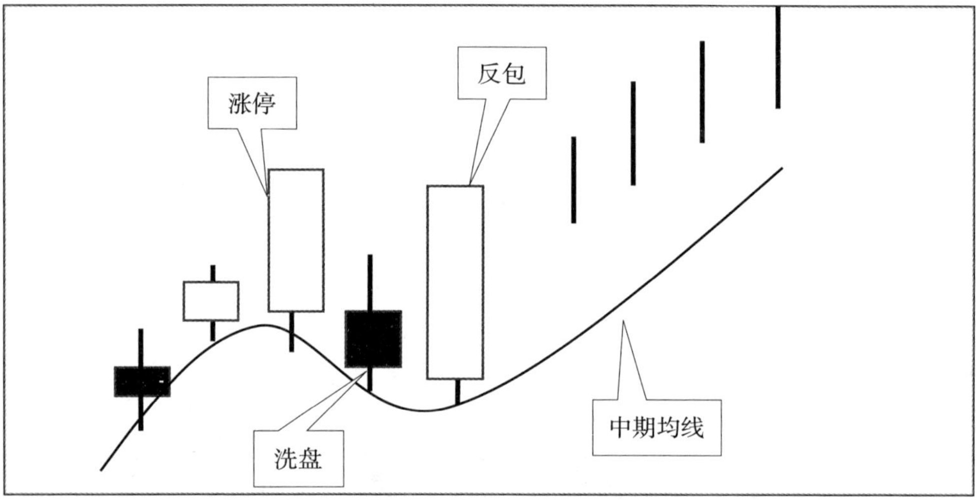

图 4-11 均线支撑反包涨停形态

股价涨停后出现大幅回落，有时跌幅甚至会超过 10%，这就给很多投资者的心理造成极大的震撼。特别是一些喜欢设置固定止损位的投资者，这类股价的大幅振荡极易击穿其预先设置的止损位。当股价靠近中期均线时，若此时市场情绪较佳，个股人气仍旧比较高，很多场外资金也容易将其看成较佳的入场位，而此时恰恰很多散户都已经离场了，主力游资则趁势反戈一击，重新将股价拉升至涨停板。

均线支撑反包涨停形态与增强版上升三法形态比较相似，都属于涨停后调整再涨停的形态，其形态特征如下。

第一，前后两个交易日的涨停阳线，是主力游资进攻的信号，也是坚决做多的一种态度。只是最后一根涨停阳线未必会给散户太多的入场时间，许多游资还喜欢在盘中搞个偷袭。

第二，中间洗盘的长上下影线的阴线与阳线实体大小并不重要，数量一般为一根到三根，有时可能会更多一点。这并不影响形态的成立。

第三，股价大幅走低触及的中期均线，以 10 日均线或 20 日均线为宜。股价 K 线偶尔跌破均线，但很快回到均线上方，不影响均线对股价 K 线的支撑。

第四，最后一根光头阳线是整个形态成立的关键，该根阳线必须以涨停板收盘。股价临近涨停时，通常就是投资者最佳的入场时机。

下面来看一下引力传媒的案例。

如图 4-12 所示，2023 年年底，市场上掀起了一波短剧概念的炒作浪潮，引力传媒成为这波浪潮中的龙头股。2023 年 12 月 1 日、12 月 4 日，引力传

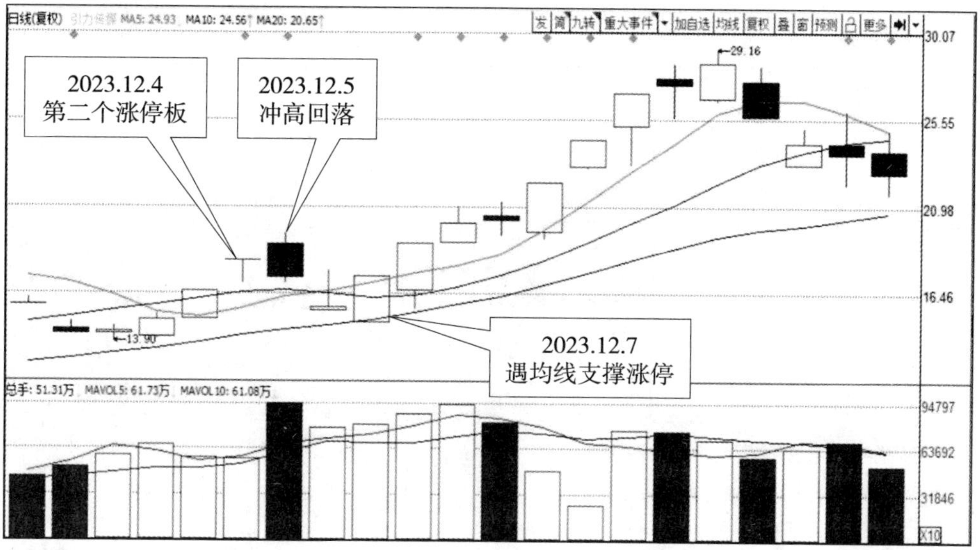

图 4-12　引力传媒（603598）日 K 线走势图

媒连续强势涨停。12 月 5 日，该股股价冲高回落，开始出现调整走势，其后的一个交易日，股价更以接近涨停的价格报收。12 月 7 日，该股股价直接在 20 日均线附近低开，但开盘后股价却呈现出振荡上扬态势，并再度涨停，均线支撑反包涨停形态正式成立。投资者可在股价接近涨停板，即将封上涨停板时入场建仓。

此后，该股延续了之前的上攻态势。

战术 6：牛股空中反包涨停战术

正常情况下，当股价连续拉出涨停板后，一旦涨停终结，股价很可能就会转入回调整体通道。而在有些情况下，一些股票连续涨停后继续冲高，在高位出现一个到两个交易日的振荡，即形成高位小阳线或小阴线，此后的一个交易日，股价再度发力反包小阴线或小阳线，形成涨停板。这是股价继续走强的一个明确信号，如图 4-13 所示。

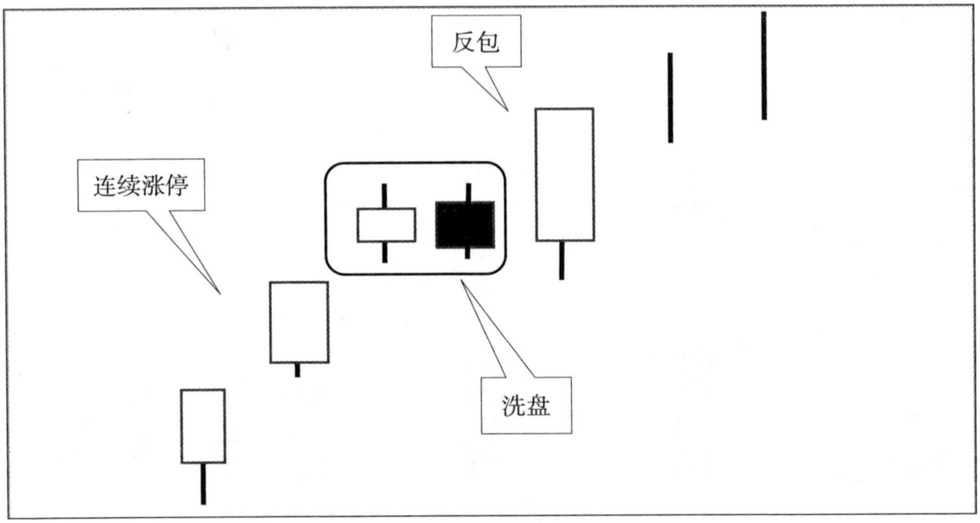

图 4-13　牛股空中反包涨停形态

股价涨停后出现大幅回落，有时跌幅甚至会超过10%，这就给很多投资者的心理造成极大的震撼。而反之，若牛股连续涨停后，股价只在高位振荡，并没有下跌，则意味着市场资金仍有相当大的一部分继续看好股价的上行。当股价K线完成对振荡区域的反包，则意味着新一波行情的来临。

牛股空中反包涨停形态与反包上影线形态比较相似，都属于涨停后调整再涨停的形态，其形态特征如下。

第一，股价在空中停顿之前，至少出现了两个以上的涨停板，说明股价处于强势上攻周期，做多力量比较强大。同时，股价的连续涨停，也意味着市场上有很多获利盘需要消化，需要兑现。

第二，中间洗盘的长上下影线的阴线与阳线实体一般不大，数量一般为一根到两根，实体越小越好。

第三，股价经过高位振荡后，某一个交易日突然出现上攻走势（可能低开上冲，也可能直接高开），并直接封住涨停板，说明股价已经重新确立上升趋势。

第四，股价反包涨停当日，实质上有两个明确的买入点：其一，股价突破振荡区域的最高点；其二，股价临近涨停板开始冲击涨停位时。

下面来看一下万丰奥威的案例。

如图4-14所示，2024年3月初，低空经济、飞行汽车概念掀起了一波炒作浪潮，万丰奥威成为这波炒作行情中的龙头股之一。2024年3月11日、12日，该股股价连续两天涨停。此后的3月13日，该股股价跳空高开高位振荡，并形成了一根小阳线，3月14日，该股股价平开低走，并以阴线收盘，成交量相比前一交易日有所萎缩，但仍处于高位。

3月15日，该股股价小幅高开后，经过一波振荡，下午出现了振荡拉升态势，完成了对前期高点的突破，并成功封上涨停板，如图4-15所示。

从图4-15中可以看出，万丰奥威的股价在3月15日小幅高开后出现了振荡下跌态势，给人一种股价还将延续下跌态势的感觉。午盘开盘之后，该股股价开始振荡反攻，并在2:30左右完成了对3月13日高点的突破。新高的出现，本身就是资金愿意做多的一种表现，投资者可考虑少量入场建仓。

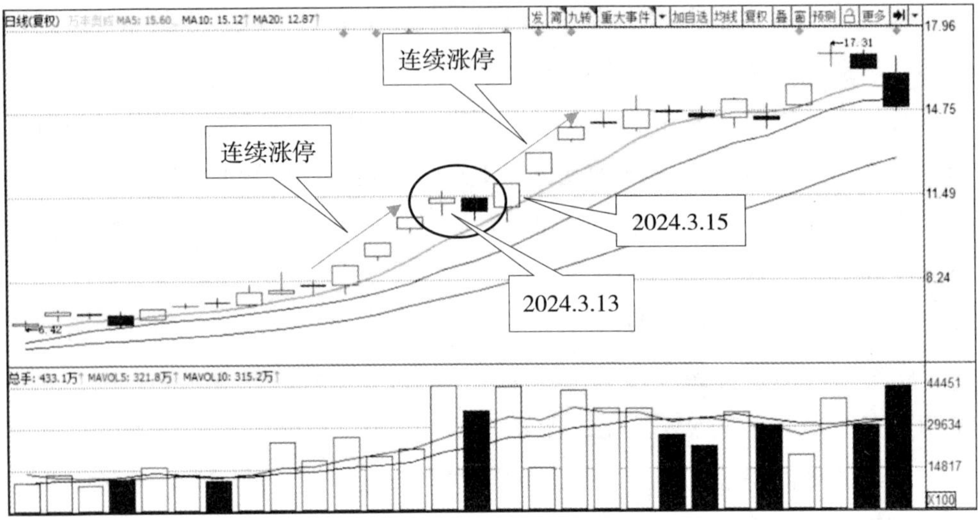

图 4–14　万丰奥威（002085）日 K 线走势图

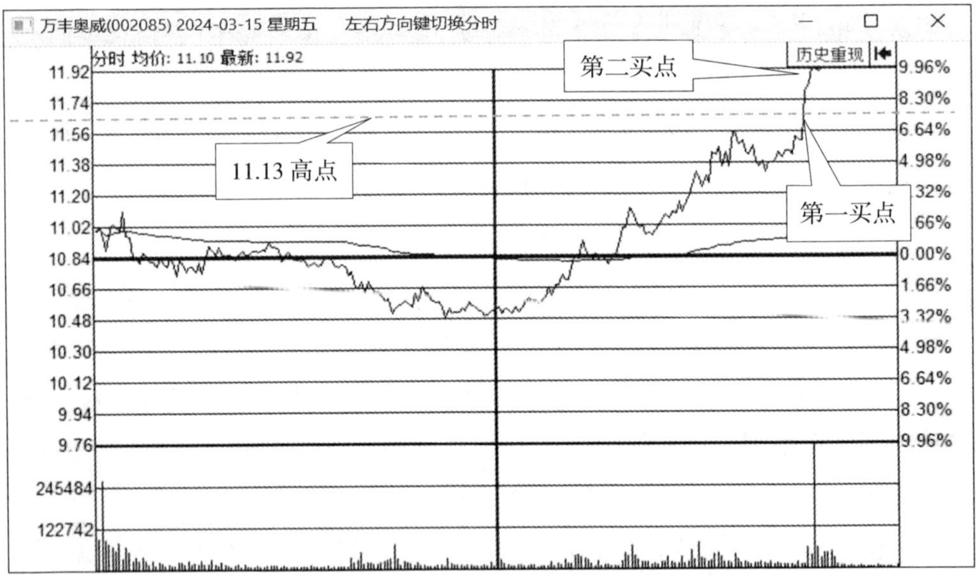

图 4–15　万丰奥威（002085）分时走势图（2024.3.15）

此后，该股股价经过一波拉升触及涨停板位置，此时就是该股的第二个买点。

此后，该股股价重新延续了之前强势上攻的态势。

第五章
龙头战术

市场上几乎每隔一段时间就会诞生一只超级大牛股，这只大牛股几乎会吸引市场上所有投资者的目光，成为整个市场的明星。于是乎，很多投资者都在为错过这些大牛股而懊恼不已，并极度羡慕持仓大牛股的投资者和游资。

其实，在谈及最为稳妥的交易方法时，绝大多数游资都会将话题引向龙头战术。

原理解构：龙头、板块、热点与资金

龙头股并不是天生的，也不是哪路游资或机构资金授予的，而是在市场交易过程中形成的。龙头股是集市场人气、热点概念与量能于一身的股票，是在市场多空博弈的拼杀中冲出重围的“王者”。

游资大佬赵老哥曾这样说：没爆量的都不能说是龙头，既然是领袖，必须爆量，接受群众的检验。通常来说，股价连续拉升至 3 到 5 个涨停板时，市场多空双方就会产生巨大的分歧，就容易出现第一次爆量。一方面，股票的利好已经在股价上体现，甚至已经出现透支，先前的获利盘肯定要出货兑现利润；另一方面，也会有一些资金将该股看成未来的大龙头（毕竟龙头是可以有更高预期的，也有更大的上涨空间），于是纷纷入场买入股票。正是由于这种分歧的存在，才会让股票的成交量出现异常的放大。爆量，意味着这只股票在当日出现了非常大的成交量、非常高的换手率，想要离场的投资者都有机会离场了，此时，若股价还能收到涨停板，则说明该股的人气仍旧很旺，承接盘仍旧足够，未来股价可以继续看高。这也是很多牛股、强势股进化为大龙头的必经之路。只有经历了这次爆量的洗礼，才能吸引更多的市场人气，才能带动板块内其他股票，才能真正成为“大龙头”。

如图 5-1 所示，主要从事精密零部件制造的艾艾精工在 2024 年 3 月成为市场上的头号龙头股。其实，以股票的概念标签来看，该股并不具备成为大龙头的条件，但是前面也说了，龙头不是谁封的，而是市场走出来的。

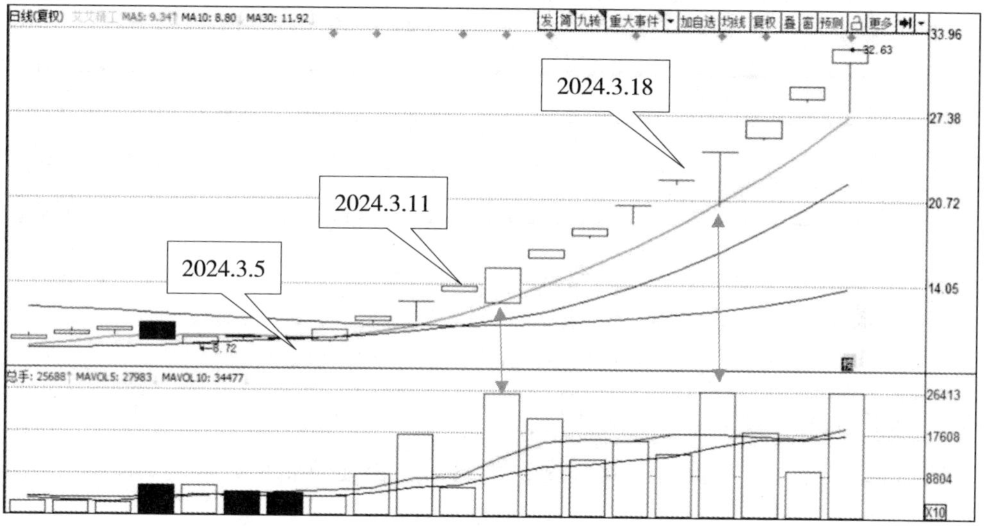

图 5-1　艾艾精工（603580）日 K 线走势图

该股股价自 2024 年 3 月 5 日出现第一个涨停板后正式开启涨停模式。该股上攻初期所受的市场关注并不算大，毕竟每天市场上都有大量的涨停股，也有很多连板股。但是，在 3 月 11 日当天，情况发生了一些变化。

下面来看一下 3 月 11 日该股的分时走势图，如图 5-2 所示。

从图 5-2 中可以看出，艾艾精工经历了先前的四个涨停板后，在 3 月 11 日早盘集合竞价阶段直接以跌停价开盘，这给人一种股价即将终结上升趋势的感觉。但是，当日开盘不久，该股的跌停板就被撬开，并一路上攻，说明有大量的场外资金入场抢筹，并推动股价直接冲击到了涨停板位置。

尽管在涨停板上仍有大量先前的获利盘出局，但承接盘的承接力度仍旧十分强大，股价最终还是被封死在涨停板上。当日，该股出现了自开启涨停模式以来的第一次爆量，并接受住了市场的检验，正式晋升为“龙头股票”。

此后，该股股价又连续拉出多个涨停板。赵老哥也是在 3 月 11 日该股爆量之后才入局参与该股炒作的。

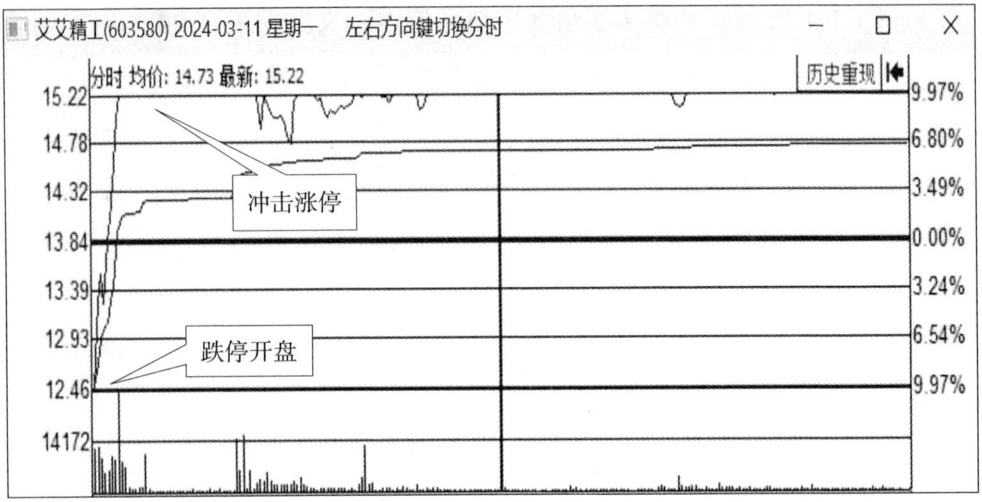

图 5-2 艾艾精工（603580）分时走势图（2024.3.11）

与其他龙头股不一样，艾艾精工在 3 月 18 日又经历了一次爆量的检验，并再度成功通过了考验。由此可见，该股的龙头地位十分稳固。

战术 1：大龙头抢入战术

一波行情起来后，最终只会塑造一到两只的大龙头股。这只龙头股就是这一波炒作的风向标，板块内其他个股的炒作都会看这只龙头股的眼色。很多游资在入场时并不能确认自己持有的股票是否能够成为一波行情的大龙头，因而，当行情演绎几个交易日后，真正的大龙头现身时，很多先前没有介入的游资就会入场抢筹。

当然，按照游资的理论，真正持续性较好的大龙头，并非是那种开始就是天天一字板的股票，而是上升初期每天都有入场和离场机会的股票。只有这样，游资才能产生接力效应，才有成为大龙头的可能。在游资的意识中，所谓的龙头股，都是股价连续三个交易日以上涨停后才能看出来的。其实，这时候又是很多投资者因畏惧高点而不敢介入的时刻，这就是普通散户与游资最大的差距。不过，这并不意味着抢入这类股票有多安全。事实上，很多游资抢入股票的仓位都不是很大。

比如，龙虎榜上的常客赵老哥抢入很多股票涨停板的资金额度也就两三千万元的水平，除非特别看好的股票，才会过亿。对于散户而言，这个资金量已经很大了。但对于这些顶级游资来说，这个资金量可能连总仓位的5%都不到。说到这里，大家应该明白游资是如何控制亏损或回撤的了吧。很多时候，这些游资并不按照个股股价回调几个点作为止损点，而是通过仓位控制来回避风险。你想想，一只股票的总仓位占比不到5%，那即使再下跌，也不会对总资金产生太大的影响。而普通散户在操盘时总是会一时冲动搞个全仓，一旦出现判断错误，就要全仓被套。这种情况下，还敢抢龙头吗？这就是差别。

当然，抢龙头也并不是看见有三板以上股票就可以抢，还要考虑当时概念的发酵程度，最简单的方法还是要看涨幅榜上该热点板块内涨停个股的数量、板块整体涨幅情况等。只有整个板块涨停个股数量增加并且相关联的领域不断被挖掘，才能说明这个概念还将延续，这时候才能考虑抢大龙头。

比如，2021年的超级大牛股九安医疗就是这个情况。2021年下半年，新冠疫情愈演愈烈，很多国内医疗器械公司生产的新冠检测产品通过了美国相关部门的认证与许可后，开始在美国市场销售。于是新冠检测概念成为当时的热点概念，九安医疗成为市场的热门品种。

如图5-3所示，九安医疗的股价自2021年11月11日起开始启动了上升走势。11月15日、16日，该股更是连续两个交易日涨停，开始显现龙头特色。11月16日，九安医疗的龙虎榜上出现了很多顶级游资的身影，如图5-4所示。

在11月16日的龙虎榜上，国内顶级游资赵老哥常用的营业部浙商证券绍兴解放北路、华泰证券浙江分公司的席位双双进入买入榜前两位，这说明该只股票已经显露了龙头本色，赵老哥已经笃定该只股票未来还拥有较大的上升空间，率先开启了抢龙头之路。

此后，该只股票一路狂飙。

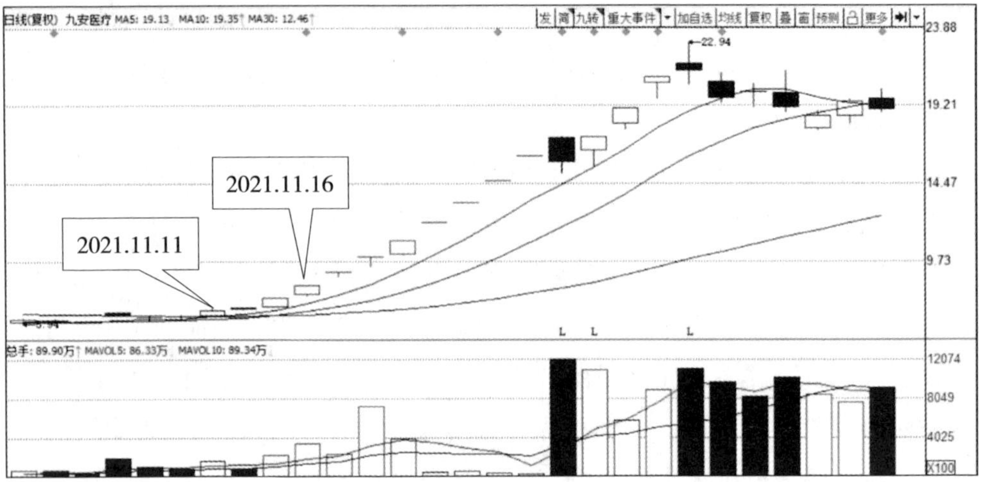

图 5-3　九安医疗（002432）日 K 线走势图

九安医疗龙虎榜数据

2021-11-16

日期：2021-11-16 总成交金额：48323.25万元，总成交量：6317.40万股

排序	营业部名称	买入金额/万	占总成交比例	卖出金额/万	占总成交比例	净额/万
买入金额最大的前5名　买入总计 **9342.70** 万元，占总成交比例 **19.33%**						
1	中国中金财富证券有限公司厦门湖滨东路证券营业部	2297.23	4.75%	0.00	0.00%	2297.23
2	华泰证券股份有限公司浙江分公司	1464.03	3.03%	0.78	0.00%	1463.25
3	华鑫证券有限责任公司上海分公司	1438.34	2.98%	13.79	0.03%	1424.55
4	浙商证券股份有限公司绍兴解放北路证券营业部	1411.85	2.92%	1.55	0.00%	1410.30
5	东方财富证券股份有限公司拉萨东环路第一证券营业部	978.26	2.02%	202.72	0.42%	775.54
卖出金额最大的前5名　卖出总计 **3876.88** 万元，占总成交比例 **8.02%**						
1	粤开证券股份有限公司南通工农路证券营业部	0.00	0.00%	1013.88	2.10%	-1013.88
2	财通证券股份有限公司杭州九堡九乔街证券营业部	812.81	1.68%	867.89	1.80%	-55.07
3	广发证券股份有限公司珠海柠溪路证券营业部	0.33	0.00%	710.28	1.47%	-709.95
4	中国银河证券股份有限公司厦门嘉禾路证券营业部	683.03	1.41%	693.45	1.44%	-10.41
5	招商证券股份有限公司深圳招商证券大厦证券营业部	256.81	0.53%	372.55	0.77%	-115.74

买卖净差：**5465.82**万元

图 5-4　九安医疗（002432）龙虎榜数据（2021.11.16）

战术 2：龙头股接力战术

游资的接力一般只发生在热点板块，以大龙头和次级龙头为主。游资愿意参与接力的股票，肯定是其非常看好的，十分具有潜力的股票。

这是一个让散户十分不理解的形态。游资参与接力，就意味着后进入的游资要接盘前面进入的游资，而且股价已经被大幅拉升，此时介入的风险可想而知。不过，从股市实践来看，从事接力的游资还是挺多的。

这类参与接力的游资包括两类。

第一，持续看好热点板块以及龙头股。

这是游资继续抢筹和参与接力的基础依据。一般来说，只要板块热度还维持在很高的程度，而龙头股依然后劲十足，每日的热搜排名仍能高居前三名，就说明仍有很多场外资金在关注这只股票。该只股票的上攻动力和情绪仍然可以维系股价的继续上行，而且仍持续有大量利好消息公布。与此同时，盘面上的其他热点较少，市场更容易将所有的注意力聚焦于这只股票。

凡此种种共同促成了游资对高价龙头股的接力。通过这种接力，更易引爆市场的情绪，让更多的散户入局。

第二，游资自导自演的剧情，以骗取散户入局。

限于监管的规定，很多游资都使用了“马甲”。游资通过自买自卖的方式，让股价持续涨停，这是很多“妖股”后期为了寻找“接盘侠”而采取的策略。这种方式形成的涨停，一旦涨停结束，股价很可能会大幅下跌。

下面来看一下国脉文化的案例。

如图 5-5 所示，2024 年 2 月中下旬，人工智能软件 Sora 概念热炒。国脉文化在 2 月 19 日直接一字封板涨停，此后这波涨停狂潮一直持续至 2 月 28 日。短短几个交易日内股价就翻了一倍有余，让很多投资者心生羡慕。不过，观察该股的走势可知，该股的上攻都是一字板无量涨停式上攻，也就是说，在股价上攻过程中，场外资金是很难买到股票的。这就意味着，股价在上攻过程中只有少数资金成为赢家。随着股价的走高，场外资金入场的意愿也会随之降低，毕竟谁也不愿意当接盘侠。

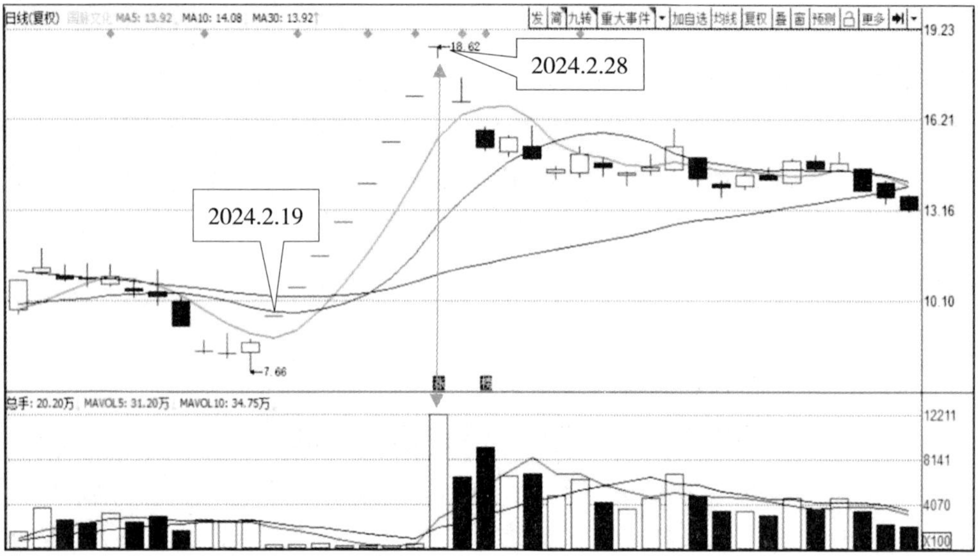

图 5-5　国脉文化（600640）日 K 线走势图

2 月 28 日，该股收出最后一个涨停板，且该涨停板并未一字板，成交量出现了大幅放大，这是一个明确的场内资金离场信号。此后，该股股价出现倒 V 形反转，走出了连续下跌走势。

战术 3：龙头首阴战术

龙头首阴战术是针对龙头股实施的特定操盘战术。该战术只适用于龙头股，其他股票并不适用。这里的龙头股也有必要明确一下，是指已经展开大幅上涨攻势，并能够带动板块整体上行的股票。龙头股至少要有三个以上的涨停板，说明该股已经能够吸引市场的注意，且有大量资金介入该股了。

龙头首阴是指龙头股连续上攻多个交易日后，第一次以阴线报收。当然，这里的阴线可以是真阴线，也可以是假阴线。该战术的基本要求及操作要点如下。

第一，龙头股出现首阴的前一个交易日，股价就已经经历了大幅振荡，但最终以涨停报收，成交量呈放大状况。

第二，龙头股首阴当日，股价也应该出现了大幅振荡，且成交量出现放大。这说明市场上的资金存在分歧。

第三，龙头股首阴当日不能以跌停或接近跌停价收盘，以带长下影线收盘的 K 线形态为宜。

第四，龙头股经历强力下杀后，有被拉升的情况，说明股价下行空间已经被锁死。

第五，龙头首阴的买入时机有如下两个。

其一，首阴当日临近收盘时段，只有确认股价不会跌停才能入场。

其二，首阴次日可考虑的时段，若竞价时段高开，则需考虑抢入；若低开，则可在股价下杀企稳位置入场。

第六，龙头首阴的卖出时机：股票买入次日，若股价不能涨停即卖出。

下面来看一下长白山的案例。

如图 5-6 所示，2024 年年初时段，随着东北冰雪旅游景气度的不断提升，长白山作为冰雪旅游概念的龙头股自 2024 年 1 月 2 日开始启动。此后，该股股价更是连续走出了 7 个涨停板。特别是第 7 个涨停板出现的 1 月 10 日，该股股价以涨停开盘，盘中被抛盘砸开，尾盘又重新回封，带动了成交量的大幅走高，这说明资金对股价未来的走势存在分歧。1 月 11 日，长白山出现了自上攻以来的首个阴线收盘日。

如图 5-7 所示，长白山的股价在 2024 年 1 月 11 日早盘高开后振荡走低，盘中该股股价跌幅在 4 个点左右。此后股价在低位徘徊了一段时间，在临近尾盘时段，股价开始反攻，并以上涨 2 个点报收。

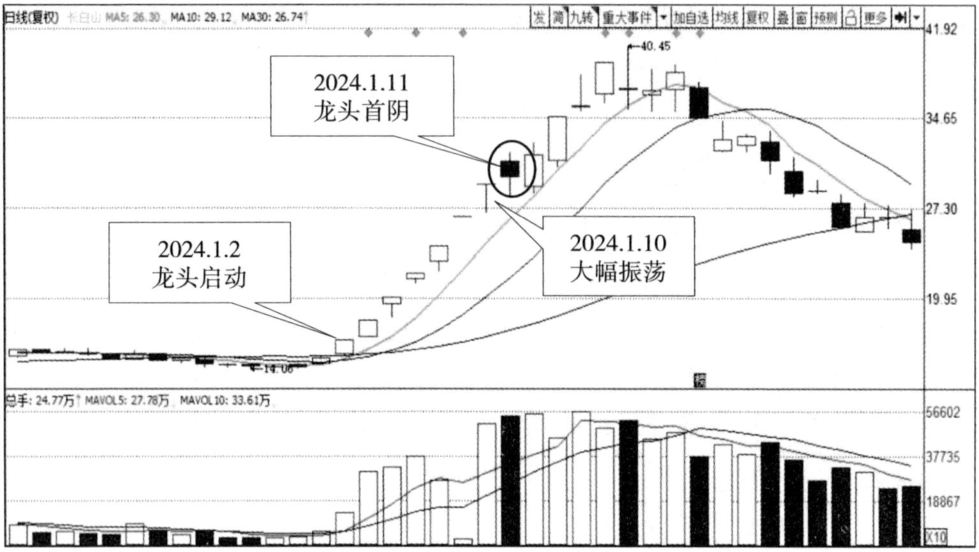

图 5-6　长白山（603099）日 K 线走势图

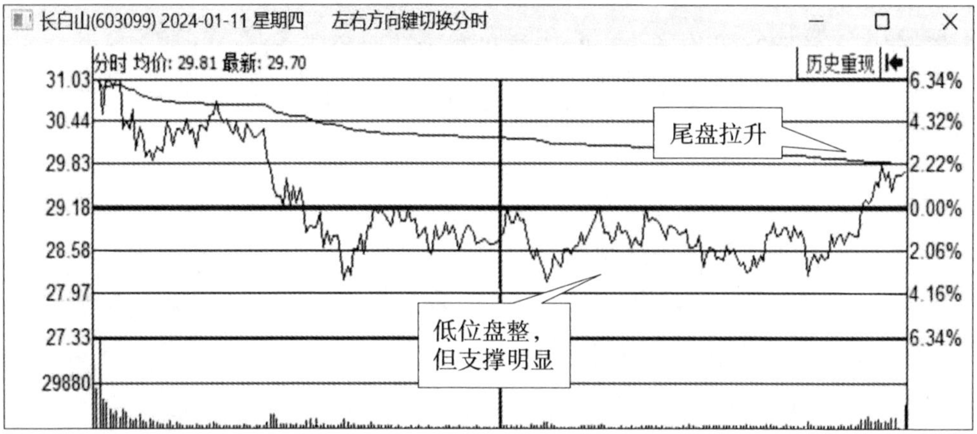

图 5-7　长白山（603099）分时走势图（2024.1.11）

投资者可在尾盘临近收盘的时段入场，也可以在 1 月 12 日股价低开时段入场。其后，该股股价又重新延续了上升态势。

战术 4：龙头切换战术

切换必定是出现在情绪大幅受挫、受伤之后。当一个热点概念中的龙头股接二连三地自高位跳水后，并没有同概念或相关板块内的股票接下上升的大旗，那么，聚集在该板块内的情绪与热度也会随之消散，此时，市场上的游资就会重新考虑新的热点，特别要关注那些二线热点能否成为新的投资主线。

切换的本质是改变共识，也就是说，聚焦在先前热点板块的关注度、情绪，全部转入另外一个热点板块。

比如，2023 年 11 月上旬，整个市场的投资主线仍集中在新能源汽车领域，每天都有多只新能源汽车概念股涨停，其中天龙股份更是连续拉出了 10 个涨停板，如图 5-8 所示。

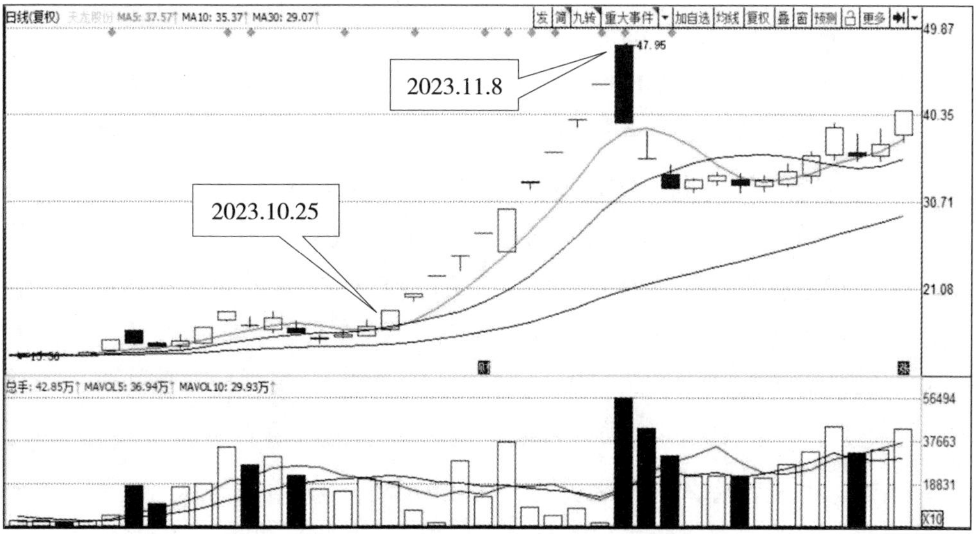

图 5-8 天龙股份（603266）日 K 线走势图

从图 5-8 中可以看出，天龙股份自 2023 年 10 月 25 日开始接过新能源汽车概念的大旗，成为一段时间里市场炒作的总龙头，该股股价曾连续拉出 10 个涨停板。与此同时，市场上还有多只新能源汽车概念股或与之有关的汽车零部件概念股，比如通达电气、凯众股份、东莞控股等。此时，新能源汽车概念就是整个市场炒作的主线，投资者想要追高，也以追龙头股为宜。当然，此时市场上也有其他概念被炒作，并出现涨停板的情况，比如，以天威视讯为代表的算力概念股，以龙韵股份为代表的传媒概念股等。

不过，在天龙股份的涨停还在延续的时刻，炒作新能源汽车概念就会比其他概念成功的概率更高，毕竟天龙股份代表的不仅仅是新能源汽车这一个市场热点，而是整个市场。此时，这只股票已经成为市场炒作的标杆和总龙头。

到了 11 月 8 日，天龙股份终结了连板，并直接走向了跌停，投资者必须做好热点切换的准备。此后，若相关新能源汽车概念股全部开始终结涨停，没有新的股票来挑大旗，那么，投资者就可以将注意力放在下一个能够成为市场炒作主线的热点概念上。也许是算力概念，也许是传媒概念，但这还需要市场的检验，只有市场情绪到位了，新的市场炒作主线、市场总龙头才会出现。从具体的操作来看，在新能源汽车概念之后，皇庭国际代表的半导体概念走出了一波强势上升走势。

如图 5-9 所示，自 2023 年 11 月 7 日开始，以皇庭国际为代表的半导体概念被热炒。11 月 8 日，新能源汽车概念退潮后，皇庭国际更是连续走出了三个一字板，强势尽显。这就让很多想要跟进的资金无从下手了。到了 11 月 13 日，该股股价一字板打开后，才有资金的流动。此后，该股又连续拉出了 3 个涨停板，一度成为市场的大龙头。对于喜欢参与短线操作的投资者来说，从新能源汽车概念切换到半导体概念似乎是一个不错的选择。事实上，也确实有很多游资从先前的新能源汽车概念切换到以皇庭国际为代表的半导体概念上。

当然，尽管皇庭国际与之前的天龙股份都曾成为市场的热门股票，但性质又有所不同。由于皇庭国际在拉升过程的前期放量不足，参与资金不多，

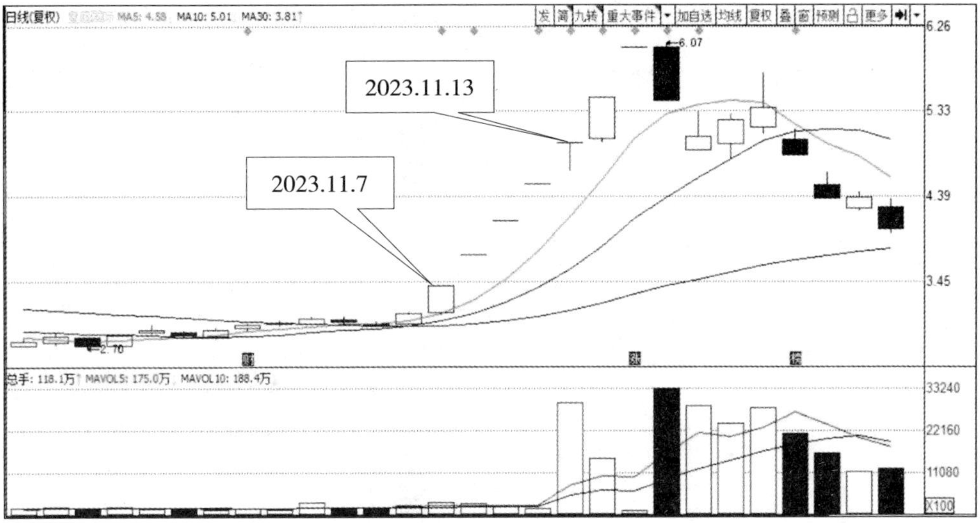

图 5–9　皇庭国际（000056）日 K 线走势图

也就无法有效地形成资金的接力效应，尽管同期也有一些半导体概念股票涨停，却没有超过 4 个涨停板的，甚至连 3 个涨停板的都没有，这就意味着半导体概念的炒作是无法达到新能源汽车概念的水平的，这是想要参与炒作的投资者需要了解的。

战术 5：六板见妖股战术

在一波主升行情中，大龙头股走出六连板的行情也是有的，但若没有任何题材、利好消息的支撑，没有概念梯队的配合，单独一只股票连发六个涨停板，那就不是龙头股了，而是妖股。按照我们对妖股的定义，一波行情起来，起码会有六个以上的涨停板，而且多数还是一字板。这点与龙头股还不同，龙头股可能也会有几个一字板，但肯定是很少的。龙头股必然会经过成交量放大的考验，而这些妖股注定是无法通过成交量放大这关考验的，一旦放量，这些妖股必然开始转向。

如图 5-10 所示，妖股的形成与龙头股不同，具有如下几个特点。

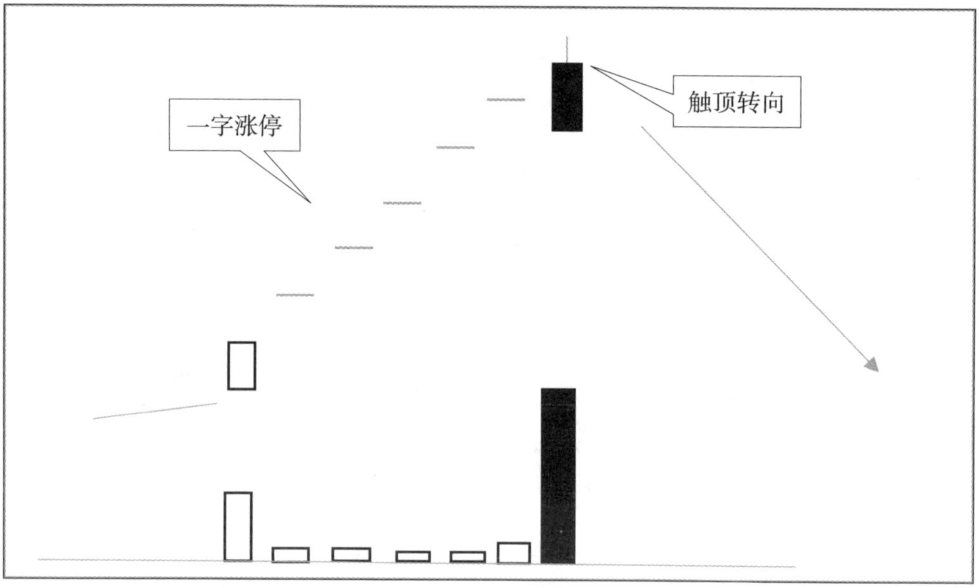

图 5-10　六板见妖股战术

第一，股价开启快速上攻趋势后，常常一字封板，根本不给场外投资者以换手的机会。

第二，由于股价在上攻过程中缺少换手率，也就使得股价上攻过程中筹码分布呈现出了明显的断层，股价回调也就失去了支撑。

第三，股价上攻几乎是一气完成的，停顿即中止，只要涨停中止，股价就很可能迅速转入跌停，而且速度特别快，留给投资者出局的时间并不长。

第四，这类妖股的起涨一般都非常快，且连续上攻，六个涨停板都属于“妖股”的标配，十多个涨停板的也有。

第五，股票所属的概念并没有启动，也就是说，股票的起涨只是个体行为，并不能带动同概念股票的起涨。由于相同概念的股票没有出现连锁反应，也就无法形成明显的赚钱效应，更无法支撑市场情绪的蔓延。

第六，通常来说，这类股票投资者只要看看就可以，不应该参与交易，风险太大。而且一旦股价出现下跌走势，还常常不留“活口”，一波杀跌下来，跌幅都是相当大的。

第七，妖股的交易机会就在于股票在拉升过程中出现的振荡转化。六个涨停板或超过六个涨停板之后，股价的涨停板被砸开，且出现大幅下挫，最好能够触及跌停位置，而后又被大幅拉升，成交量出现了大幅放大，最后股价还能牢牢地封死涨停板，这说明市场上有大量资金看好该股，后市仍有向好的可能，甚至有转为龙头股，带动同板块股价走强的可能。

下面来看一下春光科技的案例。

如图 5-11 所示，春光科技作为一家生产家电零部件产品的企业，在 2024 年 4 月 12 日突然遭到了资金的爆炒。该股股价自 4 月 12 日突然启动涨停，4 月 13 日再度涨停，此后，该股股价更是连续拉出三个一字板。众多游资营业部参与了该股的交易，甚至游资大佬赵老哥（中国银河证券绍兴营业部）也参与了一波交易，不过赵老哥是 4 月 22 日进场的，被套的概率也是很大的。

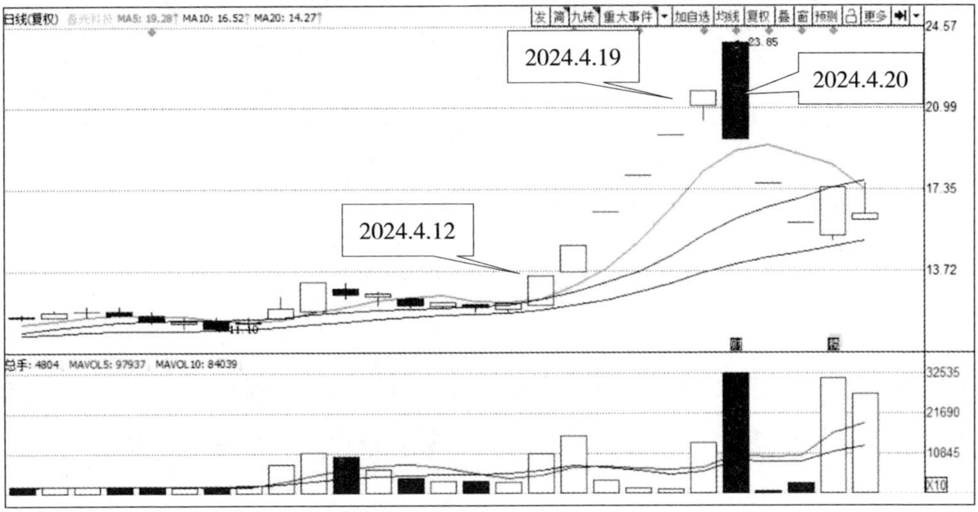

图 5-11　春光科技（603657）日 K 线走势图

从该股走势来看，从第三个板开始连续三个一字板，很多场外投资者是没有机会入场的。当然，最佳入场时间肯定是前两个板或者一字板期间，但对于很多投资者来说这并不现实。4 月 19 日，该股股价走出第六个板时，股价并未以涨停开盘，因此，理论上也是一个较佳的入场机会，但此时的风险无疑是非常大的，特别是该股股价之前是以一字板上攻的。当然，喜欢冒险的投资者确实可以在股价临近封板时刻抢入该股，但必须合理控制仓位。

4 月 22 日，该股以涨停开盘后，盘中出现跳水走势。

如图 5-12 所示，春光科技的股价直接以涨停开盘，这让前一交易日打板入场的投资者信心百倍，但对于这类股票千万不能掉以轻心。这类妖股随时有开板的风险，一旦开板就很难回封。

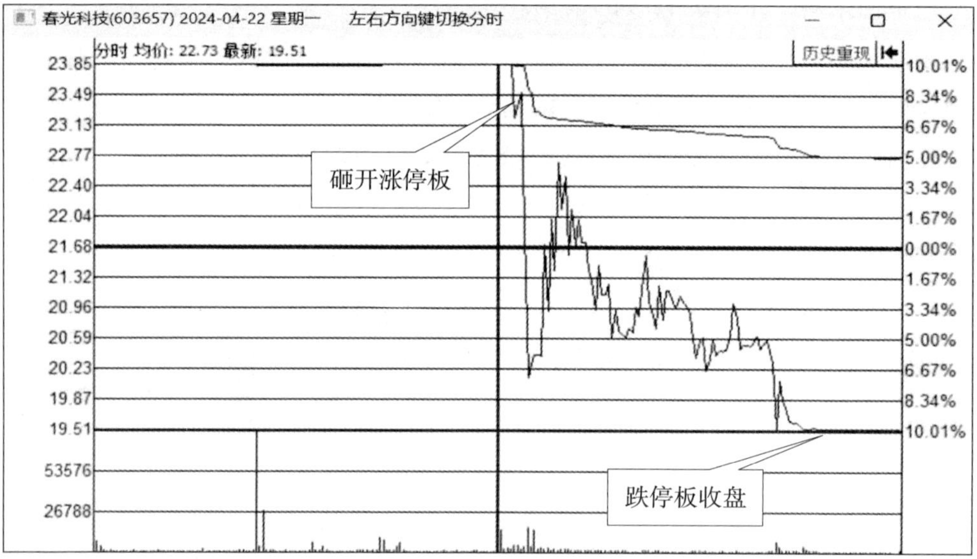

图 5-12　春光科技（603657）分时走势图（2024.4.22）

4 月 22 日午盘后，该股的涨停板被砸开，并直线跳水，投资者应第一时间不计成本地卖出，不要幻想后面的反弹或回封。妖股与龙头股不同，介入妖股的资金较少，市场情绪效应也没有龙头股强，因而一旦不能涨停了，就很可能转入跌停。

万一投资者当日没有成功出逃，次日也要早早地挂跌停价卖出。

战术 6：出水芙蓉突破战术

出水芙蓉形态是指股价 K 线在盘整过程中，各条均线出现黏合状，某日股价大幅上涨，拉出一根大阳线，且此阳线一举突破多条均线。该形态属于强烈的看涨形态，很多强势股在上涨启动期都出现过此种形态，如图 5-13 所示。

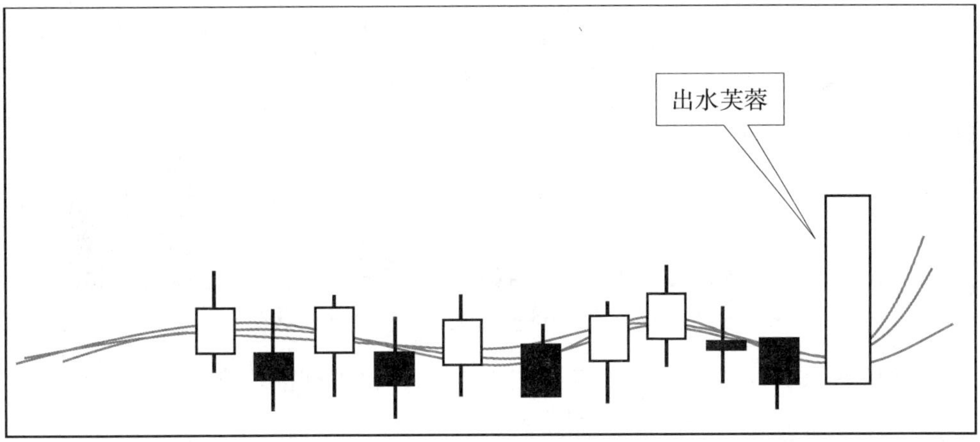

图 5-13　出水芙蓉形态

通常情况下，股价长期处于横盘状态中，各条均线出现黏合状态，成交量维持在较低水平。此时，若出水芙蓉形态出现，则意味着龙头股即将进入上攻模式，其操作要点如下。

第一，某一日股价低开高走，并一举突破了多条均线。

第二，股价突破均线当日常常以涨停报收。

第三，股价突破之后，各条均线由黏合状变为发散状，且方向向上。

第四，股价突破各条均线当日，成交量出现了放大态势；当股价突破各条均线，并位于各条均线之上时，就是买入该股的一个较好时机。

下面来看一下三祥新材的案例。

如图 5-14 所示，2024 年 3 月，三祥新材处于阶段性底部的盘整阶段。2024 年 3 月 26 日，该股放量上涨，股价连续突破 5 日、10 日和 20 日均线，收出一根光头涨停大阳线。看到这种情况，投资者可考虑积极买入。

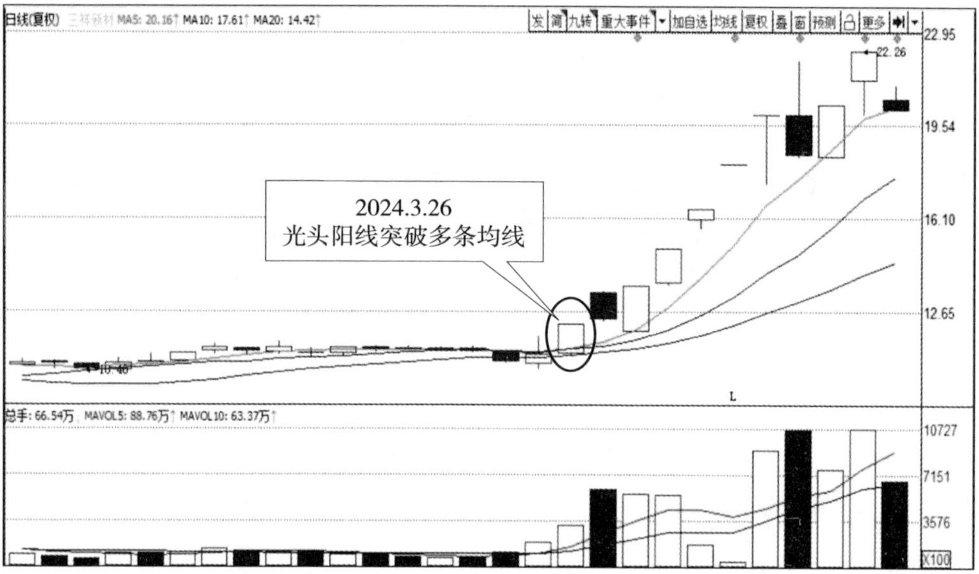

图 5-14　三祥新材（603663）的日 K 线图

此后，该股股价经过一个交易日的高位调整（即前面介绍过的空中反包涨停），立即进入一波快速上升通道。

战术 7：空中加油突破战术

空中加油形态，是指股价从底部腾空而起在经过飙升之后，在一定高位受到空头的抛压出现短暂蓄势休整，主力在空中加油补充能量后，获得向更高目标发起攻击的动力，从而继续向上飙升。空中加油形态的最高点是一个重要的参考点位，其后若股价放量向上突破该点位，特别是以涨停板形态突破该点位，则意味着龙头股迎来了启动的时刻，如图 5-15 所示。

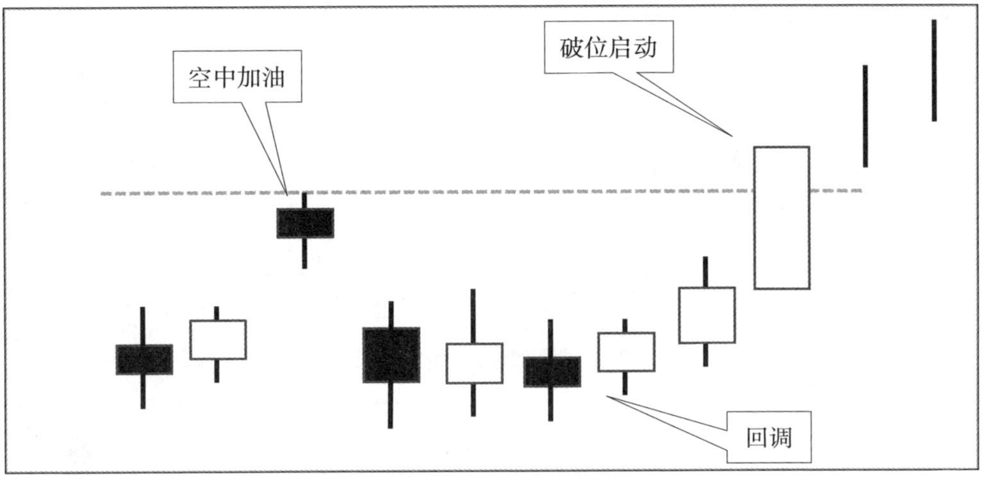

图 5-15　突破空中加油高点位启动

空中加油形态多是在某些利好消息的刺激下，股价大幅跳空高开，随后在高位剧烈振荡，并在开盘价附近收盘的一种 K 线形态。空中加油形态出现当日，成交量一般会出现大幅的放大，这是一个较为明显的资金介入痕迹。随着股价的振荡下跌，很多投资者会将其看成主力诱多出货的一个信号，但若随后股价重新发动上攻，以放量涨停形式突破了空中加油形态，则意味着龙头股启动时机的来临。

事实上，这个看似主力诱多出货的形态，更多的是主力资金介入的一个信号。随后经过一系列的洗盘，再将其中的意志不坚定者洗出去，待市场环境好转时启动拉升。当然，在没有股价向上放量突破作为证据前，投资者是不应该冒险提前介入这类股票的。

下面来看一下菲达环保的案例。

如图 5-16 所示，菲达环保的股价经过一段时间的低位盘整后，于 2021 年 3 月 5 日在利好消息刺激下，大幅跳空高开，并封上涨停板，如图 5-17 所示。

正当很多投资者都在为错过强势股而懊恼时，临近午盘时，主力主动打开了涨停板，并重新做出上攻动作，于是先前没有机会的投资者纷纷入场追涨买入，主力拉升一波后反手向下打压股价，成交量相比前一交易日大幅放大，形成了经典的空中加油形态。

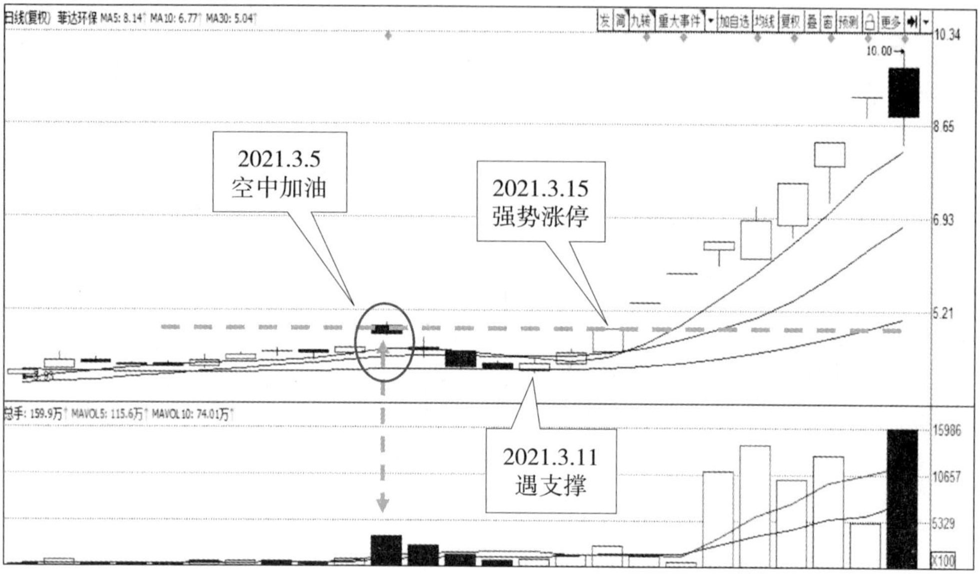

图 5-16　菲达环保（600526）日 K 线走势图

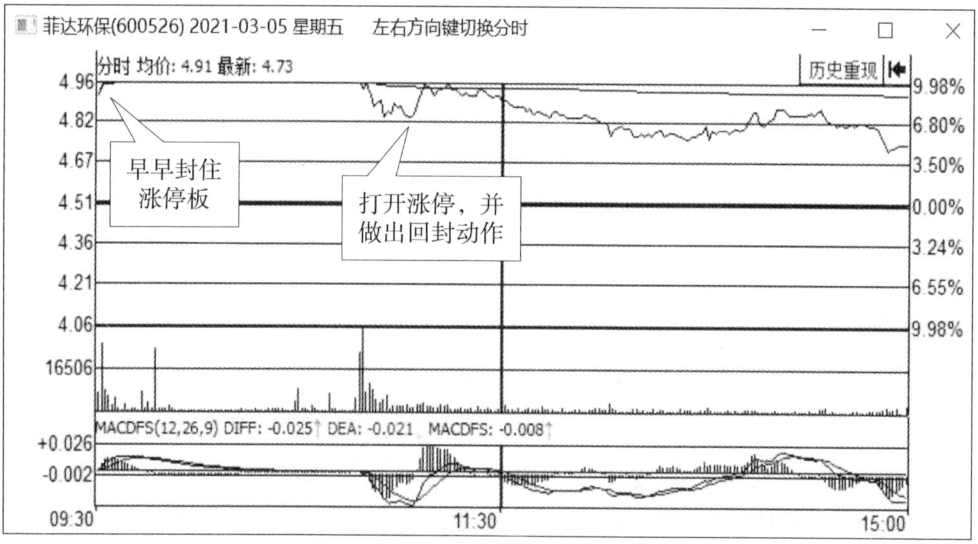

图 5-17　菲达环保（600526）分时走势图（2021.3.5）

此后，该股股价进入了一波振荡下跌行情。这种走势总是让人感觉先前的跳空只是主力为了出货而使用的诱多伎俩，因此，面对跌跌不休的股价，很多人选择了离场。不过，直至 3 月 11 日，该股股价连续下跌多日后再度走低，也没有跌破 30 日均线，这说明 30 日均线对该股股价形成了一定的支撑。

3 月 15 日，该股股价重新上攻，并封上了涨停板，不过涨停价并未突破 3 月 5 日的高点，激进型投资者可适当建仓，保守型投资者可继续等待。

3 月 16 日，该股直接一字封板，这就没有入场的机会了，次日还是这种情况。连续两个一字板，加上之前的涨停，共三个板，很多投资者就会对其产生畏惧心理。不过真正的龙头都是在这一刻诞生的，能够走出三个板的股票“成龙”的概率要远远大于两个板的。至此，龙头股破位启动形态正式形成。其实喜欢短线交易的投资者也无须恐惧，只要控制好仓位（抢入龙头股操作的仓位控制要非常谨慎，一般不能超过总仓位的 15%，甚至低于 10%）就可以了。捕捉龙头股总是这样的，在风险中求得利润。

战术 8：多头尖兵突破战术

多头尖兵形态，是指处于低位运行的股价，在某个交易日突然从底部腾空而起，在经过飙升之后，在一定高位受到空头的抛压出现大幅回落，最终在 K 线图上留下一根带长上影线的 K 线。

此后，若股价经过一段时间振荡整理后，以放量涨停方式突破多头尖兵的最高点，则意味着龙头股迎来了启动的时刻。

主力在多头尖兵补充能量后，获得向更高目标发起攻击的动力，从而继续向上飙升。多头尖兵形态的最高点是一个重要的参考点位，如图 5-18 所示。

多头尖兵形态多是在某些利好消息的刺激下，股价低开高走，随后在高位剧烈振荡，并在开盘价附近收盘的一种 K 线形态。多头尖兵形态出现当日，成交量一般会出现大幅的放大，这是一个较为明显的资金介入痕迹。其后，随着股价的振荡下跌，很多投资者会将其看成主力诱多出货的一个信号，但若随后股价重新发动上攻，以放量涨停的形式突破了多头尖兵形态，则意味着龙头股启动时机的来临。

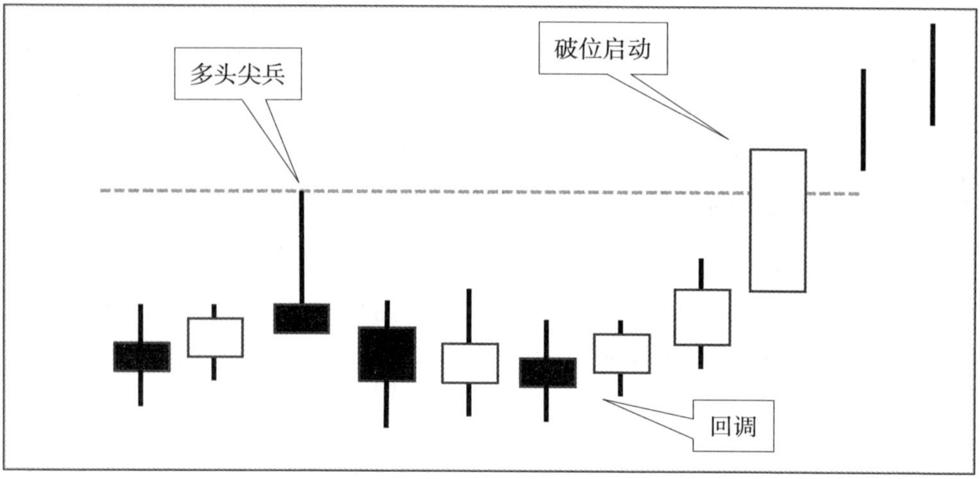

图 5-18 突破多头尖兵高点位启动

事实上，这个看似主力诱多出货的形态，更多的是主力资金介入的一个信号。随后，经过一系列的洗盘，再将其中的意志不坚定者洗出去，待市场环境好转时启动拉升。当然，在没有股价向上放量突破作为证据前，投资者也是不应该冒险提前介入这类股票的。

下面来看一下浙江世宝的案例。浙江世宝的股价经过一段时间的低位盘整后，于2023年6月中旬，在新能源汽车利好的刺激下，发动了一波上攻走势。该股股价连续拉出了 3 个涨停板。

如图 5-19 所示，6 月 14 日，该股在前几个交易日涨停的基础上，再度向上拉升，随后遭到空方打压而出现大幅跳水走势，当日成交量相比前一交易日出现了明显的放大。

此后的几个交易日，该股股价连续回调，且成交量也同步出现了萎缩。这就让市场上的投资者产生一种感觉，即先前的放量上影线就是主力诱多出货的信号。因此，很多投资者选择卖出了手中的股票。

6 月 30 日，在多重利好消息的刺激下，该股股价强势涨停。该涨停板价格突破了 6 月 14 日多头尖兵的最高价，这也是龙头股破位启动的一个明确信号，如图 5-20 所示。

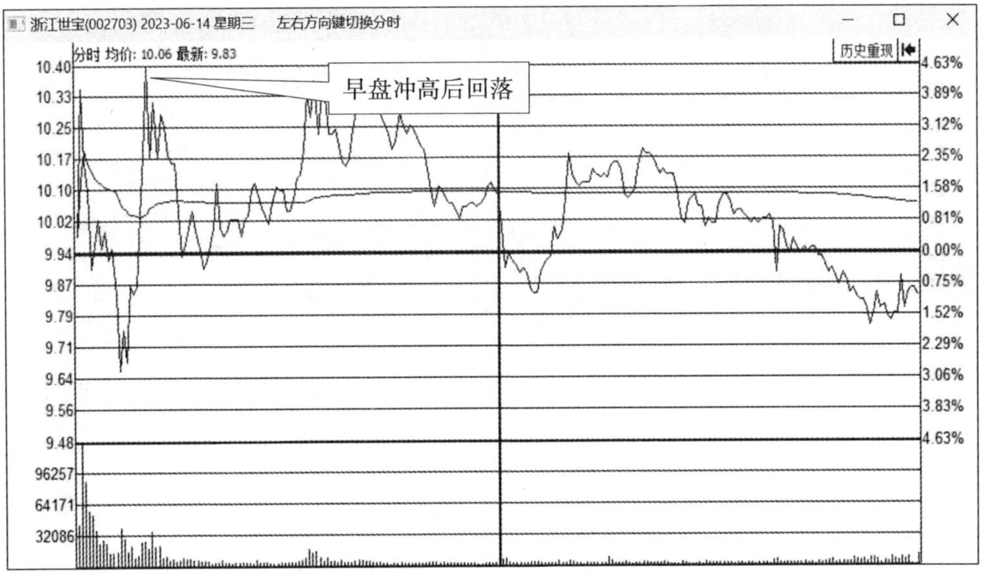

图 5-19　浙江世宝（002703）分时走势图（2023.6.14）

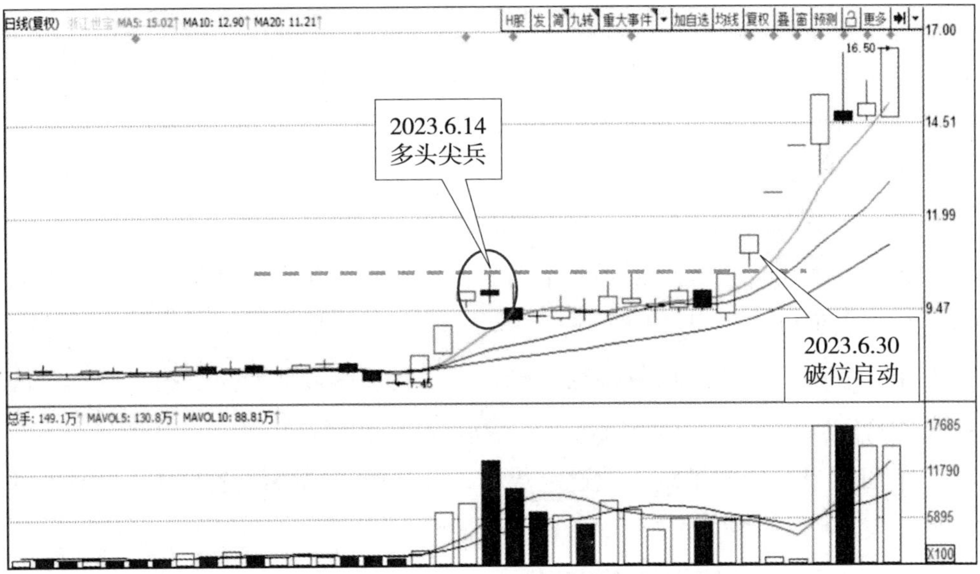

图 5-20　浙江世宝（002703）日 K 线走势图

战术 9：蛤蟆跳空突破战术

蛤蟆跳空形态是指股价某一日放量跳空突破前期高点连线，并且收于趋势线之上，表明股价上涨势头较猛，如图 5-21 所示。

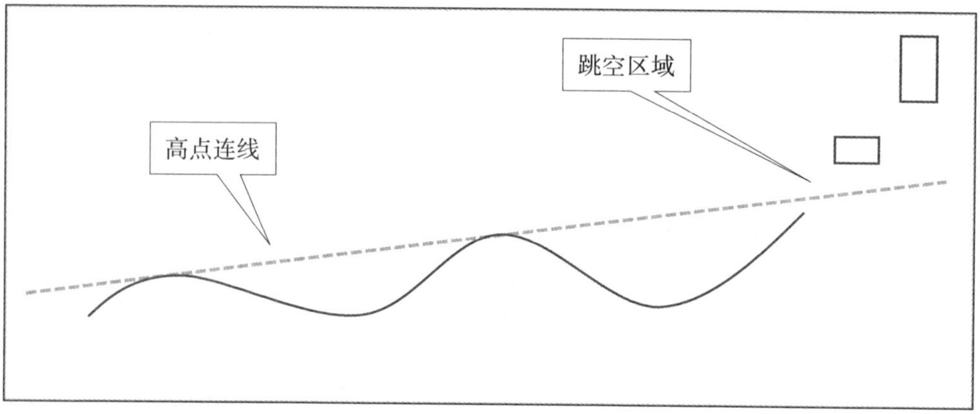

图 5-21　蛤蟆跳空形态

该技巧的操作要点如下。

第一，各条均线呈向右上方倾斜态势。

第二，股价已经连续创下两个高点，且后一个高点要高于前一个高点，这两个高点可以用一根趋势线连接。

第三，某一日股价放量跳空上涨，并且直接越过前期高点趋势线；股价跳空当日，收盘价位于趋势线之上，且成交量放大数倍。

第四，当股价放量跳空越过趋势线，并且收于趋势线之上时，投资者可考虑买入该股。

下面来看一下川恒股份的案例。

如图 5-22 所示，川恒股份的股价在 2021 年 7 月到 9 月期间走出了蛤蟆跳空形态，说明该股未来趋于强势。

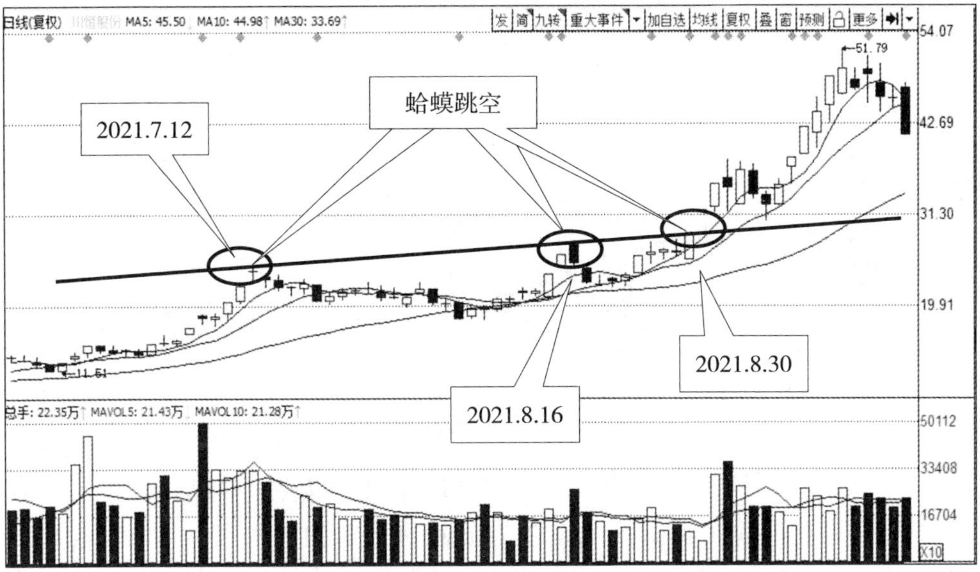

图 5-22 川恒股份（002895）日 K 线走势图

2021 年 7 月 12 日，川恒股份的股价创下一个短期高点后重新开始下跌，该股调整一段时间后再度上涨，并于 8 月 16 日来到前期高点之后再度下跌。投资者可以将两个高点用直线连接，如果股价突破这一趋势线就可以买入该股。

2021 年 8 月 30 日，该股跳空高开高走，并封上涨停板，此时蛤蟆跳空形态正式形成，说明股价走势较强，未来还将继续上涨。

战术 10：鱼跃龙门突破战术

鱼跃龙门形态也是股价启动上涨的一个信号，该信号与均线金叉组合，将大大加强上涨信号的准确性，如图 5-23 所示。

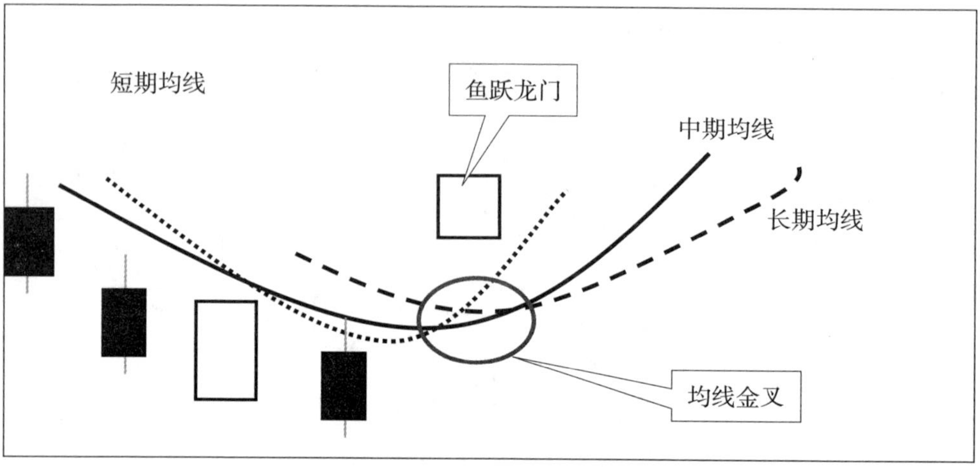

图 5-23　鱼跃龙门形态

投资者在根据鱼跃龙门形态进行操作时，应注意以下几点。

第一，30 日均线由下跌状态转为上涨状态或放平状态，且 5 日均线、10 日均线与 30 日均线可能会出现缠绕现象。

第二，某一日股价放量跳空上涨，且直接越过 30 日均线，收于 30 日均线之上。

第三，真正的龙头股在股价跳空上涨当日多以涨停报收，成交量放大数倍。

第四，股价跳空上涨时，短期均线上穿中期均线，形成黄金交叉形态。

第五，当股价跳空上涨并收于 30 日均线之上时，就是该股第一个买点。当股价突破重要阻力位时，就是加仓该股的好时机。

下面来看一下登云股份的案例。

如图 5-24 所示，登云股份的股价经过一波下跌与振荡调整后，在 2024 年 3 月中旬走出了鱼跃龙门形态，预示股价将企稳上涨。

自 2024 年 1 月以后，登云股份的股价一直在 30 日均线下方运行。此后，该股股价出现振荡反弹，30 日均线由下跌状态逐渐转变为放平状态，说明股价走势将要企稳。

2024 年 3 月 11 日，登云股份的股价越过 30 日均线跳空高开，并收出

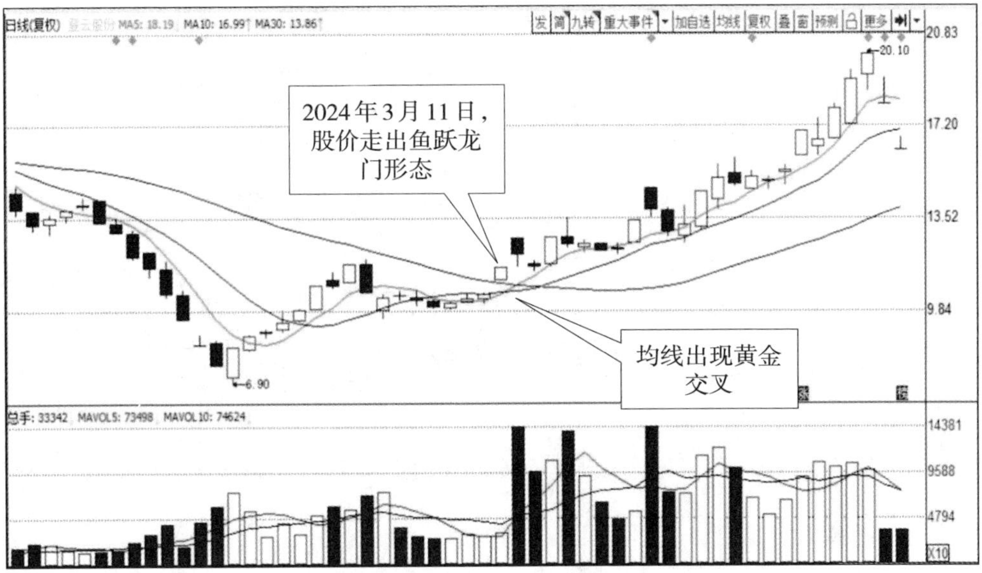

图 5-24　登云股份（002715）日 K 线走势图

一根 10% 涨停的跳空高位阳线，在 K 线走势图上留下了一个缺口，说明鱼跃龙门形态形成，投资者可买入该股。投资者观察此时的均线指标可知，此时 5 日均线上穿 10 日均线和 30 日均线形成黄金交叉形态，也预示股价将出现一波上涨行情。

此后，该股股价出现了一波快速上攻走势。

战术 11：黄金坑突破战术

黄金坑也叫散户坑，是指个股经过较长时间的横盘筑底，主力在确定拉升之前，进行一次快速的下跌，将不坚定的筹码清洗出去，然后股价迅速回升，在 K 线图上形成了一个形似坑状的图形。很多龙头股、超级牛股，都是从黄金坑中走出来的。

黄金坑是典型的上涨信号，当股价走出黄金坑时，如均线同步呈多头排列，则股价上涨过程中出现涨停板的几率非常大，如图 5-25 所示。

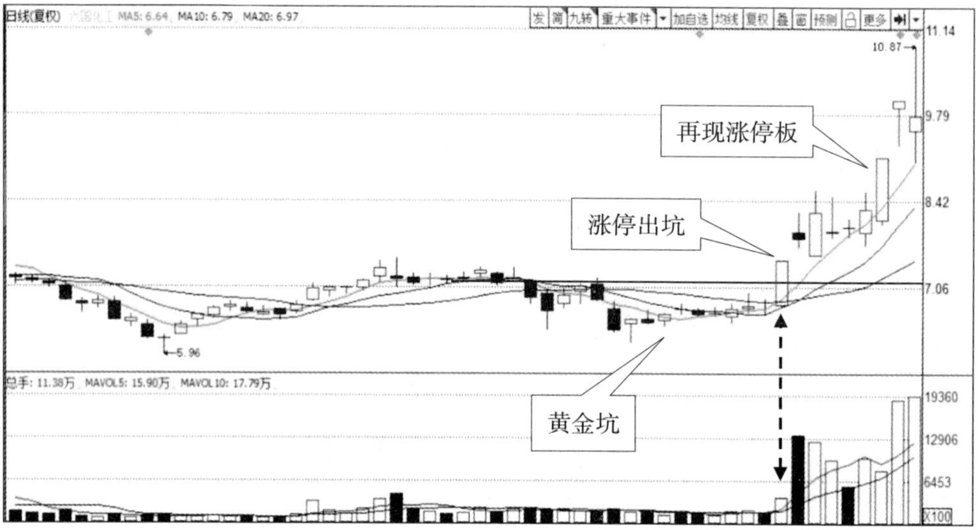

图 5-25　黄金坑形态

黄金坑是主力为散户设下的一个诱空陷阱。当股价经过一段时间的调整，给人一种即将上升的感觉时，主力突然向下打压股价，散户必然会因为恐慌而抛弃手中的筹码，这样主力可以在即将拉升股价之前再次获得更多的廉价筹码。

该技法在操作过程中需要注意这样几点。

第一，股价沿振荡趋势运行，在即将启动上升时，突然反向下跌。随着股价的走低，成交量趋于萎缩，股价触底后重新缓慢上升，成交量也会呈现温和放大。当股价来到下跌起始位时，会加快上攻的步伐，涨停板多出现在坑口附近位置。当股价走出黄金坑区域时，均线出现多头发散排列。

第二，股价自调整趋势下跌时，成交量会出现萎缩态势，而当成交量重新开始放大时，就预示着入场机会可能即将到来。

第三，当股价突破黄金坑下跌起始线，并位于各条均线之上时，就是该股的买点。突破黄金坑下跌起始线当天就是最易出现涨停板的时候，其后股价还会启动一波上攻，在这波行情中也可能会有涨停板出现。

下面来看一下福莱新材的案例。

如图 5-26 所示，福莱新材的股价在 2023 年 12 月中旬期间走出了黄金坑形态，说明该股未来走势趋强。

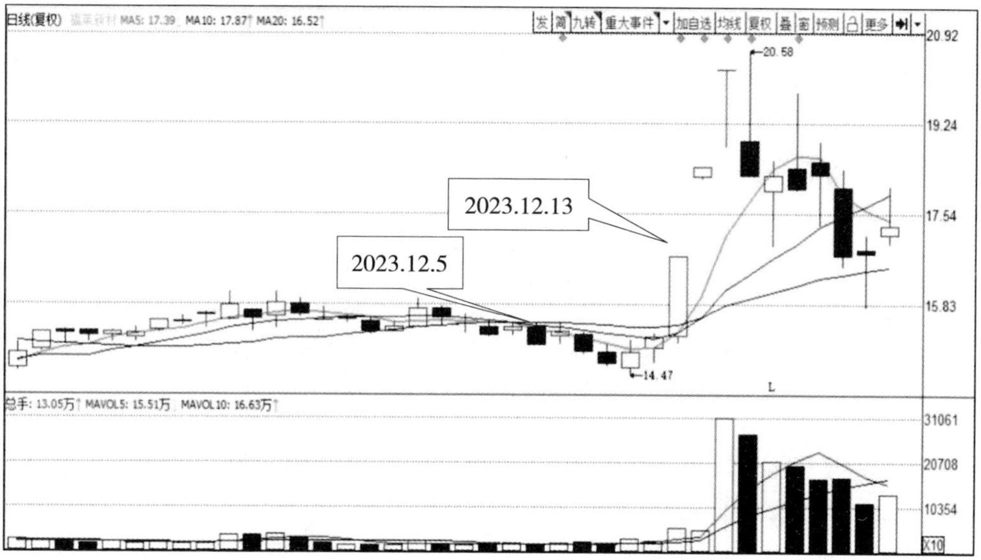

图 5-26　福莱新材（605488）日 K 线走势图

2023 年 12 月 5 日，福莱新材的股价经过一段时间的盘整后出现了下跌走势。股价经过若干个交易日的下跌之后，反转向上。

12 月 13 日，该股股价放量涨停并突破了下跌起始线位置，标志着黄金坑形态的最终形成，投资者可于当日买入该股。投资者观察该股成交量可知，股价下跌过程中成交量出现了萎缩态势，而股价持续上攻时，成交量出现了持续放大态势，这说明有资金持续流入该股。投资者观察该股的均线走势可知，当股价发动上攻时，各条均线呈多头发散排列，这也意味着股价将出现上涨行情。

2023 年 12 月 14 日和 12 月 15 日，该股强势连续拉出两个涨停板，此后又延续了之前的上升走势。

第六章
龙头第二波战术

真正的大龙头都会有二次启动的机会。在第一波上升浪结束后，股价会呈现高位振荡调整走势，其调整到位后，又会启动第二波的上升浪潮。事实上，很多大龙头二次启动后的涨幅比第一波涨幅还要大。

下面来看一下溧阳路强攻浙江建投的龙头第二波案例。浙江建投的股价自 2022 年 2 月 7 日强势涨停，并正式进入大幅上攻趋势。

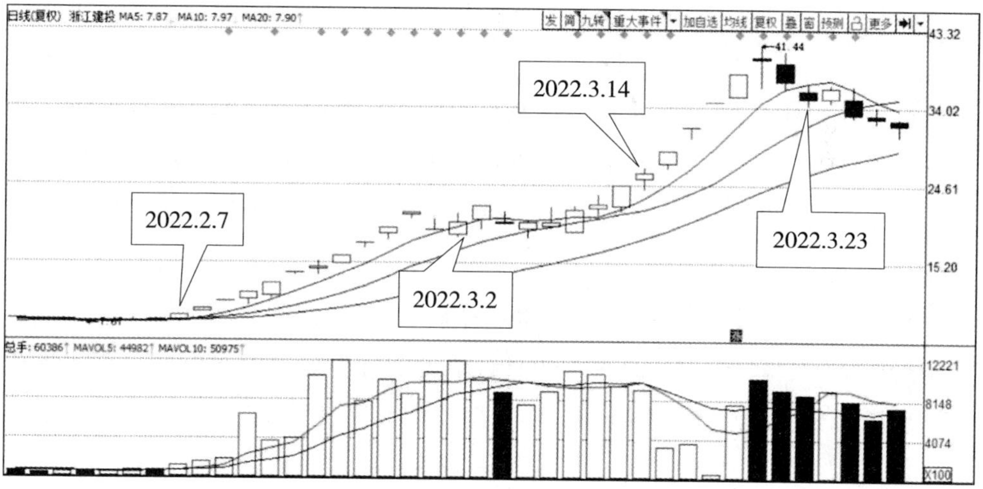

图 6-1　浙江建投（002761）日 K 线走势图

如图 6-1 所示，2022 年 2 月 7 日，浙江建投的股价以涨停的方式迎接春节后的第一个交易日。此后，该股股价连续拉出多个涨停板，龙头风采尽显。

到了 2022 年 3 月初，浙江建投的股价出现了振荡调整，中信证券上海溧阳路就是在此阶段介入该股的。该股随后又发动了新一波的上涨，并在 3 月 20 日前后进入顶部区域。

从操作记录来看，上海溧阳路应该在 3 月 23 日全部清仓了该股，获利颇丰。

其具体交易记录如表 6-1 所示。

表 6-1 浙江建投龙虎榜数据（上海溧阳路）

日期	买入金额（万元）	卖出金额（万元）
2022.3.2	4385.94	9.36
2022.3.4	2160.86	1319.42
2022.3.14	538.01	4493.97
2022.3.23	192	15925.4

对照中信证券上海溧阳路的交易记录以及浙江建投的股价走势，可以发现以下几点。

第一，在浙江建投第一波上攻走势中，上海溧阳路并没有参与，其是在股价进入调整阶段后才入场的，这说明即使是顶级游资，也不能确保第一时间发现牛股或强势股。也就是说，所谓的牛股或龙头股，是市场的选择，而非某一家游资刻意而为。从操作上来讲，上海溧阳路的操作就属于典型的接力操作了。

第二，在 3 月 2 日的龙虎榜上，溧阳路首次出现，并强势买入了 4385 万元，成本价应该不会超过 21 元。3 月 3 日，该营业部没有登上龙虎榜，也就意味着该营业部的操作力度较小，买入与卖出金额应该不超过 2100 万元（龙虎榜最低买入金额为 2192 万元，最低卖出金额为 2030 万元）。结合后面的操作来看，该营业部当日卖出金额应该较少，买入金额可能接近 2000 万元水平。

第三，3 月 4 日，该股振荡走低，并封于跌停板。该营业部仍是买入（2160 万元）多于卖出（1319 万元）。这说明该营业部强烈看好该股，并且已经深度建仓布局。这与其他几个顶级游资的操作思路还有所不同，其实这也是资金实力的体现。

第四，3 月 14 日，该营业部直接卖出了 4493 万元，这是在 13 日涨停基础上再度冲击涨停板失败的日子。当日，该营业部卖出了手中大部分筹码（获利较好）。从后面龙虎榜数据来看，应该还有相当一部分的底仓。

第五，该营业部其后一直到 3 月 23 日之前都没有出现在龙虎榜，这就意味着该营业部即使有交易活动，金额也相对较少。3 月 23 日，该营业部一次性卖出了 1.59 亿元。这是典型的清仓操作，即该营业部将该只股票的底仓全部抛出了。从该股的走势来看，该营业部的操作应该获利颇为丰厚，3 月 23 日清仓点的掌控也比较到位。

原理解构：市场情绪的再度发酵

正常情况下，被炒作的龙头股在游资撤出后，一般是不愿意再回炉炒作的。主要有这样几点原因。

第一，每波行情炒作都会在高位套牢大量的散户，若再度炒作这些龙头股票，先前被套牢的散户就会离场，这将极大地不利于游资的拉升。也就是说，这时候游资炒作这些股票，有帮助散户“解放”的可能。

第二，高位套牢盘的存在，限制了炒作空间。股价一旦拉升至前期高点位置，套牢盘涌出，游资只有把这些套牢盘全部吃掉才能继续拉升，这显然与游资“花小钱，办大事”的思路不符，因而也没有游资愿意这样做。

第三，游资炒作的本质是人气、是散户的情绪。过气的股票，人气自然也会消散，再想聚拢这些人气也不是很容易的事。因此，与其炒作这些老旧题材的股票，不如去寻找新题材的股票。

当然，在有些情况下，游资还是会尝试回炉这些老龙头的，以期实现老树发新芽。一般来看，这些股票具有以下几个典型特征。

第一，市场热点的演绎又重新回到以前龙头板块的身上，这就很容易让人产生一定的联想。比如，以岭药业在 2020 年到 2022 年期间，被游资反复拉升了几波。这主要是源于以岭药业的连花清瘟胶囊在抗击新冠中的作用，而且还被不断地发现新的功效，这都为游资提供了新的炒作理由。同时，只要疫情没有彻底消散，这种炒作一般就不会彻底结束。

第二，随着时间的推移，原来被龙头股套在高位的散户已经割肉离场了。这时候，当新概念出现时，也可能再度引发炒作热情。

第三，被贴上“妖股”标签的个股。市场上有很多被频繁拉升的股票，可能没有理由或者某个不太沾边的消息都可能引发股价的大幅上攻。这类股票的走势与大盘形势、外围环境好坏关系不大，因而往往被贴上“妖股”的标签。其实很多游资还是很喜欢操作这类妖股的，妖股必然自带妖气。很多散户即使不持有这类股票，也愿意跟踪这类股票，一旦妖风挂起，这些散户也愿意入场分一杯羹。比如兰石重装等股票，就是上市后经常被炒作的股票。

第四，次新股相对更容易引发二波炒作行情。通常情况下，新股上市后，即使引发了一波上升行情，但相对而言，套牢盘并不算多，而且由于新股或次新股的可流通股份相对较少，再度拉升相对比较容易。比如2023年的新能源汽车概念股、抖音传媒概念股、2024年的低空经济、飞行汽车概念等。

下面来看一下引力传媒的股价走势情况，如图6-2所示。

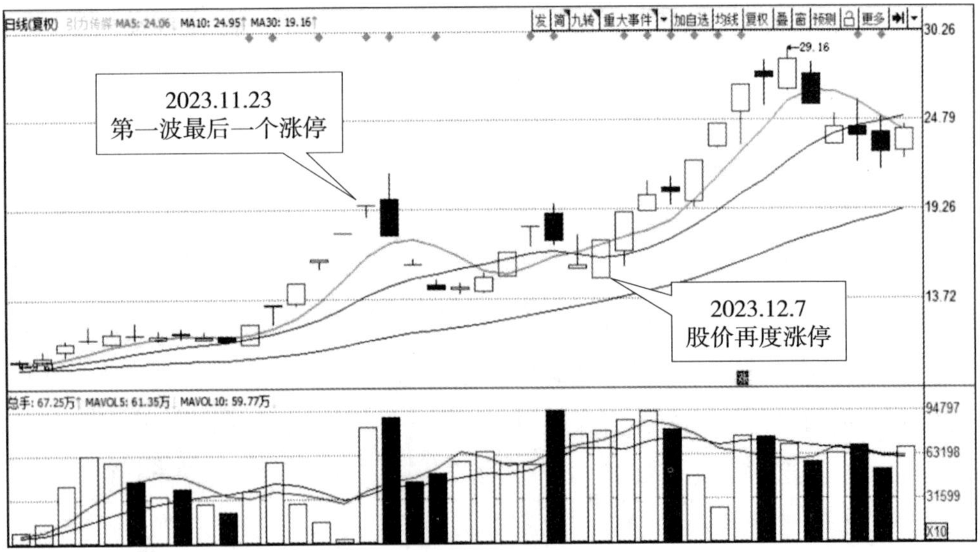

图6-2 引力传媒（603598）日K线走势图

2023年11月中旬，抖音传媒概念成为市场热炒的对象，引力传媒成为这段时间内游资炒作的标杆。该股股价在连续拉出6个涨停板后，在2023

年 11 月 23 日收出了最后一个涨停板，随后股价转入回调整理行情。其实在引力传媒横向盘整的这段时间内，市场炒作主线仍是围绕抖音传媒概念展开的。在其他同概念股票炒作一段时间后，市场的热点又一次回到了引力传媒身上。该股自 2023 年 12 月 7 日开始，启动了新一波的上升浪潮。很多游资又在此时纷纷入场买入该股。

不过引力传媒的第二波浪潮与其他被炒作股票还有点不一样。先来看一下引力传媒 12 月 8 日的龙虎榜，如图 6-3 所示。

引力传媒龙虎榜数据
2023-12-08

日期：2023-12-08 总成交金额：150490.44万元，总成交量：8681.85万股

排序	营业部名称	买入金额/万	占总成交比例	卖出金额/万	占总成交比例	净额/万
买入金额最大的前5名　买入总计 **13642.09** 万元，占总成交比例 **9.07%**						
1	机构专用	4247.81	2.82%	0.00	0.00%	4247.81
2	瑞银证券有限责任公司上海花园石桥路证券营业部	3183.11	2.12%	0.00	0.00%	3183.11
3	国泰君安证券股份有限公司总部	2283.61	1.52%	0.00	0.00%	2283.61
4	国盛证券有限责任公司宁波桑田路证券营业部	2143.01	1.42%	0.00	0.00%	2143.01
5	中信证券股份有限公司上海分公司	1784.55	1.19%	0.00	0.00%	1784.55
卖出金额最大的前5名　卖出总计 **12627.84** 万元，占总成交比例 **8.39%**						
1	中信证券股份有限公司上海分公司	0.00	0.00%	3799.95	2.53%	-3799.95
2	国泰君安证券股份有限公司总部	0.00	0.00%	2681.82	1.78%	-2681.82
3	财通证券股份有限公司杭州上塘路证券营业部	0.00	0.00%	2508.66	1.67%	-2508.66
4	华福证券有限责任公司上海静安北京西路证券营业部	0.00	0.00%	1945.48	1.29%	-1945.48
5	东方财富证券股份有限公司拉萨金融城南环路证券营业部	0.00	0.00%	1691.92	1.12%	-1691.92
买卖净差：**1014.25万元**						

图 6-3　引力传媒龙虎榜（2023.12.8）

从图 6-3 中可以看出，引力传媒封上涨停板的主要拉升资金分别来自机构、瑞银证券上海花园石桥路、国泰君安总部、国盛宁波桑田路、中信证券上海分公司等。其中只有宁波桑田路为典型的游资，而瑞银证券上海花园石桥路、国泰君安总部为典型的境外机构资金。此后，众多游资开始纷纷入场抢筹，共同推升了该股的第二波上升浪潮。

战术 1：龙头股再创辉煌战术

很多大龙头都会有第二波炒作热潮。对于游资来说，炒作第二波要比第一波更加安全。股价上攻第一波结束后，很多获利颇丰的游资会选择撤出，一些散户也有兑现利润的需求，这时候股价就会出现回调走势。而能否再度上攻，还要取决于以下几个方面的因素。

第一，龙头股的市场热度。市场热度包括龙头股本身的热度、龙头股所处板块的热度等。只有热度保持良好的龙头股，才具备未来继续上攻的炒作基础。

第二，市场炒作题材情况。如果市场炒作的题材较多或者有新的热点题材出现，则龙头股二度启动的概率就会降低；反之，则可能会提升。

第三，先前有被套牢其中的游资，也可能借势出于自救目的掀起一轮炒作行情。

第四，若市场消息面能够提供新的炒作故事或理由，那么，龙头股就会更加容易掀起二轮炒作行情。

下面来看一下以岭药业的股价走势情况。

如图 6-4 所示，2020 年年初，新冠疫情突然袭来。由于市场普遍担心疫情会给经济带来较大的打击，股市同步出现了回落走势。

3 月中旬，在抗疫过程中，不断有专家提及连花清瘟胶囊胶囊（以岭药业拳头产品），并认为该药对新冠有一定的疗效，于是从 3 月 16 日开始，市场开始了对以岭药业的炒作。

经过一波拉升之后，该股股价出现了回调走势。由于此时整个社会均受到疫情的冲击，股市中热点匮乏，而连花清瘟胶囊在抗疫过程中的作用被不断地提及，使得市场自 2020 年 4 月 8 日开始，启动了第二波对以岭药业的炒作热潮。4 月 8 日，国内诸多顶级游资出没于以岭药业的龙虎榜。

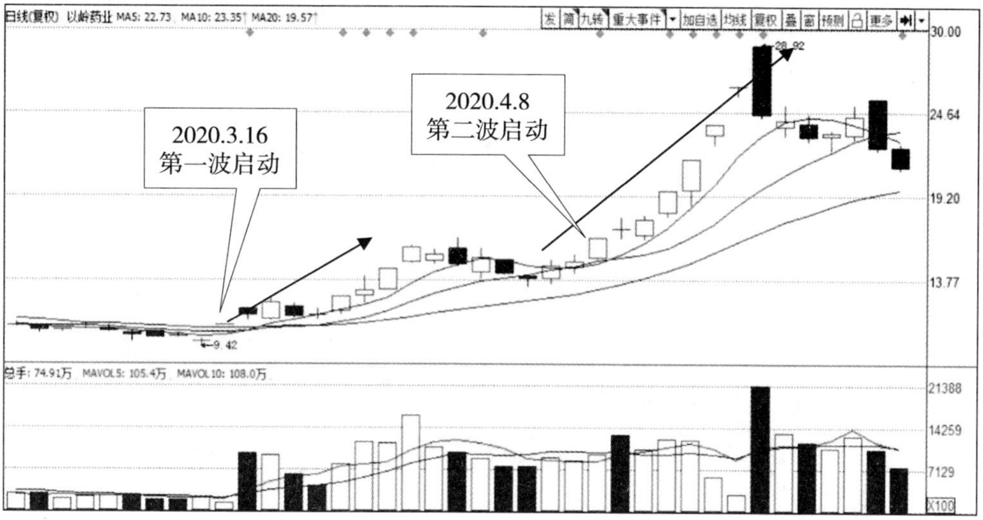

图 6–4　以岭药业（002603）日 K 线走势图

如图 6–5 所示，从以岭药业 4 月 8 日的龙虎榜上可以清晰地看到，国内顶级游资湖州路、溧阳路以及顶级游资赵老哥全部现身于该股的龙虎榜。由此可见，多路游资齐聚以岭药业，该股股价未来想要不涨都难。

以岭药业龙虎榜数据

2020-04-08

日期：2020-04-08 总成交金额：224048.10万元，总成交量：9506.69万股

排序	营业部名称	买入金额/万	占总成交比例	卖出金额/万	占总成交比例	净额/万
买入金额最大的前5名　买入总计 **27481.75** 万元，占总成交比例 **12.27%**						
1	华鑫证券有限责任公司湖州劳动路浙北金融中心证券营业部	5422.98	2.42%	0.00	0.00%	5422.98
2	中信证券股份有限公司上海溧阳路证券营业部	4943.35	2.21%	124.32	0.06%	4819.03
3	华泰证券股份有限公司上海静安区威海路证券营业部	4596.56	2.05%	31.56	0.01%	4565.00
4	兴业证券股份有限公司陕西分公司	4561.01	2.04%	33.21	0.01%	4527.80
5	中国银河证券股份有限公司绍兴证券营业部	2962.37	1.32%	46.76	0.02%	2915.61
卖出金额最大的前5名　卖出总计 **18202.25** 万元，占总成交比例 **8.12%**						
1	中国国际金融股份有限公司广州珠江新城证券营业部	0.00	0.00%	8942.06	3.99%	-8942.06
2	东方财富证券股份有限公司拉萨团结路第二证券营业部	1386.16	0.62%	2750.61	1.23%	-1364.45
3	深股通专用	2184.11	0.97%	2707.75	1.21%	-523.64
4	中信证券（山东）有限责任公司淄博世纪路证券营业部	24.53	0.01%	1788.26	0.80%	-1763.73
5	东方财富证券股份有限公司拉萨东环路第二证券营业部	1400.68	0.63%	1777.71	0.79%	-377.03
买卖净差：**9279.50**万元						

图 6–5　以岭药业龙虎榜数据（2020.4.8）

战术 2：龙回头启动战术

前面对龙头第二波战术从市场情绪和资金等角度进行了一定的解读。从技术形态角度来看，龙头第二波启动，也可以看成龙头股在上升过程中的一次回调整理，即龙回头，如图 6-6 所示。

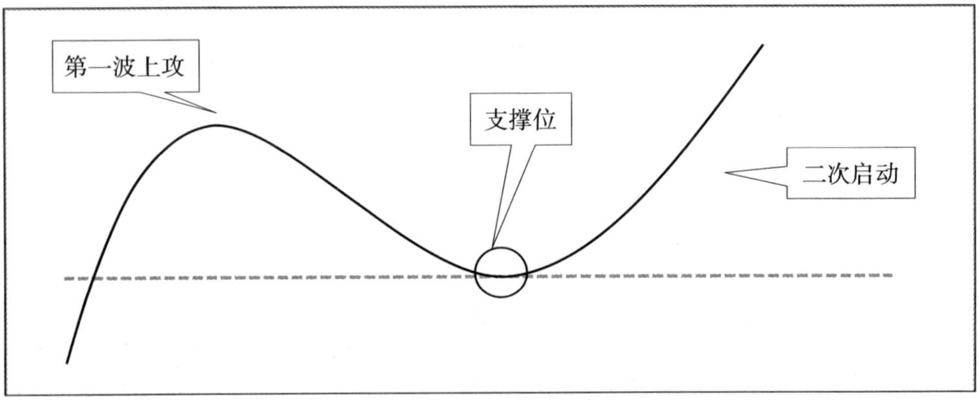

图 6-6　龙回头形态

从形态上来看，龙头股在完成第一波冲高后，出现了明显的回调走势，当股价回调至某一重要支撑区域，可能是中期均线附近、前期高点或低点附近等，成交量同步萎缩，此后股价突然出现向上反攻走势，并走出强势涨停板，意味着该股股价新一波的拉升开始了。此后，若股价能够顺利突破第一波的高点，则上升空间将会进一步增大。

龙回头战术的操作要点包括如下几点。

第一，股价经过一波冲高后的回调，应以缩量回调为主。

第二，龙头股在回撤过程中，获得支撑的位置越接近前期高点越好，说明资金护盘意愿比较强。

第三，股价回调的支撑位，多为前期振荡位置（密集成交区）、前期高点或低点、前期缺口附近、均线附近等。

下面来看一下中信海直的案例。

如图 6-7 所示，在低空经济热炒过程中，中信海直的股价自 2024 年 3 月下旬出现了一波大幅上攻走势。2024 年 4 月 2 日，该股股价在连续拉出 4 个涨停板后出现冲高回落走势。此后，随着股价的回调，成交量同步萎缩。

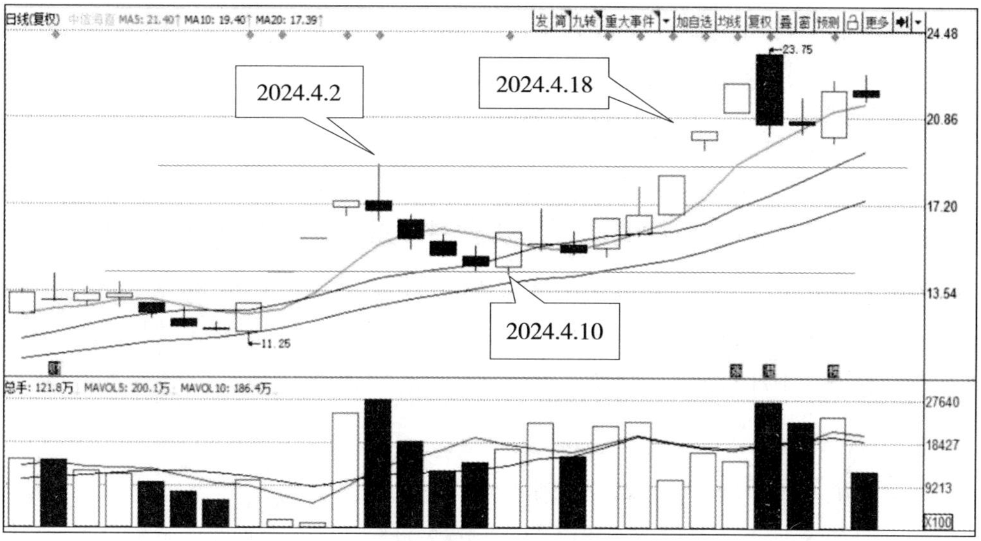

图 6-7　中信海直（000099）日 K 线走势图

2024 年 4 月 10 日，该股股价回调至前期缺口位置时，受到了较强的支撑，并反向上攻，当日以涨停报收，说明该股很有可能重拾升势。

此后，该股股价经过几个交易日的调整后，再度启动上攻，并于 4 月 18 日完成了对 4 月 2 日高点的突破。

在此过程中，多路游资参与了对该股的炒作，如交易猿、华鑫证券宁波分公司、低位挖掘等知名游资都现身其中。投资者也可以在 4 月 10 日该股遇支撑启动后，择机入场；4 月 18 日，该股股价突破前期高点时，则可考虑加仓。

战术 3：横盘低吸战术

大牛股展开一波行情后，若股价并没有出现明显的下跌，甚至直接出现了横向盘整走势，就意味着股价存在第二次启动的可能。

该类形态的出现，具有如下几个典型特点。

第一，横盘之前股价出现连续涨停走势，这是未来启动第二波拉升的前提条件。

第二，股价结束涨停后，没有立即出现连续大幅走低态势，虽然偶尔也会出现跌停板，但股价次日往往有回升走势。也就是说，股价在一个矩形区域内横向整理。通常情况下，股价被爆炒之后，都会出现大幅走低态势，因为入场的资金会争相出逃，而这类股票并未出现这种情况，说明已经有资金入场接盘了出逃资金。此时入场的资金，就是奔着第二波拉升去的。

下面来看一下浙江建投的案例。

如图 6-8 所示，浙江建投在 2022 年 2 月到 3 月期间的基建行情中受到了游资的大力追捧，并出现了两波上升行情。

第一波行情在 2022 年 2 月 21 日终结，此后的几个交易日，该股股价出现回调。不过，股价的调整全部处于一个矩形区域内部，并未出现明显的大幅下跌，说明有资金在暗中入场，投资者可保持观望。

3 月 11 日，该股股价重新开始上攻，并正式开启第二波上升浪潮。在上升过程中，很多先前入场的游资，如中信溧阳路、宁波桑田路等逐渐开始离场，这也说明他们就是之前在横盘区域内低吸建仓的主要力量。

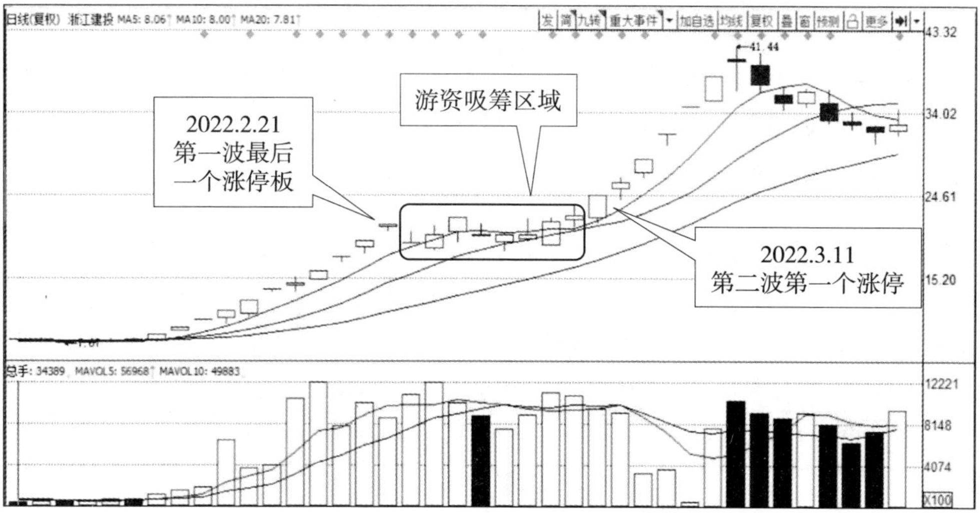

图 6-8　浙江建投（002761）日 K 线走势图

战术 4：回踩均线战术

龙头股股价经过一波拉升后，出现回调走势。股价的调整过程，本质上也是一个寻找支撑点的过程。在可能获得支撑的位置中，均线无疑拥有最大的概率。也就是说，当龙头股回调至均线（尤其是中短期均线）位置时，一旦获得足够的支撑，就可能发动第二波上攻。

股价 K 线回踩均线再上攻的过程中，会呈现如下几个典型特征。

第一，前期的股价上攻已经让股价 K 线与均线产生了较大的距离，这就有了调整的需求。

第二，龙头股在回撤过程中，能够给予股价支撑的均线，周期越短越好，越能说明股价走势较强。在实战中，以 5 日均线或 10 日均线为佳，20 日均线和 30 日均线的效果相对差一些。

第三，均线系统整体处于上升趋势，呈向右上方倾斜态势。

下面来看一下九安医疗的案例。

如图 6-9 所示，九安医疗是 2021 年 12 月到 2022 年 1 月期间市场上的超级大龙头股。该股上攻过程中，也曾出现了明显的调整，但后来又都形成了二度上攻和三度上攻模式。

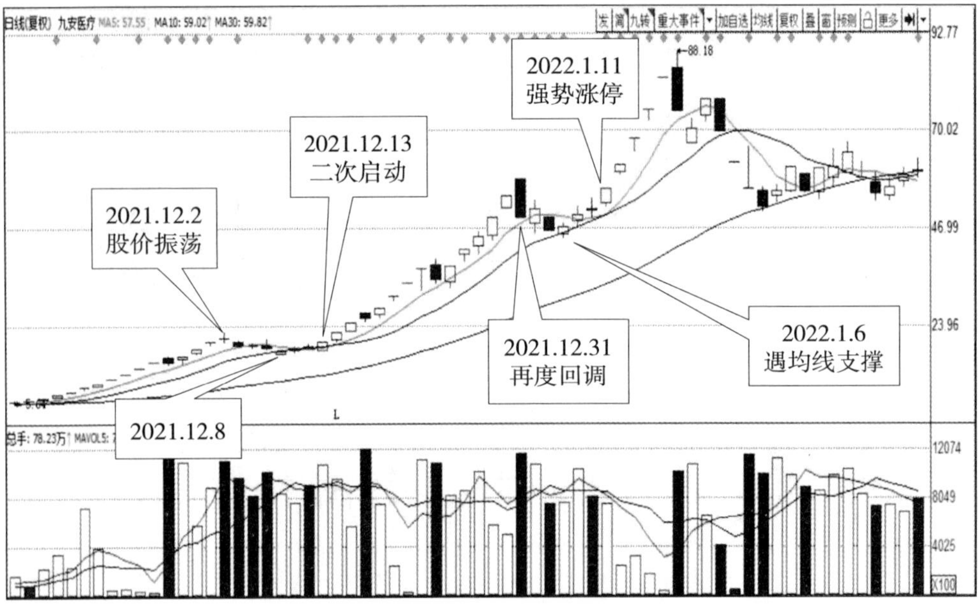

图 6-9　九安医疗（000620）日 K 线走势图

受疫情影响，新冠检测概念板块业绩大增，新冠检测概念股票启动了一波上攻行情。自 2021 年 11 月中旬开始，九安医疗的股价进入强势上涨区间。该股股价连续拉出多个涨停板，成为新冠检测概念的绝对龙头。

2021 年 12 月 2 日，该股股价短线触顶，收出一根十字星线，此后股价进入调整区间。12 月 8 日，该股股价回调至 10 日均线位置时，因受均线支撑而终结了下行态势。此后，该股经历几个交易日的横向调整后，自 12 月 13 日开始进入第二波上攻趋势。

与其他股票不同，九安医疗是真正的大龙头股。2021 年 12 月 31 日，第二波短线触顶回落后，经过几个交易日的调整，于 2022 年 1 月 6 日又一次在 10 日均线位置获得了足够的支撑。

2022 年 1 月 11 日，该股股价启动了第三次强攻。

当然，像九安医疗一样能够形成三次启动的龙头在市场上是少之又少的，一般的大龙头股能够有二次启动就非常不错了。

从能够启动二次上攻的龙头股走势来看，多数都是在 5 日均线或 10 日均线位置获得的支撑，这也是股价强势调整的一个明显特征。

战术 5：突破涨停位战术

通常来说，涨停板所带来的影响仍是最大的，因而，在涨停板出现后，股价开始回调，若能在某一重要支撑位获得支撑，而后重新发动上攻，并以涨停形式突破先前的涨停高点，则意味着股价强势上攻趋势的来临，如图 6-10 所示。

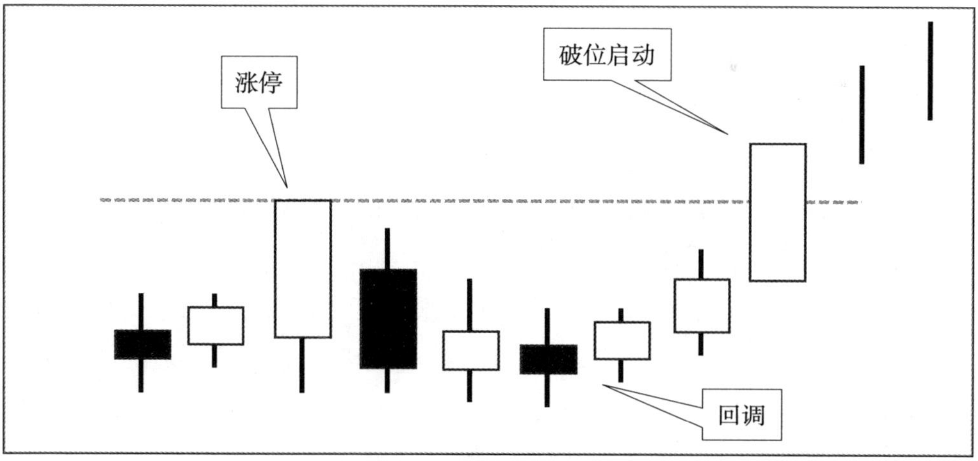

图 6-10　突破涨停位启动

股价在出现涨停后，一般在涨停当天或下一个交易日会形成一个短期的成交量高点。这个成交量高点与股价的短期高点是同步的（有时可能相差一个交易日），这个量价高点就会成为短期的股价阻力位，很多投资者也是在这个高点望而却步。

因此，当股价能够再度突破这个高点位置时，就意味着主力资金已经做好了吸收前期高点位置筹码的准备。当然，这个前期高点位置的筹码，有很大一部分就是被主力自己吸入的。总之，从技术分析的角度来说，既然主力有实力和意愿去突破前期涨停的高点，就是有决心将这只股票的价格带到一个更高的高位。其形态特征如下。

第一，股价经过一波涨停后出现回调走势，成交量也同步出现萎缩态势。

第二，当股价经过调整后重新来到前期涨停板高点时，势必会受到前期套牢盘的抛压，因此，多数情况下，股价出现回落的概率是很大的。

第三，当股价来到涨停位附近时，不仅没有回调，反而发力收出涨停板，以涨停板形式完成对涨停位置的突破，则意味着股价将迎来新一波的上攻狂潮。

第四，从技术形态上来看，股价涨停后回调，若其在某一重要支撑位获得支撑，包括中短期均线、涨停当日的最低价或开盘价等，都是提醒投资者关注的信号。

下面来看一下国芳集团的案例。

如图 6-11 所示，国芳集团的股价经过一段时间的低位盘整后，于 2023 年 6 月初连续走出了两个涨停板，成交量相比前一交易日放大了数倍，给人一种即将启动上攻的感觉。

次日，即 6 月 8 日，该股股价不涨反跌，成交量相比前一个交易日再度放大，很多追涨资金被留在了高位。此后，该股股价进入了一波振荡下跌行情。这种走势总是让人感觉先前的涨停只是主力为了出货而使用的诱多伎俩。因此，面对跌跌不休的股价，很多人选择了离场。

直至 7 月 20 日，该股股价经过连续多日的底部振荡整理后，突破拉出了一个涨停板，这又给了投资者很大的上升希望。不过，次日该股股价稍一冲高，又重新进入回调走势，这就让很多投资者失望了。

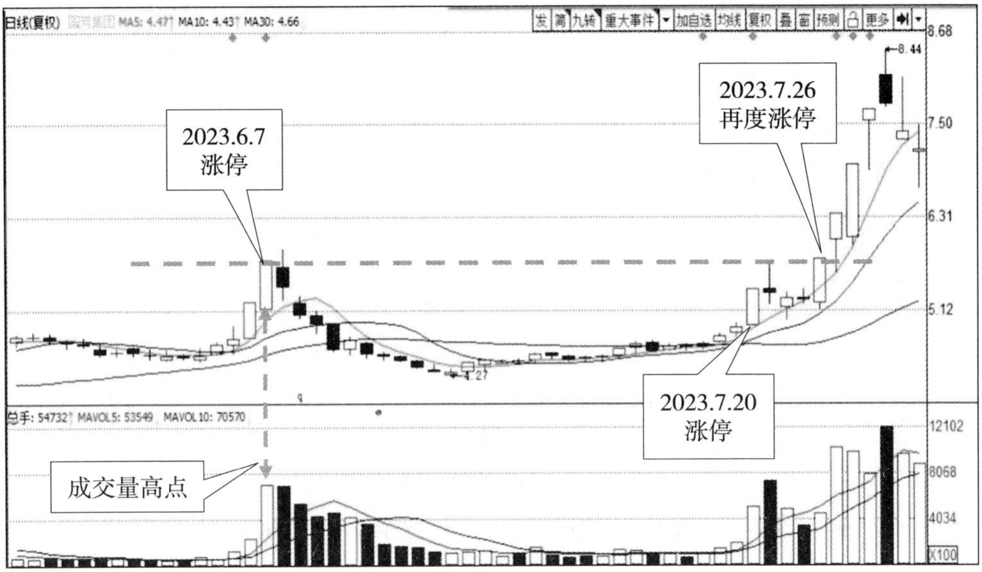

图 6–11　国芳集团（601086）日 K 线走势图

不过，此时的回调只维持了三个交易日。7 月 26 日，该股股价又一次放量拉升，并以涨停报收，与此同时，当日的股价还实现了对 6 月 7 日涨停板价位的突破。至此，龙头股破位启动形态正式形成。

此后，该股股价又连续出现多个涨停板。

战术 6：突破阻力线战术

龙头股完成第一波拉升后出现回调走势，股价在振荡过程中所形成的高点连线就是一条股价上行的阻力线，该阻力线对股价后市的走势产生较大的阻力作用。其后，若股价能够放量突破该位置，则意味着股价将会迎来一波快速上升行情，如图 6–12 所示。

投资者在追涨这类股票时需要注意以下几点。

第一，龙头股的启动往往都是从发力突破前期的某些阻力位开始的。毕

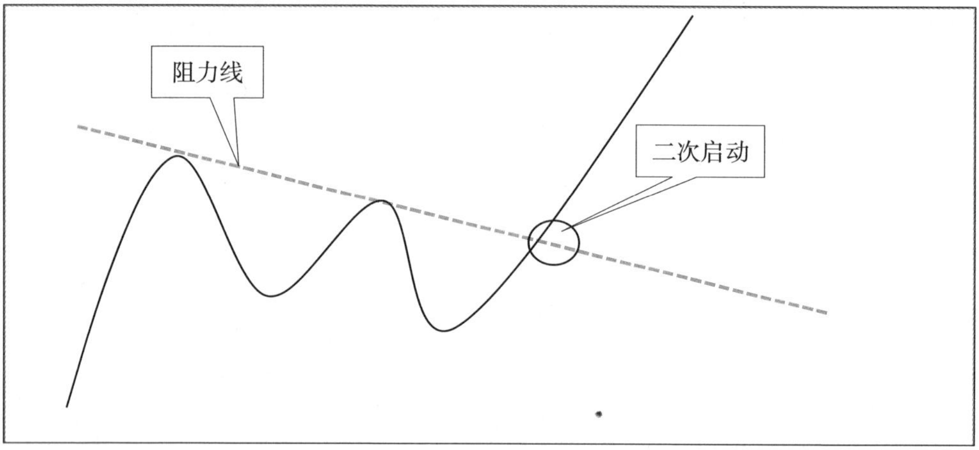

图 6-12　突破阻力线上扬

竟这些位置对股价运行的阻力较大，而阻力线更是阻力位的强化版。

第二，股价多次来到阻力线附近，且因阻力线阻力而重新下跌，则更可印证阻力线的阻力作用。

第三，股价 K 线放量向上突破阻力线时，意味着龙头股二次机会即将到来。

下面来看一下圣龙股份的案例。

如图 6-13 所示，在新能源汽车炒作浪潮的影响下，圣龙股份的股价从 2023 年 9 月底开始经历了一波大幅上涨。股价在上涨到阶段高点时，自 10 月 26 日 K 线出现了大幅下跌走势。此后，该股股价经过一波振荡调整行情，股价在振荡过程中形成了两个明显的高点，投资者将两点连接就形成了一条上升阻力线。

2023 年 11 月 17 日，该股股价以涨停的方式向上突破阻力线，说明股价的调整已经宣告结束，龙头即将启动，投资者可积极入场追涨。

此后，该股股价连续拉出涨停板，说明第二波上升浪潮已经启动。

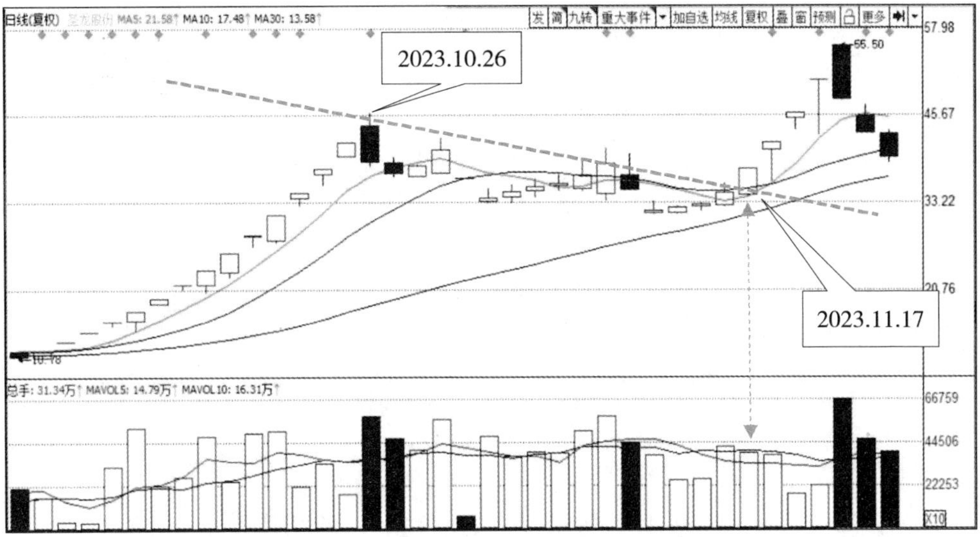

图 6-13　圣龙股份（603178）日 K 线走势图

战术 7：高位小双底战术

龙头股经过一波拉升后，在高位区域出现振荡时，形成了两个相对的低点，而且这两个低点近乎在一条直线上。此后，该股股价又突破了这两个小双底的颈线位，意味着龙头股即将出现二次上攻走势，如图 6-14 所示。

该形态的主要特征如下。

第一，龙头股自高位回落后（幅度不是很大），股价已经开始企稳，成交量维持在较高的位置。

第二，股价已经连续创下两个回调低点，两个低点大致在同一条直线上，该点位正好处于某一重要支撑位更佳。

第三，两个高位之间的反弹高点就是小双底的颈线位。若其后股价能够放量突破该位置，则意味着股价将要进入二次启动周期。

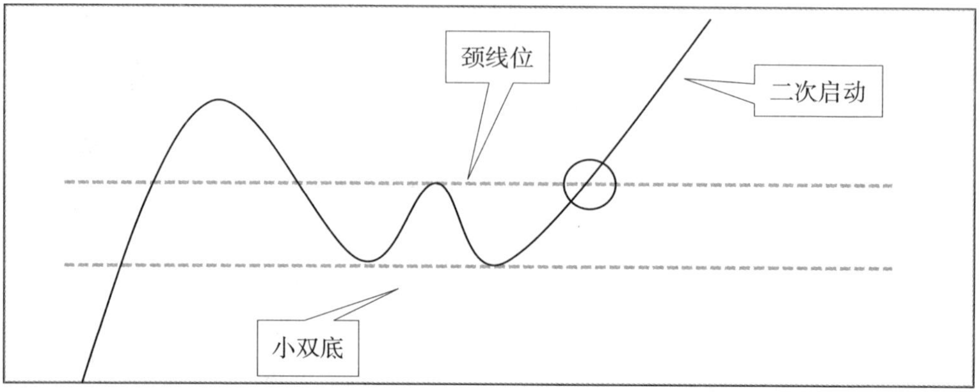

图 6-14　高位小双底

下面来看一下浙江建投的案例。

如图 6-15 所示，在地产基建行情的催动下，浙江建投自 2022 年 2 月初启动了一波主升行情。到了 2 月 21 日，该股股价又一次拉出 T 字涨停板。此后，股价开始进入调整区间。

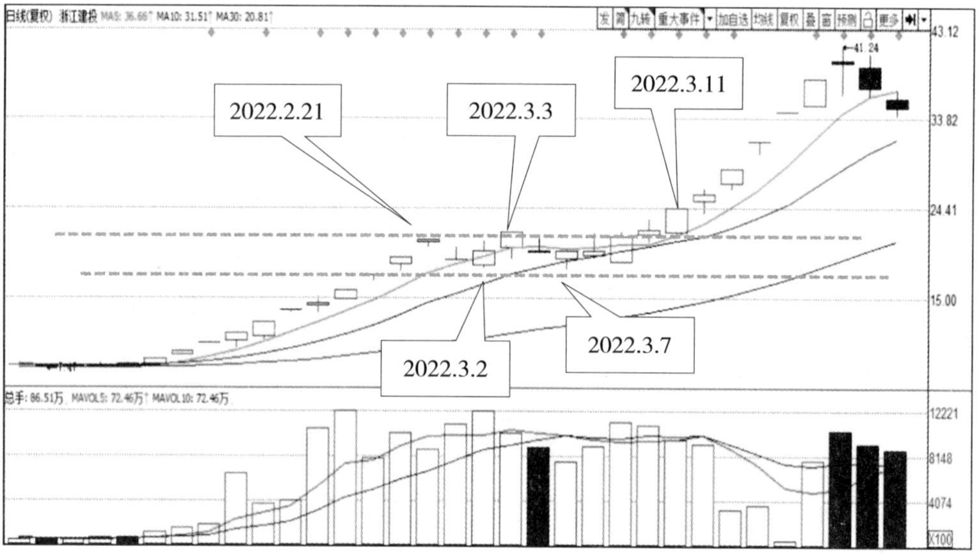

图 6-15　浙江建投（002761）日 K 线走势图

3 月 2 日，该股股价触及回调低点后反弹向上。

3 月 3 日，该股股价在调整过程中出现涨停板，其后再度调整。

3 月 7 日，该股股价又一次触及 3 月 2 日低点后反弹向上。这就形成一个高位小双底形态。

3 月 11 日，该股股价强势涨停，并向上突破 3 月 3 日的颈线位，也就意味着龙头股迎来了新一波快速拉升行情。

战术 8：MACD 指标擒龙战术

相对于均线指标，MACD 指标要稳定一些。处于强势上攻周期的龙头股，随着股价的上行，MACD 指标也会同步处于上扬趋势，此后在股价大幅调整时，MACD 指标中的快线也可能会小幅回落，但其在未触及慢线时就会因为调整结束而重新上扬，有些类似于 MACD 指标形态中的经典形态——“将死不死”形态。其基本形态如图 6-16 所示。

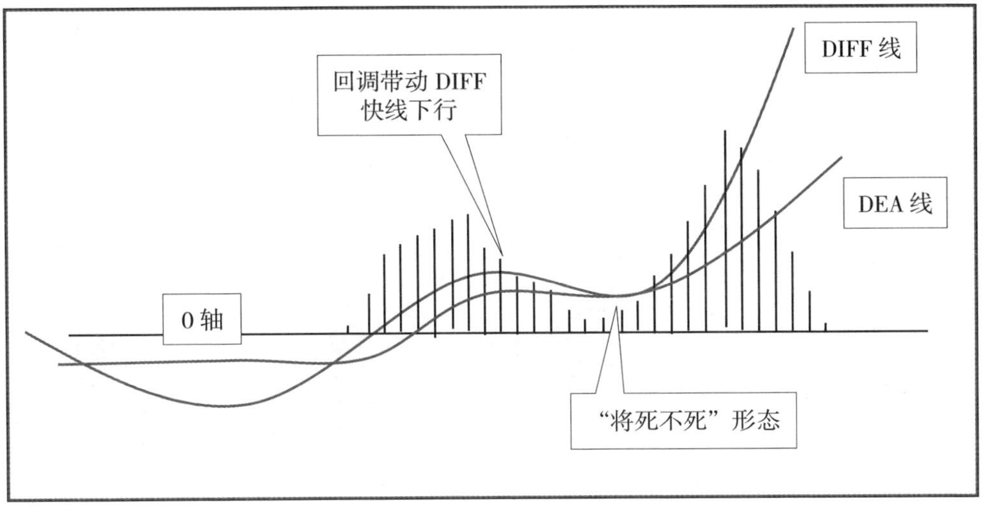

图 6-16　MACD 指标“将死不死”形态

其具体操作要点如下。

第一，股价 K 线正处于强势上升趋势，MACD 指标上攻的势头也比较猛，因而主力暴力洗盘持续的时间，就是 MACD 指标回调的重要影响因素。调整持续时间越长、幅度越大，MACD 指标快线回落的幅度越大。

第二，随着股价的强势上升，DIFF 线和 DEA 线双双突破 0 轴，此后，随着股价的调整，MACD 指标同步回调，在回调时，由于 DIFF 线的灵敏度高于 DEA 线，往往会率先有所反应，并随之下行。此时，由于 DEA 线还处于上升趋势，二者相交后，DIFF 线被 DEA 线高高托起，而此时股价与 MACD 柱线同步向上。这说明股价的回调已经结束，股价将会重新进入上升通道。至此，MACD 指标“将死不死”形态正式成立。

第三，若股价调整幅度较大，MACD 指标中的快线可能会触及 DEA 慢线，甚至一度跌破慢线，但很快就会随着股价的再度上攻而快速上扬。

下面再来看一下中信海直的案例。

如图 6-17 所示，在低空经济行情的催动下，中信海直自 2024 年 3 月下旬启动了一波主升行情。

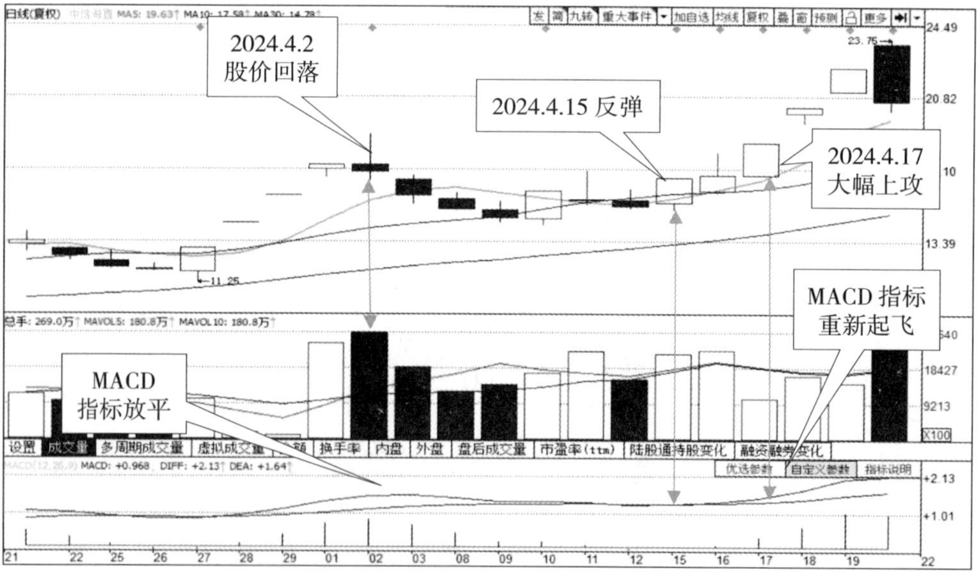

图 6-17　中信海直（000099）日 K 线走势图

3 月 27 日，中信海直连续拉出了 4 个涨停板，强势尽显。4 月 2 日，处于强势上升周期的股价走出了一根带长上影线的阴线，与此同时，MACD 指标开始出现放平迹象，这属于典型的股价开始调整的信号。

4 月 15 日，该股股价低开高走并以涨停报收。观察此时的 MACD 指标可知，MACD 指标的 DIIFF 快线即将向下穿越 DEA 慢线形成死叉，但由于股价反弹而最终没有相交。

此后，该股股价调整了一个交易日，4 月 17 日，股价强势涨停，DIFF 线大幅上扬，MACD 指标重新拐头向上。至此，MACD 指标“将死不死”形态正式形成，也意味着龙头股迎来了新一波快速拉升行情。

第七章
超跌反弹战术

搏反弹，对于大多数游资来说并不感兴趣。在游资的思维体系中，短线交易就是应该立足于强势股、龙头股，至于超跌反弹股，都是上不了台面的。当然，在具体操作过程中，游资是否参与交易超跌反弹股，还是要看大环境和市场情绪的。换句话说，只要市场情绪到了，超跌反弹股也是可以交易的。

事实上，很多超跌股直接逆转为龙头股的背后都有游资的身影。比如，在 2024 年 2 月很多股票掀起的超跌反弹行情中，都有游资的身影。

如图 7–1 所示，睿能科技的股价在 2024 年 1 月下旬随着大盘的下跌而出现了大幅走低态势。股价沿着 5 日均线持续下跌，并一直持续到 2 月 7 日。

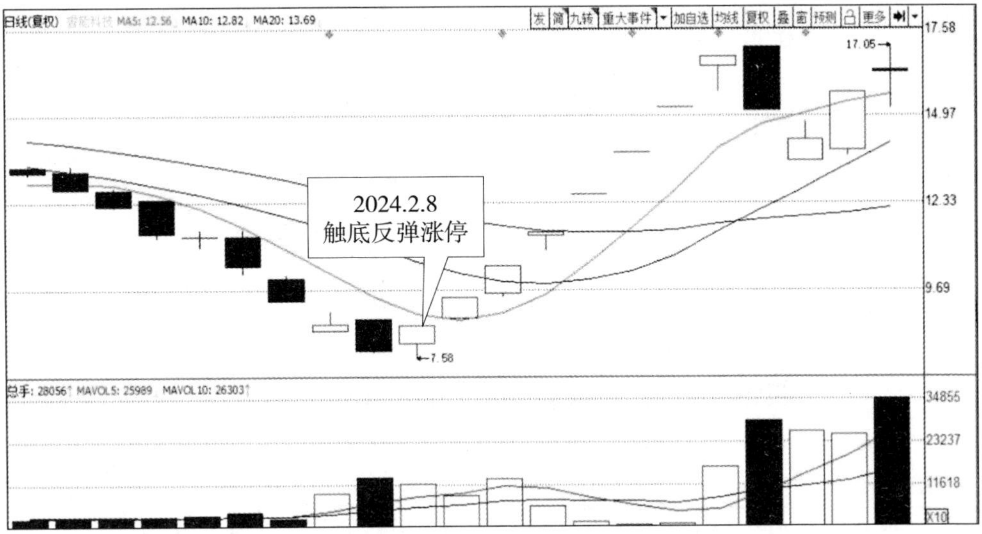

图 7–1 睿能科技（603933）日 K 线走势图

2 月 8 日，大盘出现触底反弹走势，睿能科技的股价也同步出现了反弹走势，并借着机器人概念热炒的东风发力冲上了涨停板。此后，该股更是连续拉出 8 个涨停板，风光一时无二。在这波超跌反弹行情中，众多游资都参与了炒作，比较有代表性的游资包括著名刺客、N 周二等。

原理解构：利好共振与资金

熊市中，投资者是很难准确预测到股价绝对低点的，更何况成功预测到绝地反击的点位。在实战操作过程中，绝地反击式龙头股的出现，一般属于内部条件与外部环境共振的一个结果。具体来说，主要包括以下几个因素。

第一，大盘环境的好转。

尽管龙头股不惧大盘涨跌，但若大盘环境过于恶劣，还是会对投资者的信心产生较大的影响。因此，相对平和友好的环境，肯定更容易诞生龙头股。在图 7-1 中，睿能科技的超跌反弹，也是建立在大盘的 V 形逆转基础上的，如图 7-2 所示。

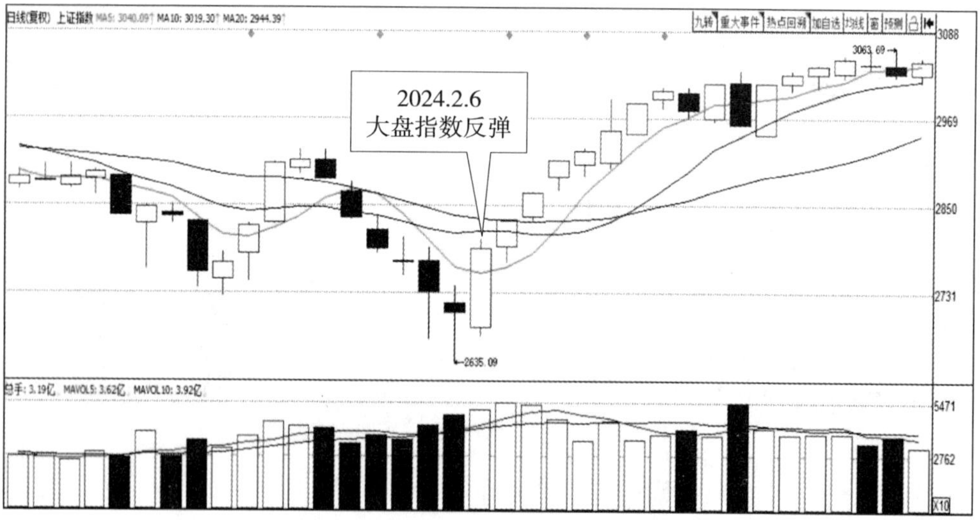

图 7-2　上证指数日 K 线走势图

从图 7-2 中可以看出，上证指数自 2024 年 2 月 6 日触底后启动反弹行情。到了 2 月 8 日，大盘已经是连续反弹的第三个交易日了。这就意味着，睿能科技的超跌反弹行情，确实是在大盘向好的直接刺激下启动的。

第二，外部利好因素。

大环境的改变或者可能的改变，是龙头股成为龙头的关键。比如，2022年上半年的地产基建行情中产生了诸多龙头股，而这与各地房产限购松动的外部环境直接相关；2023年的人工智能、机器人行情，也是在相关政策和行业利好的大环境下产生的。

总之，龙头股的产生，必然离不开外部环境，大的政策、大的利好因素容易催生大的龙头股。睿能科技暴涨的背后，也是在机器人概念热炒的背景下发动的。

第三，内部因素。

当然，这里的内部因素，并非简单的企业基本面因素。市场行情的龙头，与价值投资不同，它不要求基本面有多好，但必须是盘子较小的。股权越分散越好，而且大股东最好不要减持。至于与概念的契合度，当然是越正宗越好，至少也有刮边，这样容易给市场以想象的空间。

第四，技术方面因素。

从股价K线走势与成交量、技术指标等方面，也能够看出一些端倪。在股价下跌过程中，成交量先是逐步萎缩，其后又随着股价的加速下跌而出现放大。当然，有时候股价的最低点与成交量的最低点并不会同时到来。

最后成交量趋于稳定，而股价再次出现下跌，且下跌到极点时，投资者的情绪已经从极端的失望走向了绝望，甚至不计成本地出逃了，这往往意味着股价很可能会出现报复性上涨，也就是说，此时出现涨停板的概率较大。

战术 1：金针探海战术

金针探海形态是指股价在下跌过程中形成带有长下影线的一根小实体 K 线，这根 K 线的实体可以是阳线，也可以是阴线，未来股价继续上涨的概率非常大，如图 7-3 所示。

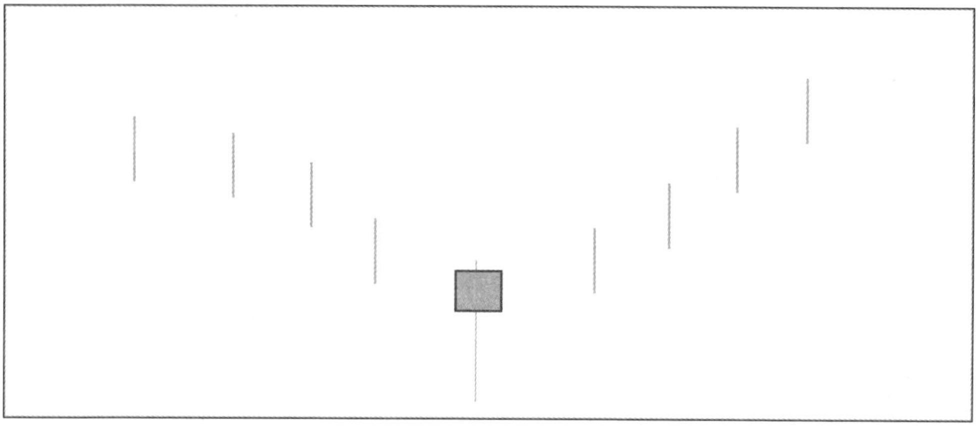

图 7-3　金针探海形态

金针探海形态中，长长的下影线是该形态的典型特征。长下影线的形成，说明空方在股价下行的末期发动了最后一攻，而多方此后发动反击，并赢回了大多数阵地。这属于典型的行情逆转形态。

该形态的主要特征如下。

第一，股价在短期内接连走出了明显的下跌态势，说明下跌动能得到了充分的释放。

第二，股价 K 线在出现金针探海当日，下影线越长，说明多方反攻的力度越大，未来股价反弹的幅度也越大。

第三，金针探海形态的最低点若在某一重要支撑位附近，那么，股价未来企稳反弹的概率更大。

第四，在游资的交易体系中，金针探海出现的当日股价以涨停报收，才是真正意义上的反弹龙头，才是投资者应该追涨的对象。

下面来看一下世龙实业的案例。

如图 7-4 所示，自 2023 年年底开始，世龙实业的股价下跌开始明显加速。到 2024 年 1 月底，下跌速度进一步加快。从另一方面来看，此时股价就存在加速赶底的意味了。

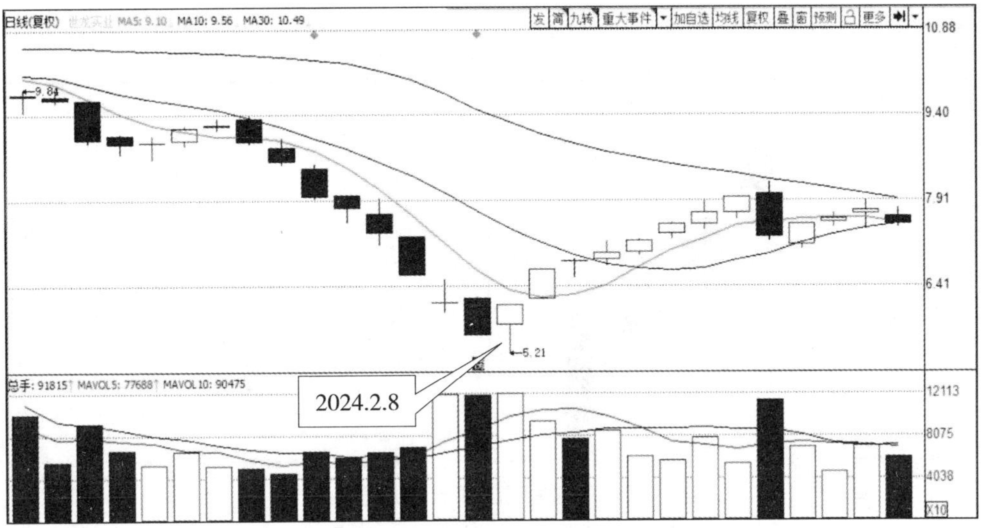

图 7-4　世龙实业（002748）日 K 线走势图

2024 年 2 月 8 日，世龙实业的股价再度大幅走低，一度创出 5.21 元的低点，此后在大盘反转的带动下，多方发力反击，收复了失地，在 K 线图上留下了一根带长下影线的涨停阳线。投资者可在股价临近涨停时积极入场做多。

至此，强势金针探海形态正式成立，次日该股股价再度涨停。

战术 2：底部穿云箭启动战术

底部穿云箭形态，是指处于加速下跌趋势中的股价，突然出现一根低位涨停大阳线，且这根大阳线不仅收复了前一根大阴线的跌幅，还同步向上突破了多条近期均线，如图 7-5 所示。

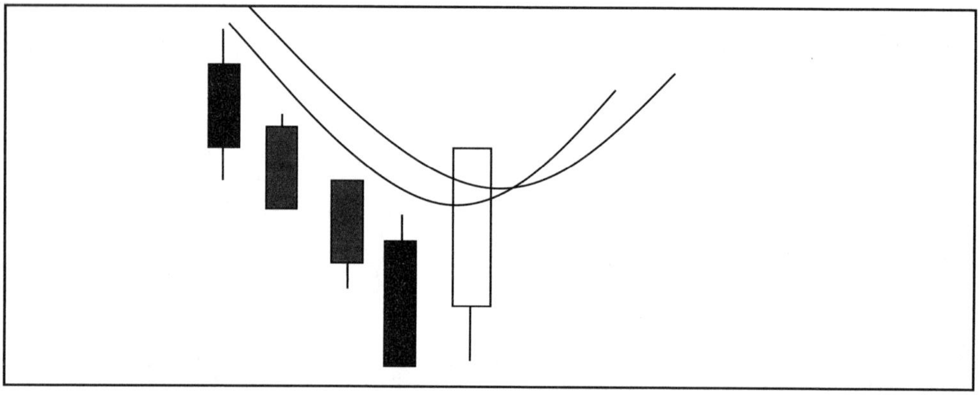

图 7-5　底部穿云箭形态

该形态的出现，多是由于主力游资借势吸筹后，在利好消息的刺激下行情逆转而形成的。

正常情况下，若是能够在下跌时段吸筹，肯定是主力最喜欢的事，毕竟能够吸到筹码的同时，还能降低持仓成本。

该形态的主要特征如下。

第一，涨停大阳线出现前，股价处于深度下跌趋势，且下跌趋势还有加速态势，这就是要给投资者以绝望的感觉，迫使其抛出手中的筹码。

第二，涨停大阳线出现前一个交易日的大阴线形成时，若成交量出现了大幅放量，则更可印证存在资金入场的可能。

第三，涨停大阳线出现当日，K 线同步向上突破多条均线的阻力，说明主力已经开启拉升模式。

下面来看一下宇环数控的案例。

如图 7-6 所示，宇环数控的股价在 2022 年 4 月初呈现了明显的振荡下跌走势。到了 4 月 11 日，该股股价下跌趋势加速，在 K 线图上留下了一根大阴线，成交量相比前一个交易日略有放大。

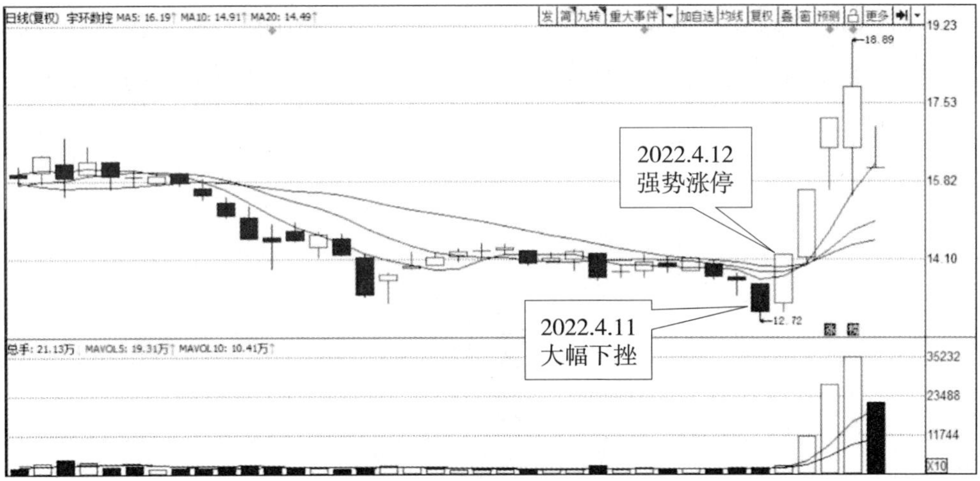

图 7-6　宇环数控（002903）日 K 线走势图

次日，即 4 月 12 日，该股股价在工业母机概念热炒的背景下，高开高走，强势涨停。

由于工业母机概念在当时并非新概念，而 4 月 11 日的下跌也不过是主力游资提前入场采用的打压式建仓而已。其后，有多路游资入场抢筹宇环数控（包括国内顶级游资赵老哥），该股股价也在短期内出现了大幅上攻走势。

战术 3：旭日东升启动战术

旭日东升形态由一阴一阳两根 K 线组成，后一根阳线的开盘价高于前一根阴线的收盘价，收盘价高于前一根阴线的开盘价，是其最显著的特征，如图 7-7 所示。

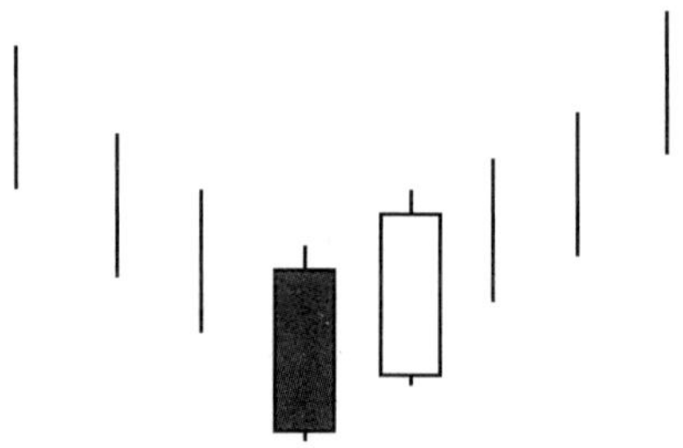

图 7-7　旭日东升形态

从多空力量对比来看，旭日东升形态的出现，意味着多空双方力量对比的逆转，即完全由空方控制的行情转为由多方控制。

该形态的主要特征如下。

第一，旭日东升的阳线收盘价已经完全覆盖了阴线的开盘价，这是多方取得明显优势的特征。

第二，旭日东升形态中，阳线实体越长，看涨意味越浓。从龙头股操作角度来看，光头大阳线、涨停板大阳线更佳。

第三，旭日东升形态中，阳线出现的同时，成交量若能同步放大，则股价反转的概率更高。

第四，旭日东升形态出现的次日，若股价不涨反跌，且跌破了阴线的最低价，则说明此形态失败，投资者宜执行止损操作。

下面来看一下航发控制的案例。

如图 7-8 所示，经过一段时间的振荡下跌与调整之后，2022 年 4 月 26 日和 4 月 27 日，航发控制的日 K 线图上出现了旭日东升形态。

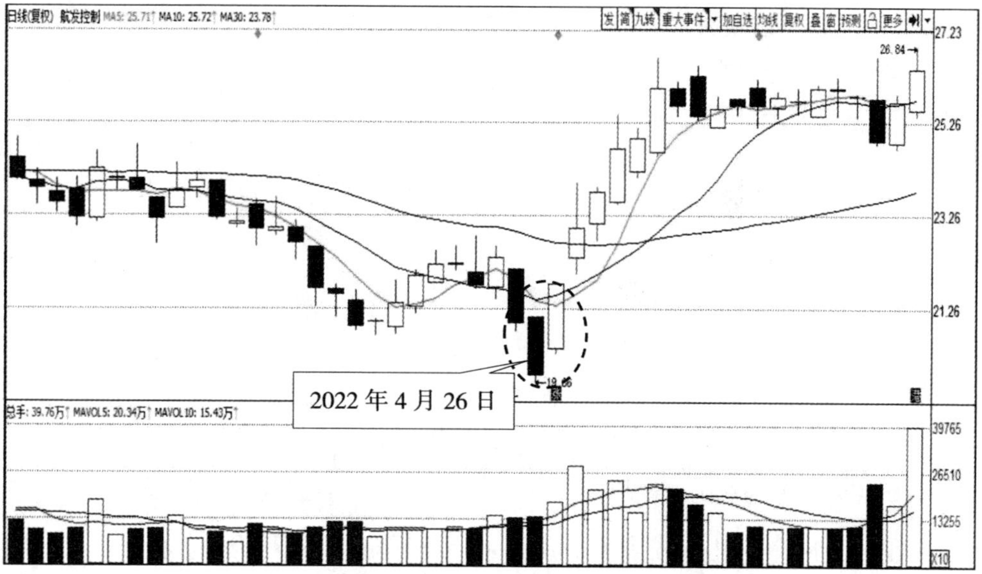

图 7-8　航发控制（000738）日 K 线走势图

2022 年 4 月 26 日，航发控制的股价低开低走，收出一根大阴线。4 月 27 日，该股高开高走，当天收出一根涨停大阳线，这根阳线的收盘价高于前一根阴线的开盘价，二者共同组成了旭日东升形态，预示行情有回暖的迹象。

此时投资者应将看空思维转换成看多思维。次日，该股股价更是跳空上扬，强者风采已经开始显现。

战术 4：九阴回转战术

股价连续大幅下跌后，且在下跌的尾声呈现加速态势，甚至连续拉出跌停板，某一交易日，跌停板被撬起，其后股价出现振荡（有可能会创出新低），但很快出现反向拉升，此时股价很可能会走出 V 形反弹行情，涨停板也多现其中，如图 7-9 所示。

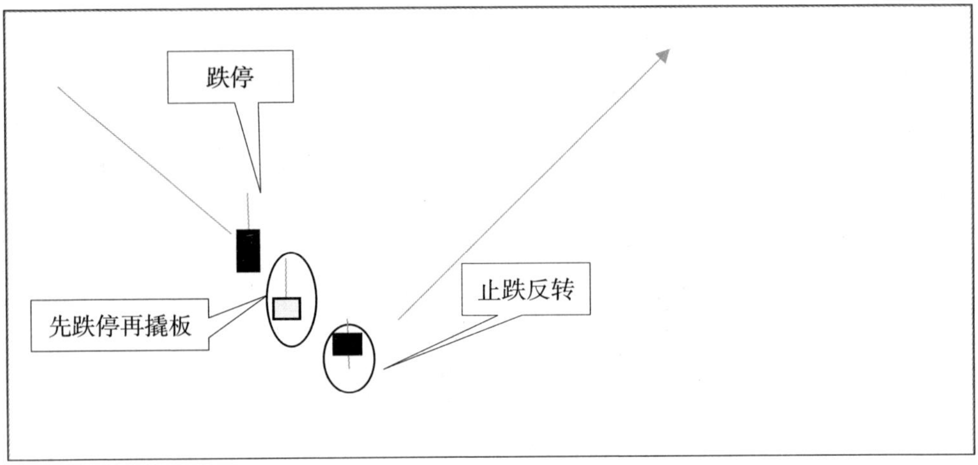

图 7-9　九阴回转战术

该形态的主要特征如下。

第一，股价经过一波持续下跌，呈现出明显的下跌加速迹象，甚至出现连续的跌停板，这是空方实力强劲的直观体现。

第二，某一交易日，股价的跌停板被撬开，说明已经有大量资金入场，试图拉升股价或自救。

第三，跌停板打开后，有时股价会在次日立即转入反攻，有时可能会继续走出一个新低，此后再转入反攻。股价转入反攻的当日，若为股价持续下跌的第九个交易日更佳，这很可能意味着股价下跌动能衰竭，即将启动反攻。

第四，股价启动反攻后，若能成功冲击至涨停板位置，则投资者就可以追涨买入这类股票。股价临近涨停时，就是最佳的入场点。此后股价往往会出现一波强劲的反弹走势。

下面来看一下荣丰控股的案例。

如图 7-10 所示，荣丰控股的股价在 2024 年 1 月出现了明显的下跌走势，到 1 月下旬，该股股价出现了小幅的振荡整理。

1 月 29 日，该股股价重新出现了下跌走势。此后的几个交易日，该股股价连续大幅下跌，甚至出现了连续的跌停。

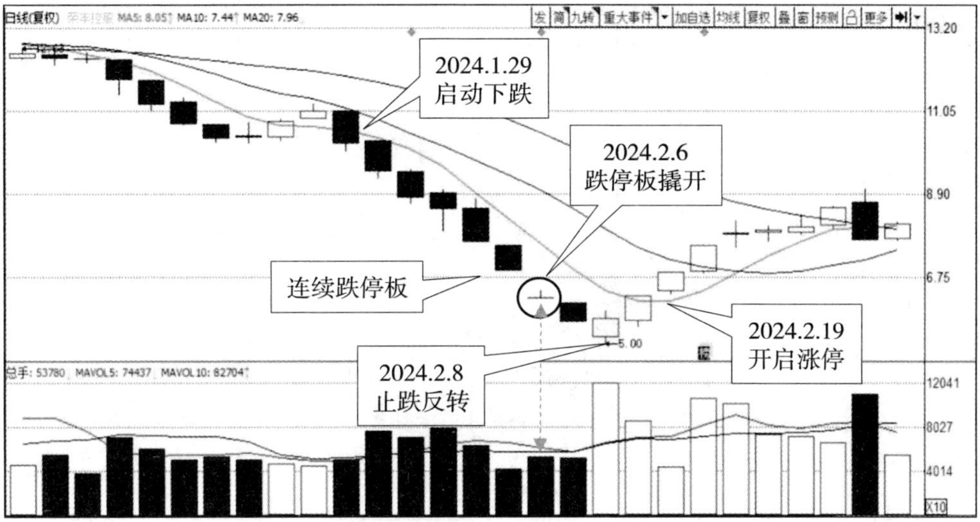

图 7–10　荣丰控股（000668）日 K 线走势图

2 月 6 日，该股股价走出连续第三个跌停板。盘中跌停板一度被撬起，成交量也同步出现了较为明显的放大。

2 月 8 日，在大盘反攻的刺激下，荣丰控股的股价也出现了触底反弹迹象。当日正是该股股价连续大幅下跌的第九个交易日，这也意味着该股的下跌势能已经释放殆尽，即将迎来真正的反弹。

2 月 19 日（期间春节休市），该股股价平开高走，并以涨停报收。多路游资入场，投资者此时也可积极参与其中。

战术 5：极阴极阳反转战术

市场上，涨停板与跌停板都是比较极端的 K 线走势形态，反映了市场上做多力量与做空力量的极度发挥。股价在一波下跌行情中，若经过一波大幅走低后收出跌停板，而次日又能重新走出涨停板，则意味着多空力量发生了逆转，而推动这种逆转的背后肯定有较为强大的资金，这也是股价未来向上反弹的动能，如图 7-11 所示。

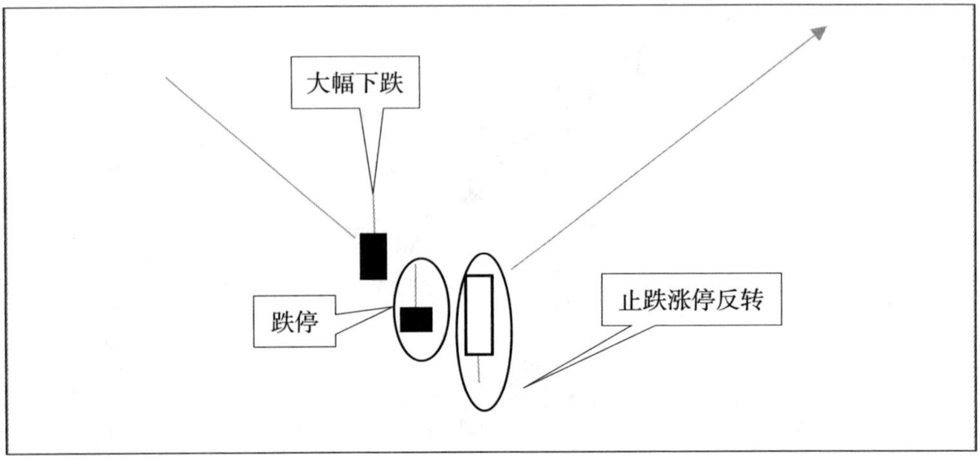

图 7-11　极阴极阳反转战术

极阴极阳反转战术与九阴回转战术有一定的相似性。其具体操作要点如下。

第一，股价经过一波持续下跌，呈现出了明显的下跌加速迹象，甚至出现连续的跌停板，这是空方实力强劲的直观体现。

第二，某一交易日，该股股价再度收出跌停板，给人一种股价将会继续下跌的感觉。

第三，次日，该股股价开盘之后并未出现大幅下挫的走势，而是反向出现了振荡上扬态势，并最终封上涨停板，这说明市场上多空力量的对比发生了逆转。股价临近涨停时，就是投资者最佳的入场点。

第四，股价反转涨停前，若已经连续下跌了九个交易日，则反弹的概率更大，反攻的幅度也可能会更大，此后股价往往会出现一波强劲的反弹走势。

下面来看一下五方光电的案例。

如图 7-12 所示，五方光电的股价在 2024 年 1 月出现了明显的下跌走势，到 1 月中旬，该股股价出现了短暂的跌势转弱情况。

1 月 26 日，该股股价重新出现了下跌走势。此后的几个交易日，该股股价连续大幅下跌，甚至出现了连续的跌停。

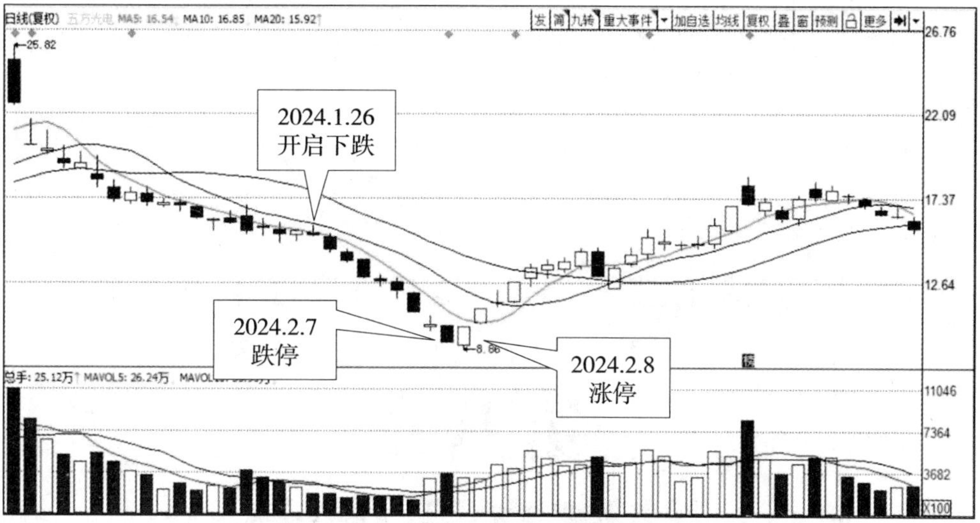

图 7-12　五方光电（002962）日 K 线走势图

2 月 7 日，该股股价再度走出了跌停板，弱势尽显。当日正是该股股价连续大幅下跌的第九个交易日，这也意味着该股的下跌势能已经释放殆尽，即将迎来真正的反弹。

2 月 8 日，在大盘反攻的刺激下，五方光电的股价开盘后经过一波振荡直接冲击涨停板。多路游资入场，投资者此时也可积极参与其中，在股价即将涨停时打板入场。

此后，该股股价掀起了一波快速反弹走势。

第八章
游资交易战术

在实战交易过程中，众多游资所使用的交易战术基本都以短线交易为主，但在具体操盘选股时，还会各有侧重。各路游资也可能会倾向于对某一类股票进行专门研究，并据此设计有针对性的战术。

战术 1：宁波解放南死磕涨停板

在游资交易和 A 股交易历史上，“宁波解放南”都留下了很深的印记。事实上，目前很多游资的打法，都能见到当年宁波解放南的影子。当年的“宁波涨停敢死队”在市场上无人不知，无人不晓。同时，宁波解放南也培养和影响了多位游资大佬，其核心打法为：凭借资金游资大幅拉升股价至涨停板，吸引众多资金和散户跟风，感觉差不多就反手卖出撤退了事，将很多散户和资金套在高位。

手法都相对单一，吃相也都很难看，不讲究，缺乏大局观，是其主要特征。从具体营业部来说，当年的宁波解放南路汇集了三家证券营业部，分别为银河证券宁波解放南路营业部、光大证券宁波解放南路营业部和银河证券宁波和义路营业部。目前，银河证券旗下的两家营业部已经搬迁到新址了，市场上延续宁波解放南路打法的游资只剩下光大证券宁波解放南路营业部。该营业部有多路游资活跃其中，打法依旧十分彪悍。

下面来看一下游资宁波解放南操作杭州解百的案例。

如图 8-1 所示，杭州解百的股价自 2023 年 9 月初启动上攻，9 月 1 日，该股股价更是强势涨停。

此后，该股股价经过一个交易日的调整后，9 月 5 日再度涨停。宁波解放南在股价涨停前买入 2098 万元。9 月 7 日，该股股价盘中经过一波大幅振荡，尾盘再度拉升，当日宁波解放南卖出了 761 万元。9 月 8 日，该股股价盘中再度大幅振荡，尾盘又出现了一波拉升，如图 8-2 所示。

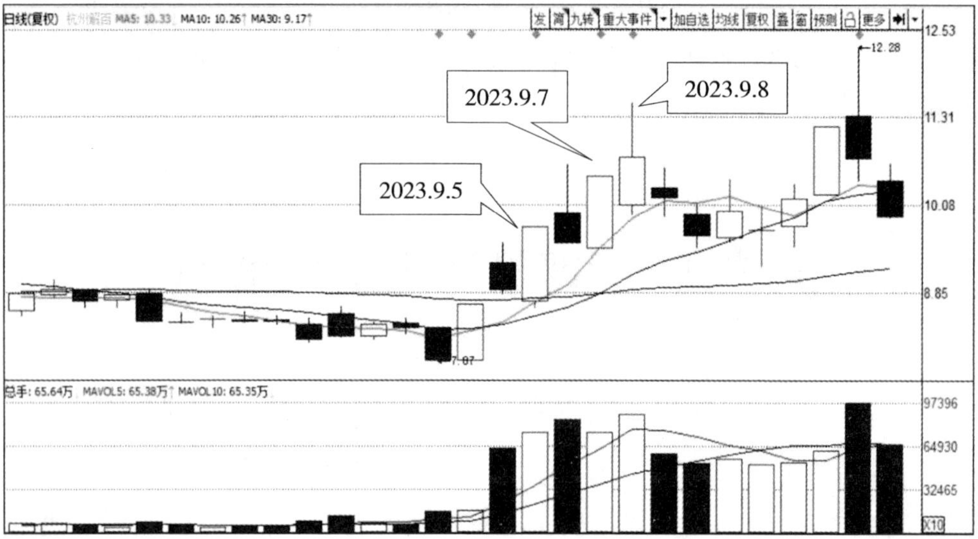

图 8-1　杭州解百（600814）日 K 线走势图

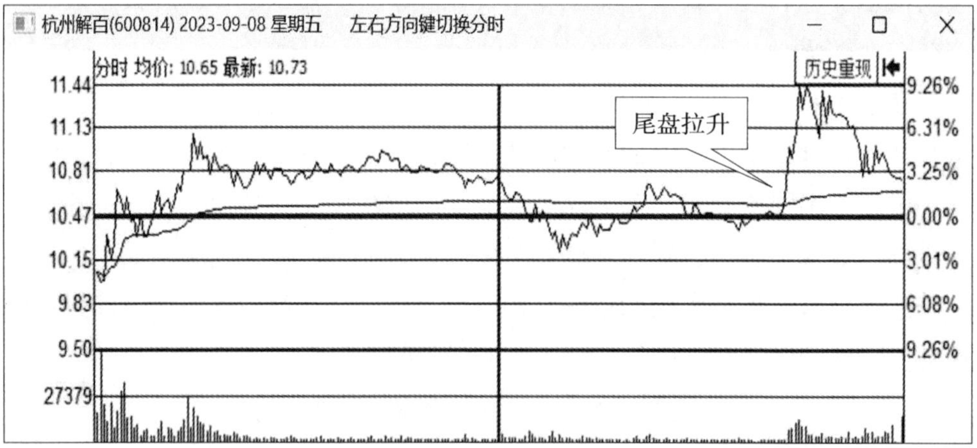

图 8-2　杭州解百（600814）分时走势图（2023.9.8）

从图 8-2 中可以看出，在 2023 年 9 月 8 日尾盘阶段，杭州解百的股价一度拉升至涨停板附近，但很快股价就被打压下来了。观察当日的龙虎榜可知，当日宁波解放南卖出了 2304 万元。这就意味着，当日宁波解放南清仓了杭州解百，而且是获利颇丰式的清仓。杭州解百的走势确实也比较符合宁波解放南的操作风格。

战术 2：撬板王跌停板也敢撬

市场上从来不缺少以冲击涨停板为主要操盘技法的炒家，但以撬跌停板作为自己标签的确实很少，“撬板王”就是其中最有代表性的一个。

撬板王以擅长撬开跌停板著称，特别是那些连续跌停的股票，更容易成为其主要目标。其操作手法也比较简单：首先利用手中的资金优势，强势打开跌停板；然后大幅向上拉升股价，以吸引跟风盘入场；次日择一高点将股票全数卖出。

撬板王最经常使用的营业部是兴业证券深圳分公司的席位。

下面来看一下天富能源的案例。

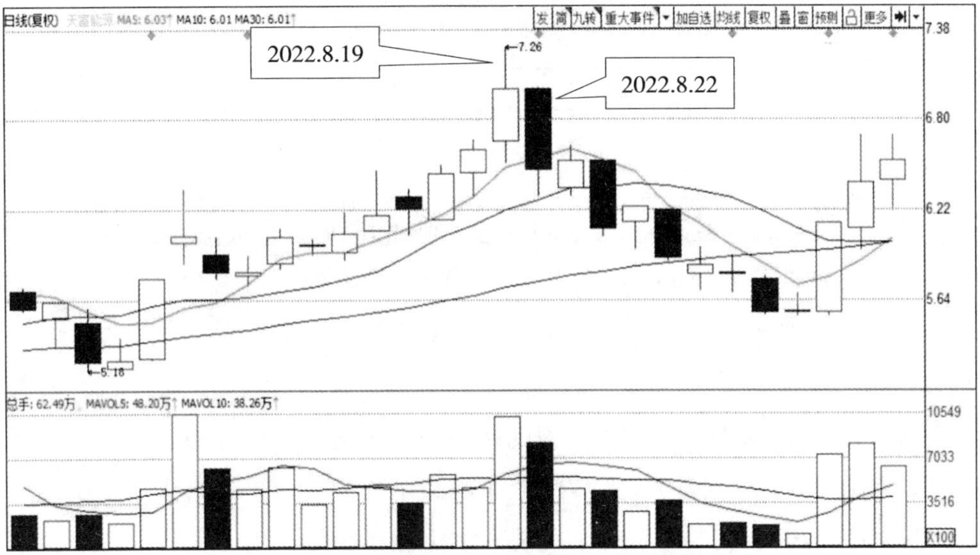

图 8–3　天富能源（600509）日 K 线走势图

如图 8-3 所示，天富能源的股价自 2022 年 4 月底启动了一波振荡上升走势。到了 2022 年 8 月 19 日，该股股价一度冲击到涨停板位置，因受阻力较大而出现了回落，最终在 K 线上留下了一根带上影线的阳线。

次日，即 8 月 22 日（8 月 20 日、21 日周末不开市），该股股价以前日收盘价的价格开盘，之后股价持续大幅走低，并一度达到跌停板。

如图 8-4 所示，天富能源的股价在 2022 年 8 月 22 日开盘后振荡走低，并一度触及跌停板。此时，撬板王强势入场，买入了 2159 万元的股票。此后，该股股价开始振荡回升，收盘时股价已经从跌停板上升至下跌 7.44%。

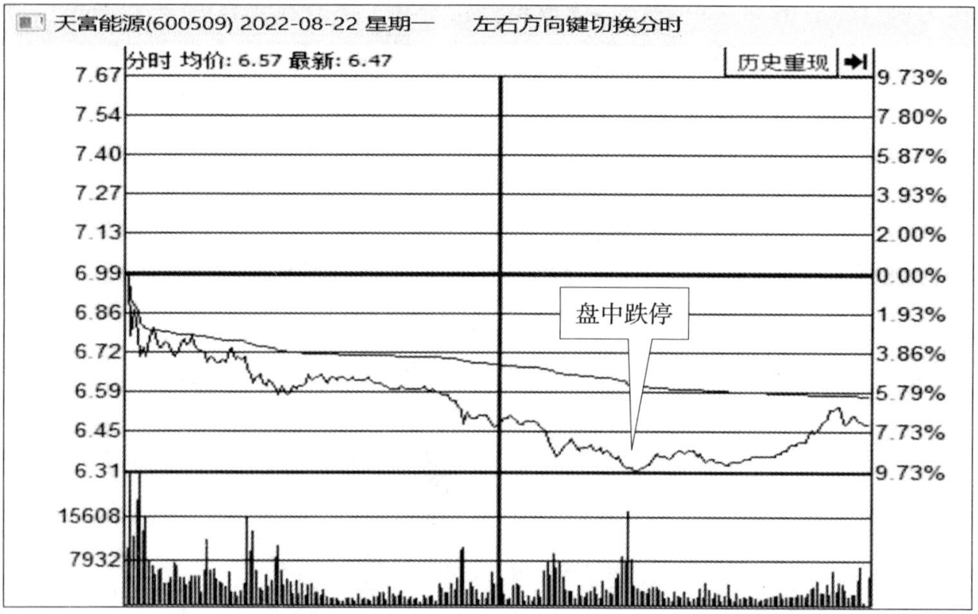

图 8-4 天富能源（600509）分时走势图（2022.8.22）

次日，该股股价出现了低开冲高的态势，撬板王趁机出逃，完成了一次成功的撬板操作。

从某种意义上来说，撬跌停板的风险要远远大于追涨停板，毕竟股价无论上攻还是下跌都有惯性，跌停的股价继续下跌的概率要远远大于上涨。而撬板王则是利用了其手中资金的优势，加上吸引市场上的跟风抄底资金，顺势拉升股价。只要有价差，就有利润。

战术 3：首板挖掘风格偏向首板

首板挖掘，从名字上就可以看出其大致的操作风格。当然，这并不意味着他只做首板，其他涨停板也是会做的，只是比较倾向于首板。同时在操盘过程中也比较偏重于快进快出的打法，一般都是当日进、次日出的超短线操作模式。至于首板挖掘的真身，一般认为是东方财富的财经博主——“财运利世的武皇天”。

当然，喜欢或者说善于做首板的游资不只有首板挖掘，成都帮、佛山系、著名刺客等游资也都喜欢抢入首板。

目前，首板挖掘常用的营业部包括但不限于以下几个。

第一，华鑫证券山东分公司；

第二，华鑫证券江苏分公司；

第三，东吴证券苏州石路营业部；

第四，东莞证券厦门分公司；

第五，东莞证券深圳后海工业八路营业部；

第六，东方财富江苏分公司；

第七，兴业证券厦门分公司等。

下面来看一下首板挖掘操作福晶科技的案例。

如图 8-5 所示，2023 年 11 月上旬，华为概念又出现了一波炒作行情（事实上，最近几年来，华为概念曾掀起多轮炒作行情）。福晶科技作为华为概念股，在 11 月 6 日强势涨停。11 月 7 日，首板挖掘强势入场，买入 3136 万元；次日，该股股价再度高开高走，首板挖掘卖出了 3205 万元。也就是说，游资首板挖掘只拿了一个交易日，就将股票全部出清了，这也是其操作风格的典型表现。

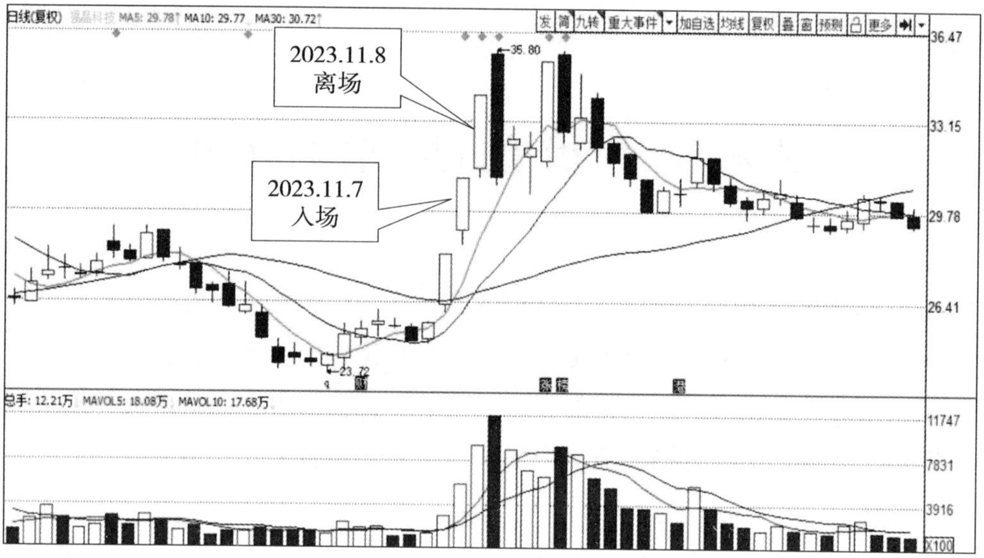

图 8–5　福晶科技（002222）日 K 线走势图

战术 4：炒新一族偏好新股一字板

炒新一族属于典型的新生代游资，自 2017 年开始活跃于股市，并频繁现身于龙虎榜。其操作风格与各路游资也比较相似，只是相对更喜欢参与新股的炒作。特别是在逆市的环境下，多数股票出现杀跌走势时，其交易更为活跃。

目前，炒新一族常用的营业部包括但不限于以下几个。

第一，华泰证券上海静安区广中西路；

第二，华泰证券上海武定路；

第三，华泰证券无锡解放西路；

第四，华泰证券上海普陀区江宁路。

下面来看一下游资炒新一族操作永顺泰的案例。

如图 8-6 所示，永顺泰的股价自 2022 年 11 月 16 日上市后连续走出多个一字板。前期的一字板，股票的成交量极为稀少，很多游资想要入场都没有机会。

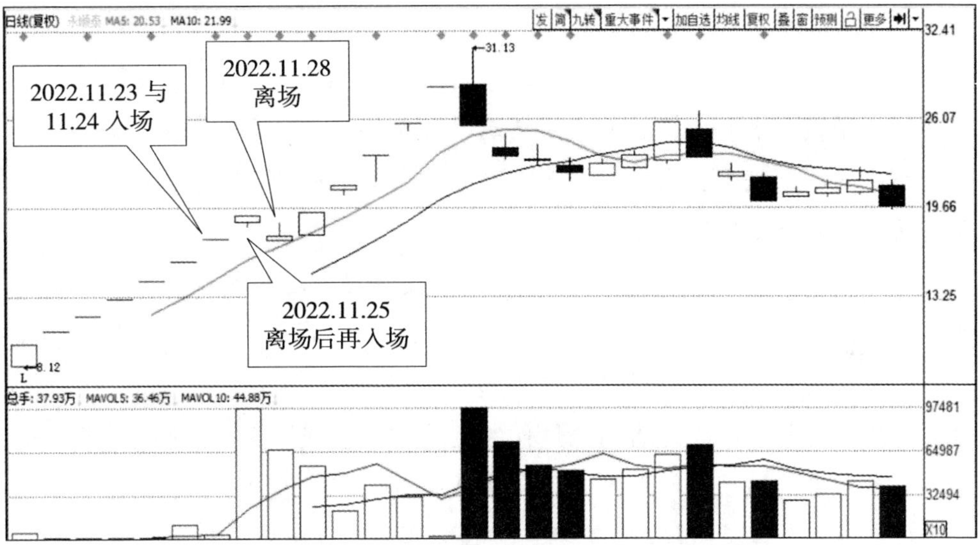

图 8-6　永顺泰（001338）日 K 线走势图

2022 年 11 月 23 日和 24 日，游资炒新一族才得到入场机会。两个交易日，炒新一族共买入了 1577 万元。

11 月 25 日，炒新一族先是将先前买入的股票全数卖出 1950 万元，盈利 370 万元，接着又买入了 3129 万元。

11 月 28 日，永顺泰的股价低开冲高后回落，炒新一族选择了清仓操作，卖出 2998 万元，对比先前买入的 3129 万元，亏损为 131 万元。

整个交易过程，先盈利后亏损，整体盈利 200 多万元。其实，这就是游资操盘的真实写照，他们并不会每笔交易都盈利，但整体上却可以维持一个盈利的格局，而后通过复利效应将自己的资金量滚大。

喜欢抢入新股一字板，是游资炒新一族的一个显著标签，同时他也比较喜欢在弱市格局中交易次新股。

战术 5：专注主升龙头

顶级游资赵老哥曾说，对龙头要有一颗敬畏的心，必有厚报。忍一步海阔天空。龙头从来不套人，每个热点高潮过后的消退期，都会留一个活口。只有活口，才有交易的机会。

而跟风股则不会有这个机会，这就是投资者要尽量选择龙头股的原因所在。

通常来说，在一波行情的炒作兴起后，相同概念板块内的股票会出现多股涨停的情况。此后，随着概念炒作的延续，一些涨停股票会逐渐掉队，也就是通常所说的板块内股票的分化（多从第三个涨停板开始，很多非龙头股都很难实现三个连续涨停），之后，一些股票逐渐开始显露龙头本色。此时，作为散户的投资者就要将所有精力集中在龙头股身上，操作好一只龙头股，特别是主升龙头股，胜于你交易十只普通股票。更何况龙头股从来都不是天天都有的，通常都是每隔一段时间才会出现一只主升大龙头。因此，当你发现这样一只龙头股时，就要坚决地入场交易它。

比如，2023 年 1 月底，微软宣布其已与 OpenAI 扩大合作伙伴关系。微软将向 OpenAI 进行为期多年、价值数十亿美元的投资，加速其在 AI 领域的技术突破。AIGC（AI Generated Content）即 AI 生产内容，也就是利用 AI 技术赋能内容生产，该领域迎来了一个大发展的黄金机遇。一时间，市场上的 AIGC 概念股闻风而动，多只该概念板块内的股票在 1 月 30 日实现了涨停。

鸿博股份就是其中最为典型的一只。鸿博股份作为 AIGC 概念股，在 2023 年 1 月 30 日涨停后，出现了几个交易日的小幅盘整。这几个交易日也是市场对 AIGC 概念的消化时期，更是 AIGC 概念的一个发酵期。自 2 月 7 日开始，鸿博股份正式显露龙头本色，进入第一波主升阶段。

如图 8-7 所示，鸿博股份的股价自 2 月 7 日起启动了主升行情。2 月 8 日、9 日，该股更是连续涨停，开始显现龙头特色。2 月 10 日，鸿博股份已经连续收出了 4 个涨停板，基本确立了龙头位置。当日龙虎榜上出现了很多顶级游资的身影，如图 8-8 所示。

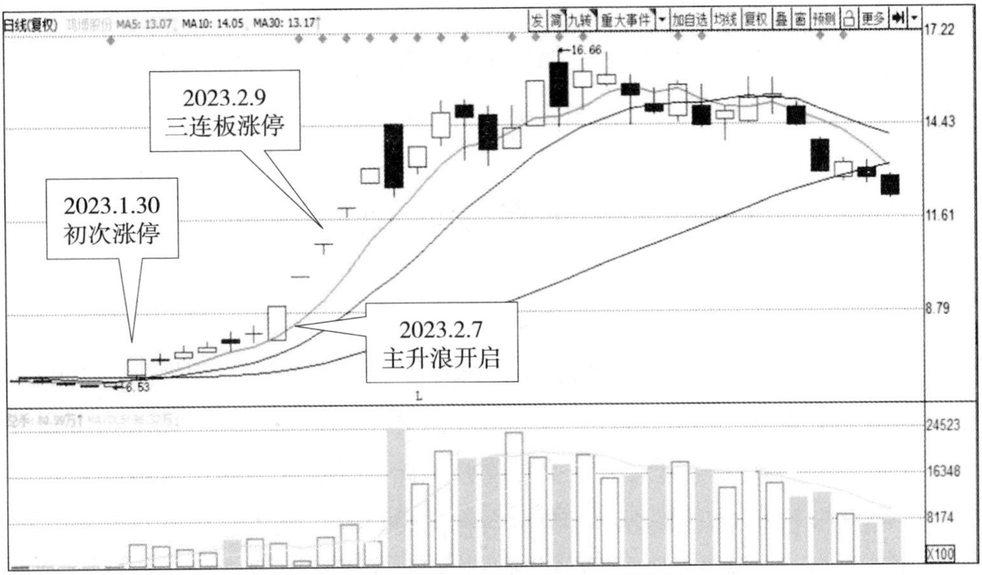

图 8-7　鸿博股份（002229）日 K 线走势图

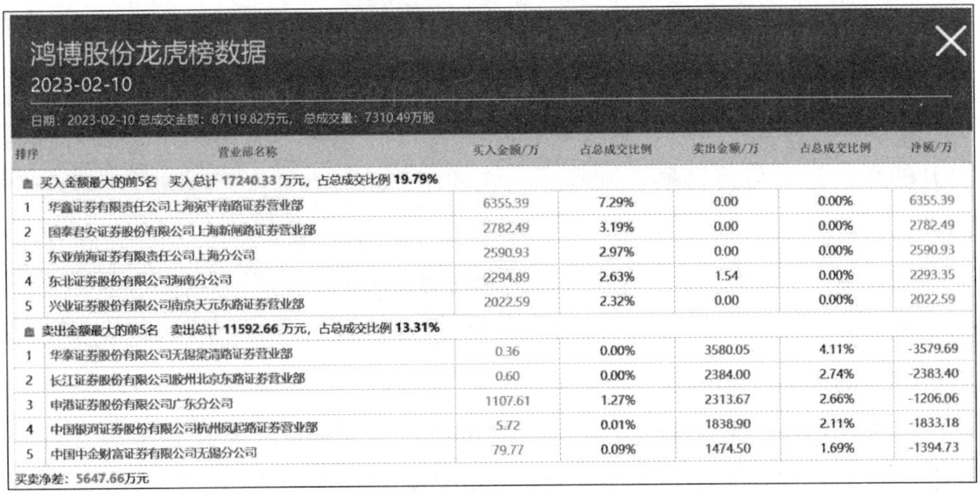

鸿博股份龙虎榜数据

2023-02-10

日期：2023-02-10 总成交金额：87119.82万元，总成交量：7310.49万股

排序	营业部名称	买入金额/万	占总成交比例	卖出金额/万	占总成交比例	净额/万
买入金额最大的前5名　买入总计 **17240.33** 万元，占总成交比例 **19.79%**						
1	华鑫证券有限责任公司上海宛平南路证券营业部	6355.39	7.29%	0.00	0.00%	6355.39
2	国泰君安证券股份有限公司上海新闸路证券营业部	2782.49	3.19%	0.00	0.00%	2782.49
3	东亚前海证券有限责任公司上海分公司	2590.93	2.97%	0.00	0.00%	2590.93
4	东北证券股份有限公司海南分公司	2294.89	2.63%	1.54	0.00%	2293.35
5	兴业证券股份有限公司南京天元东路证券营业部	2022.59	2.32%	0.00	0.00%	2022.59
卖出金额最大的前5名　卖出总计 **11592.66** 万元，占总成交比例 **13.31%**						
1	华泰证券股份有限公司无锡梁清路证券营业部	0.36	0.00%	3580.05	4.11%	-3579.69
2	长江证券股份有限公司胶州北京东路证券营业部	0.60	0.00%	2384.00	2.74%	-2383.40
3	申港证券股份有限公司广东分公司	1107.61	1.27%	2313.67	2.66%	-1206.06
4	中国银河证券股份有限公司杭州凤起路证券营业部	5.72	0.01%	1838.90	2.11%	-1833.18
5	中国中金财富证券有限公司无锡分公司	79.77	0.09%	1474.50	1.69%	-1394.73

买卖净差：5647.66万元

图 8-8　鸿博股份（002229）龙虎榜（2023.2.10）

在 2 月 10 日的龙虎榜上，国内顶级游资炒股养家常用的营业部华鑫证券上海宛平南路、上海超短常用的席位国泰君安上海新闸路、92 科比常用的兴业证券南京天元东路等营业部进入了买入榜前五位，这说明该只股票已经显露了龙头本色，众多游资已经笃定该只股票未来还拥有较大的上升空间，并率先开启了抢龙头之路。

此后，该只股票一路狂飙，掀起了多轮炒作热潮。

战术 6：补涨龙头也是龙头

补涨必定是一轮情绪发酵高潮过程的延续，之所以不断延续，大前提是这轮周期中没有出现巨大的亏钱效应（主升＋高位振荡两个阶段）。这也是很多投资者喜欢参与超级大龙头炒作的原因。超级大龙头因为资金介入比较深，即使股价出现了调整，也常常会在高位振荡，而不会像其他股票一样迅速地由连续涨停直接过渡到连续跌停。超级大龙头涨停终结后，常常会出现高位横向振荡态势，而此时又是补涨龙头形成或开始发力的时段。当然，通常来说，补涨龙头的涨幅高度多会弱于主升龙头（通常为主升龙头高度的 60%～80%）。而如果主升龙头上升幅度不大，也可能无法激活补涨龙头。

以 2023 年上半年的影视传媒概念为例。受 2023 年年初电影市场景气度提升的影响，文化传媒概念掀起了一波炒作热炒，上海电影成为第一波炒作的大龙头。

如图 8-9 所示，在文化传媒概念开启热炒模式后，上海电影一马当先成为率先涨停的个股，并成为该波热炒的领涨龙头股。查看当日的龙虎榜可以看出游资的动向，如图 8-10 所示。

从 2023 年 3 月 8 日的龙虎榜数据可以看出，苏南帮常用的东莞证券四川分公司、章盟主常用的财通证券杭州解放东路营业部强势登顶。

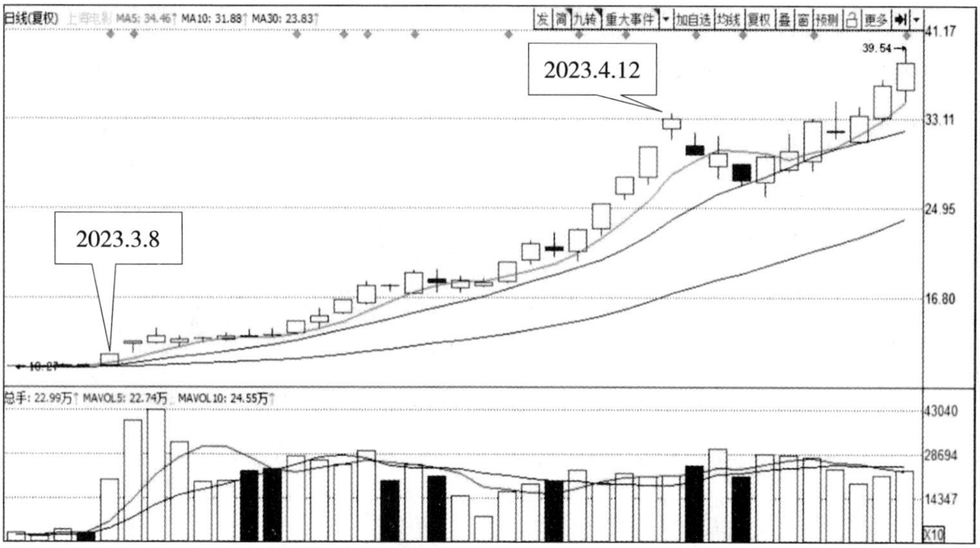

图 8–9　上海电影（601595）日 K 线走势图

鸿博股份龙虎榜数据

2023-02-10

日期：2023-02-10 总成交金额：87119.82万元，总成交量：7310.49万股

排序	营业部名称	买入金额/万	占总成交比例	卖出金额/万	占总成交比例	净额/万
买入金额最大的前5名　买入总计 17240.33 万元，占总成交比例 **19.79%**						
1	华鑫证券有限责任公司上海宛平南路证券营业部	6355.39	7.29%	0.00	0.00%	6355.39
2	国泰君安证券股份有限公司上海新闸路证券营业部	2782.49	3.19%	0.00	0.00%	2782.49
3	东亚前海证券有限责任公司上海分公司	2590.93	2.97%	0.00	0.00%	2590.93
4	东北证券股份有限公司海南分公司	2294.89	2.63%	1.54	0.00%	2293.35
5	兴业证券股份有限公司南京天元东路证券营业部	2022.59	2.32%	0.00	0.00%	2022.59
卖出金额最大的前5名　卖出总计 **11592.66** 万元，占总成交比例 **13.31%**						
1	华泰证券股份有限公司无锡梁清路证券营业部	0.36	0.00%	3580.05	4.11%	-3579.69
2	长江证券股份有限公司胶州北京东路证券营业部	0.60	0.00%	2384.00	2.74%	-2383.40
3	申港证券股份有限公司广东分公司	1107.61	1.27%	2313.67	2.66%	-1206.06
4	中国银河证券股份有限公司杭州凤起路证券营业部	5.72	0.01%	1838.90	2.11%	-1833.18
5	中国中金财富证券有限公司无锡分公司	79.77	0.09%	1474.50	1.69%	-1394.73

买卖净差：**5647.66万元**

图 8–10　上海电影（601595）龙虎榜数据（2023.3.8）

也就是说，从 3 月 8 日股价一启动，上海电影就成为游资争抢的目标。此后，该股股价一路被众多游资追捧，股价一直上涨至 4 月 12 日才出现明显的触顶回落迹象。不过，此后该股股价也并未出现大规模的回落，而是呈现了高位振荡模式，这也从侧面说明游资介入比较深。

在上海电影这个主升龙头开始横向振荡时，补涨龙头启动了。上海电影是在电影市场全面转暖的背景下启动的，随着炒作的兴起，炒作方向逐渐由影视扩展到整个文化传媒领域。中国科传作为文化传媒领域的传统龙头股，也开始启动了，如图 8-11 所示。

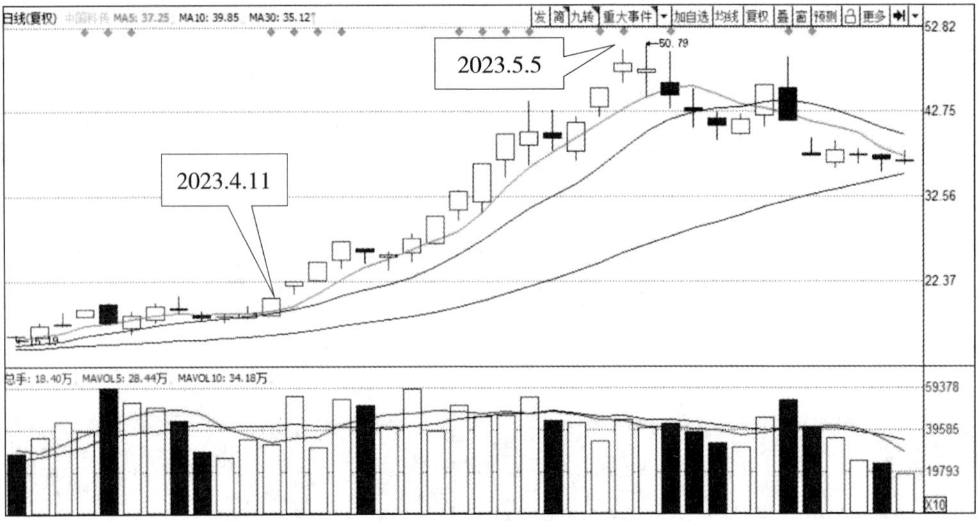

图 8-11　中国科传（601858）日 K 线走势图

从图 8-11 中可以看出，中国科传的股价自 2023 年 4 月 11 日强势启动，此后更是连续拉出多个涨停板。大家知道，前一个文化传媒大龙头就是在 4 月 11 日封上最后一个涨停板，4 月 12 日触顶回落的，而中国科传恰在此时接过了上海电影的大旗。这从另一方面也说明了市场炒作文化传媒概念的热潮并未衰退。上海电影从 3 月 8 日到 4 月 12 日的总涨幅达到了 220% 以上，而中国科传自 4 月 11 日开始的最终涨幅也达到了 170% 以上。

再来看一下中国科传 4 月 11 日的龙虎榜数据，如图 8-12 所示。

从 2023 年 4 月 11 日的龙虎榜数据可以看出，章盟主常用的国泰君安上海江苏路营业部、上塘路常用的财通证券杭州上塘路营业部强势登顶。

也就是说，从 4 月 11 日股价一启动，中国科传就作为补涨龙头成为游资争抢的目标。此后，该股股价一路被众多游资追捧，股价一直上涨至 5 月 5 日才出现明显的触顶回落迹象。

中国科传龙虎榜数据
2023-04-11

日期：2023-04-11 总成交金额：64356.85万元，总成交量：3232.73万股

排序	营业部名称	买入金额/万	占总成交比例	卖出金额/万	占总成交比例	净额/万
买入金额最大的前5名 买入总计 17341.64 万元，占总成交比例 26.95%						
1	国泰君安证券股份有限公司上海江苏路证券营业部	7126.22	11.07%	0.00	0.00%	7126.22
2	财通证券股份有限公司杭州上塘路证券营业部	3286.54	5.11%	0.00	0.00%	3286.54
3	兴业证券股份有限公司厦门湖里大道证券营业部	2900.61	4.51%	0.00	0.00%	2900.61
4	华泰证券股份有限公司总部	2463.90	3.83%	0.00	0.00%	2463.90
5	万和证券股份有限公司北京分公司	1564.39	2.43%	0.00	0.00%	1564.39
卖出金额最大的前5名 卖出总计 7370.01 万元，占总成交比例 11.45%						
1	上海证券有限责任公司上海分公司	0.00	0.00%	2802.31	4.35%	-2802.31
2	海通证券股份有限公司北京阜外大街证券营业部	0.00	0.00%	1367.50	2.12%	-1367.50
3	招商证券股份有限公司上海浦东新区浦东南路证券营业部	0.00	0.00%	1335.25	2.07%	-1335.25
4	长城证券股份有限公司南京童卫路证券营业部	0.00	0.00%	978.05	1.52%	-978.05
5	国信证券股份有限公司辽宁分公司	0.00	0.00%	886.90	1.38%	-886.90
买卖净差：9971.64万元						

图 8-12 中国科传（601858）龙虎榜数据（2023.4.11）

战术 7：龙头借势外扩

龙头股的形成过程，本身就是炒作情绪发散的过程，热点也会随着龙头股的上攻而不断向外扩展；反之，若某只股票爆发后，并不能有效地将炒作热情传递给本板块，则这只股票很难成为龙头股。

标杆龙头股与板块之间存在相辅相成的关系。一方面，整个板块需要龙头股的带动，通常情况下，龙头股启动后，板块内的各只股票就会闻风而动；另一方面，龙头股也需要板块的启动来吸引投资者。若只有一只龙头股启动，那么很多投资者都会因为龙头价格过高而望而却步；若整个板块都出现启动迹象，投资者就可以根据自己的判断选择其中的某只股票来操作。这样，整个市场的投资热情就会被带动，龙头股所受的关注自然也会更多，游资进出龙头股也就会更容易。

比如，2024 年上半年，飞行汽车、低空经济概念一度成为市场上反复

炒作的热点概念，该板块内的很多龙头股都出现了较大的涨幅。而低空经济概念从开始炒作到概念发酵，直至大幅全面热炒，也经历了一个相对漫长的过程，期间也涉及到龙头股扩展是否顺利的问题。

2024 年 3 月中旬，低空经济概念大龙头万丰奥威率先走出了连续上攻行情，如图 8-13 所示。

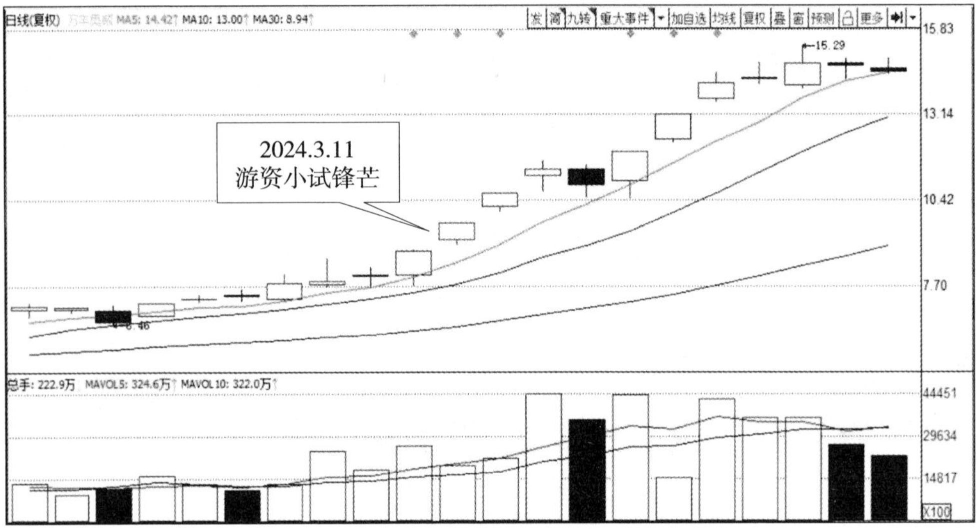

图 8-13　万丰奥威（002085）日 K 线走势图

从图 8-13 中可以看出，2024 年 3 月初，在低空经济概念尚处于朦胧期时，市场上的游资并未确定主攻方向，即使是对核心品种万丰奥威，也只是进行了试探性攻击。3 月初，股价持续上攻，但并未形成涨停板，这种情况的出现有两方面原因：其一，市场并未确定主攻方向，游资的攻击带有试探性；第二，游资手中的筹码不多，需要借助大幅振荡来收集筹码。

3 月 11 日，主力游资不再手软，而是直接高开高走封住了涨停板。3 月 11 日万丰奥威的龙虎榜数据如图 8-14 所示。

从万丰奥威 2024 年 3 月 11 日的龙虎榜上可以清晰地看到，国内顶级游资中信证券淄博分公司、平安证券浙江分公司、华泰证券天津东丽开发区二纬路（交易猿）、华鑫证券宁波分公司（华鑫宁波分）全部登上了万丰奥威的龙虎榜。

万丰奥威龙虎榜数据

2024-03-11

日期：2024-03-11 总成交金额：177182.05万元，总成交量：19072.17万股

排序	营业部名称	买入金额/万	占总成交比例	卖出金额/万	占总成交比例	净额/万
买入金额最大的前5名　买入总计 13235.67 万元，占总成交比例 7.47%						
1	中信证券（山东）有限责任公司淄博分公司	3447.64	1.95%	1.10	0.00%	3446.54
2	华泰证券股份有限公司天津东丽开发区二纬路证券营业部	2676.16	1.51%	30.20	0.02%	2645.96
3	华鑫证券有限责任公司宁波分公司	2673.54	1.51%	2.23	0.00%	2671.31
4	深股通专用	2455.56	1.39%	5915.61	3.34%	-3460.05
5	平安证券股份有限公司浙江分公司	1667.77	0.94%	336.22	0.19%	1331.55
卖出金额最大的前5名　卖出总计 37432.66 万元，占总成交比例 21.13%						
1	机构专用	0.00	0.00%	12463.20	7.03%	-12463.20
2	中信证券股份有限公司北京京城大厦证券营业部	12.04	0.01%	9666.49	5.46%	-9654.45
3	深股通专用	2455.56	1.39%	5915.61	3.34%	-3460.05
4	东方证券股份有限公司上海浦东新区源深路证券营业部	292.48	0.17%	4566.88	2.58%	-4274.40
5	浙商证券股份有限公司成都董家湾北街证券营业部	10.47	0.01%	4450.70	2.51%	-4440.23

买卖净差：-24196.99万元

图 8-14　万丰奥威（002085）龙虎榜数据（2024.3.11）

有了这些游资的持续买入，强化了万丰奥威在低空经济板块的龙头位置，此后，低空经济概念板块逐渐扩展，中信海直、王子新材等纷纷跟涨。低空经济概念得以成为市场上的热点板块，赚钱效应开始扩散到板块内的其他股票，华生科技就是典型代表，如图 8-15 所示。

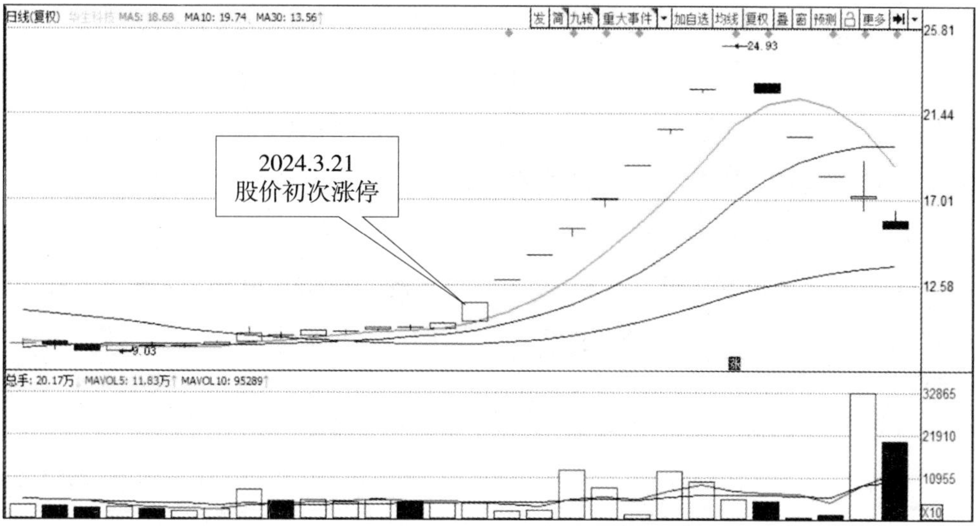

图 8-15　华生科技（605180）日 K 线走势图

2024 年 3 月 21 日，在万丰奥威连续上攻 8 个交易日后，低空经济的概念逐渐向外延伸。因市场传闻华生科技有降落伞业务，因而也与低空经济产生了一丝关联，于是在 3 月 21 日当天出现了第一个涨停板。查看次日（3 月 21 日当天没有登上龙虎榜，3 月 22 日该股成交量较低）的龙虎榜可以发现以下几个信息，如图 8-16 所示。

华生科技龙虎榜数据
2024-03-22

日期：2024-03-22 总成交金额：11390.27万元，总成交量：1011.90万股

排序	营业部名称	买入金额/万	占总成交比例	卖出金额/万	占总成交比例	净额/万
买入金额最大的前5名　买入总计 **3874.09** 万元，占总成交比例 **34.01%**						
1	东海证券股份有限公司常州劳动西路证券营业部	1426.68	12.53%	0.00	0.00%	1426.68
2	华鑫证券有限责任公司上海茅台路证券营业部	994.41	8.73%	0.00	0.00%	994.41
3	国融证券股份有限公司青岛分公司	791.62	6.95%	0.00	0.00%	791.62
4	华鑫证券有限责任公司深圳益田路证券营业部	361.44	3.17%	0.00	0.00%	361.44
5	东海证券股份有限公司上海浦东新区东方路分公司	299.93	2.63%	0.00	0.00%	299.93
卖出金额最大的前5名　卖出总计 **804.06** 万元，占总成交比例 **7.06%**						
1	瑞银证券有限责任公司上海浦东新区花园石桥路第二证券营业部	0.00	0.00%	228.77	2.01%	-228.77
2	长城证券股份有限公司杭州文一西路证券营业部	0.00	0.00%	187.29	1.64%	-187.29
3	华林证券股份有限公司江门港口路证券营业部	0.00	0.00%	132.12	1.16%	-132.12
4	中国银河证券股份有限公司湖州证券营业部	0.00	0.00%	128.47	1.13%	-128.47
5	财通证券股份有限公司海宁水月亭西路证券营业部	0.00	0.00%	127.41	1.12%	-127.41

买卖净差：**3070.02**万元

图 8-16　华生科技（605180）龙虎榜（2024.3.22）

第一，相比于炒作万丰奥威的游资来说，炒作华生科技的游资来头更大，市场上比较知名的游资炒股养家（华鑫证券上海茅台路）、益田路、东海证券常州劳动西路、东海证券上海浦东新区东方路等悉数登场。这就意味着该股注定会掀起一波更大的风浪。

第二，追涨的游资更多。加入低空经济概念炒作的顶级游资更多，这无疑增强了低空经济板块的炒作动能，确保了低空经济概念进一步扩散。

战术 8：只取中段，抢筹立航科技

吃鱼吃中段，是很多游资在交易过程中坚守的一个基本原则。过早介入，风险太大；过晚介入，同样风险较大。正因如此，很多游资更加青睐于中段交易。

立航科技是一家以飞机地面保障设备生产和制造为主营业务的企业，因其业务范围涉及无人机业务领域，因而具有了低空经济概念。

2024 年 3 月，随着低空经济概念的热炒，立航科技启动了一波短线上攻行情，该股股价在几个交易日内出现了 7 个涨停板。

如图 8-17 所示，2024 年 3 月 5 日，立航科技的股价在低空经济概念热炒的推动下，直接封住了涨停板。

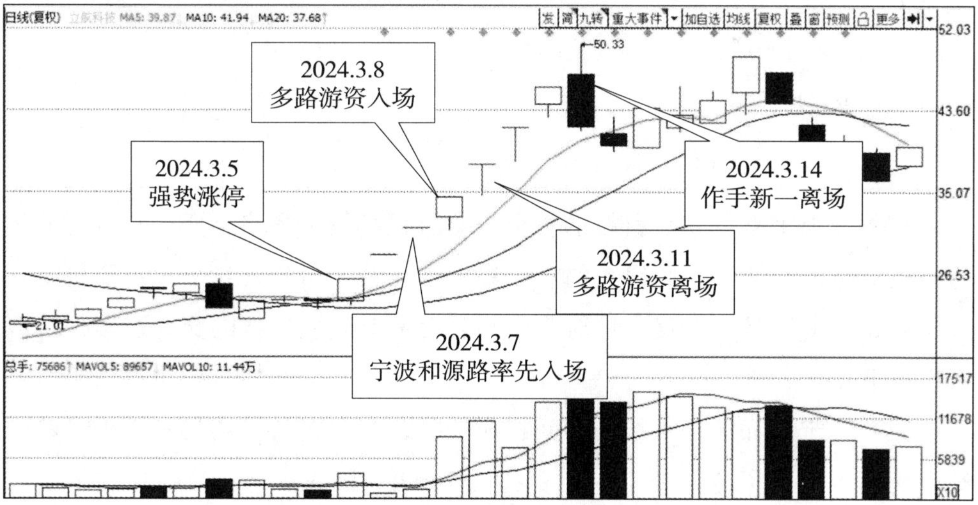

图 8–17　立航科技（603261）日 K 线走势图

紧接着，该股股价更是连续两个一字板，这就封死了其他投资者想要入场的机会。其中在 3 月 7 日，宁波和源路率先成功抢入了 1799 万元。

3 月 8 日，立航科技的股价高开后三分钟内实现了冲击涨停板，多路游资也正是在这三分钟内争相买入了该股。入局者包括作手新一（国泰君安南京太平南路）、西湖国贸（财信证券杭州西湖国贸中心）、赵老哥（中国银河证券绍兴营业部）、宁波和源路（甬兴证券宁波和源路）等。

3 月 11 日，立航科技的股价以涨停价开盘后出现了大幅振荡，最后虽然也封上了涨停板，但众多游资又都不约而同地出逃了。3 月 14 日，作手新一最后撤退。

其具体交易记录如表 8-1 所示。

表 8-1 立航科技龙虎榜数据

日期		买入金额（万元）	卖出金额（万元）
作手新一	2024.3.8	816.92	0
	2024.3.14	0	1056.94
西湖国贸	2024.3.8	752.77	0
	2024.3.11	0	862.87
赵老哥	2024.3.8	558.06	0
	2024.3.11	0	626.12
宁波和源路	2024.3.7	1799.39	0
	2024.3.8	549.66	1291.2
	2024.3.11	0	1266.33

从整体上来看，立航科技的整个上攻过程都是由各路游资以及专门的量化打板资金推动的，我们研究的重点集中在几路知名游资身上，主要研究一下这几路游资的操作思路。针对各路知名游资对立航科技的交易过程，可以看出以下几点。

第一，宁波和源路入场的时间相对较早，在立航科技还是一字板时就已经入场了，而且资金量还不小，有将近 1800 万元的资金，这也保证了宁波和源路整个操作的盈利幅度相对较高。3 月 8 日，立航科技大幅波动时，宁波和源路先是卖出了将近 1300 万元，而后股价回封涨停板，又买回了 550 万元左右的股票。3 月 11 日，宁波和源路将手中剩余的股票全数出清，盈利幅度在 8.88% 左右。

第二，在这波操作过程中，作手新一的操作最为沉稳，盈利幅度也最高。作手新一 3 月 8 日入场，3 月 14 日离场。整个交易过程盈利幅度超过了 29.38%。

第三，西湖国贸与赵老哥的操作基本一致，两路游资都是 3 月 8 日进场、3 月 11 日离场，玩了个超短线交易，整个盈利幅度在 10% 左右。

第四，从交易安全和收益的角度来看，西湖国贸和赵老哥的交易模式相对较为安全，只有一个交易日就获得了 10% 的收益，而宁波和源路的操作属于游资标准的滚动交易技法，作手新一则是通过相对较长时间的持股，拿到了最多的利润。

战术 9：多路游资抢筹新大洲 A

游资并不是总赢，也有被套牢在高位的情况。其实，每波行情中有赚了很多的游资，也有亏了不少的游资。在这点上来看，游资与散户也没有太大的区别。在新大洲 A 的一波拉升中，各路游资的表现就明显不同。

新大洲 A 本是一家以煤炭开采为主业的企业，但因其涉足的领域较多，而具备了很多其他概念标签。比如，该公司旗下还有一家从事航空制造业务的子公司，能够生产飞机零部件，因此，该股又有了一个大飞机概念。同时，由于该股盘子很小，常常成为各路资金炒作的对象。

2024 年 3 月中旬，受大飞机概念炒作的刺激，新大洲 A 一时间成为各路游资争抢的目标，其股价也出现了连续大幅上攻的态势。

如图 8-18 所示，随着大飞机概念炒作的兴起，新大洲 A 的股价在 2024 年 3 月 14 日强势涨停。此后，该股股价更是连续拉出 5 个涨停板。该股的这波上攻，完全是各路游资合力拉升的结果。当然，也有部分高位入场的游资，不幸成为“击鼓传花中的最后一棒”。

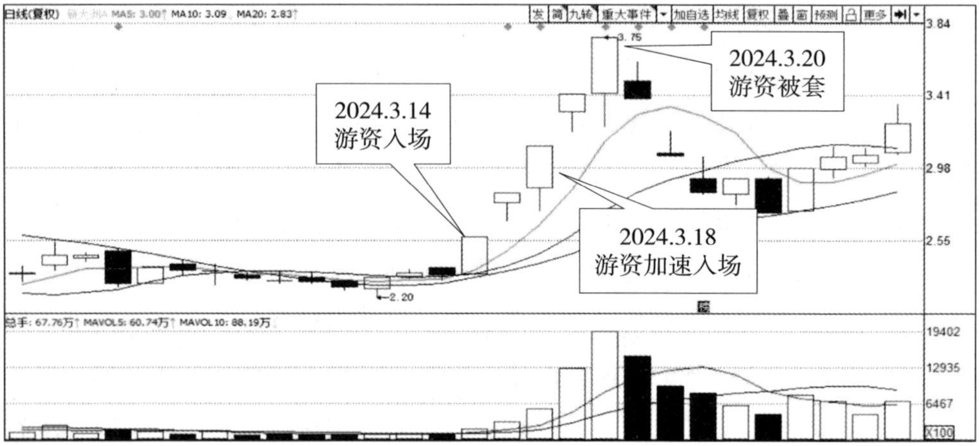

图 8-18　新大洲 A（000571）日 K 线走势图

3 月 14 日，湖州劳动路和中国银河厦门嘉禾路抢得了先机，率先入场，但整体金额都不大，大约在 500 多万元的水平。其中，厦门嘉禾路在 18 日、19 日又进行了一波买入与卖出交易，合计盈利了 205 万元左右，盈利幅度接近 14%。湖州劳动路的操作非常简单直接，在 14 日买入后，15 日就清仓离场了，从龙虎榜数据来看，湖州劳动路在 3 月 15 日应该没有全部清仓，只是在后面的交易日里卖出金额较少，没有登上龙虎榜而已，总体上也取得了不错的盈利。

3 月 15 日，参与买入新大洲 A 的游资还包括 N 周二（中信证券杭州凤起路）、一瞬流光（中泰证券湖北分公司）等。

3 月 18 日，西湖国贸、宁波和源路等游资开始入场抢筹。宁波和源路从 3 月 18 日开始入场买入，3 月 19 日加仓，3 月 20 日将手中大部分股票卖出后，又少量买入了部分股票。尽管 3 月 20 日买入的股票很可能被套，但由于前两个交易日买入的股票产生了较多的盈利，3 月 20 日买入的股票即使出现亏损，影响也不大了。

从新大洲 A 的龙虎榜数据可以看出，3 月 15 日，西湖国贸可能就已经少量入场进行了试仓，因为其后在 18 日和 19 日买入的数据对不上 19 日和 20 日卖出的数据。西湖国贸在 20 日入场的 1400 多万元资金买到了高位，但从其 3 月 21 日离场的资金量来看，亏损幅度不算大，甚至整体上还能有点盈利。这就是游资厉害的地方，即使买在了高点，也能以最小的代价出逃。

北京中关村入场的时间稍晚，3 月 20 日该股最后一个涨停时才入场，但从其交易数据来看，应该是 20 日的低点入场的，这样 3 月 21 日离场时不仅没有亏损，还小有一点盈利。

各路游资的具体交易记录如表 8-2 所示。

表 8-2　新大洲 A 龙虎榜数据

<table>
<tr><th colspan="2">日期</th><th>买入金额（万元）</th><th>卖出金额（万元）</th></tr>
<tr><td rowspan="4">中国银河
厦门嘉禾路</td><td>2024.3.14</td><td rowspan="2">1258.62</td><td>0</td></tr>
<tr><td>2024.3.15</td><td>587.6</td></tr>
<tr><td>2024.3.18</td><td>218.68</td><td rowspan="2">1095.18</td></tr>
<tr><td>2024.3.19</td><td></td></tr>
<tr><td rowspan="2">湖州劳动路</td><td>2024.3.14</td><td>588.98</td><td>0</td></tr>
<tr><td>2024.3.15</td><td>0</td><td>578.32</td></tr>
<tr><td rowspan="3">宁波和源路</td><td>2024.3.18</td><td rowspan="2">1122.16</td><td></td></tr>
<tr><td>2024.3.19</td><td>245.09</td></tr>
<tr><td>2024.3.20</td><td>108.6</td><td>1146.44</td></tr>
<tr><td rowspan="4">西湖国贸</td><td>2024.3.18</td><td rowspan="2">443.37</td><td rowspan="2">341</td></tr>
<tr><td>2024.3.19</td></tr>
<tr><td>2024.3.20</td><td>1426.35</td><td>570.75</td></tr>
<tr><td>2024.3.21</td><td>–</td><td>1362.84</td></tr>
<tr><td rowspan="2">北京中关村</td><td>2024.3.20</td><td>1683.56</td><td></td></tr>
<tr><td>2024.3.21</td><td>104.19</td><td>1700.05</td></tr>
</table>

从整体上来看，新大洲 A 的整个上攻过程都是由各路游资以及专门的量化打板资金推动的，我们研究的重点集中在几路知名游资身上，主要研究一下这几路游资的操作思路。针对各路知名游资对新大洲 A 的交易过程，可以看出以下几点。

第一，整体上各路游资的操作都相对较为成功，即使是 3 月 20 日大批入场的西湖国贸和北京中关村，都没有产生太大的亏损。

第二，在中段入场的几家游资都有不错的斩获，这也是很多投资者提倡“吃鱼吃中段”的原因所在。

第三，这些游资尽管整体资金量都非常大，但在操盘过程中并未盲目地加仓、扩大仓位，只是用相对较小的仓位参与交易，这样即使出现亏损，也不会对本金造成太大的影响。

第九章 游资短线交易案例

每个活跃在市场上的游资都有一些经典的交易案例，本章选取了最近两年知名游资操作的几个经典案例，以供读者参考、学习。

赵老哥：一口吃掉中衡设计 8 个涨停板

赵老哥是游资领域的传奇人物，因其一战中国中车大获全胜，成就了八年一万倍的神话，而在市场上被广为流传。不过，在后来的交易中，赵老哥的打法与其他游资的区别也不是很大，多是通过短线滚动交易来实现资金稳步扩张。但其 2024 年 4 月操作的中衡设计一股，绝对是一个例外。

中衡设计本是一家从事工程设计、项目管理等业务的工程咨询服务行业的企业，与低空经济概念并不搭边，只是其在 4 月 17 日早上的官微中宣布：成功中标华中智能飞行器产业基地项目（一期）。该产业基地是武汉市经济开发区打造的立体式“低空经济产业示范区”，因此，中衡设计也就与当时市场炒作的低空经济概念有了一些关联。4 月 17 日，中衡设计高开后，出现了振荡走高态势，并直接封上了涨停板。

如图 9-1 所示，随着低空经济概念炒作的兴起，市场上很多低空经济概念股都遭到了爆炒。中衡设计 4 月 17 日才官宣其与低空经济概念有一定的关联，这就使得其股价走势多少有点补涨的意味。

2024 年 4 月 17 日，中衡设计的股价早盘直接高开了 3 个点，此后股价振荡上扬，如图 9-2 所示。

赵老哥常用的中国银河证券绍兴营业部就在 4 月 17 日当天买入了 676.72 万元，名列当日龙虎榜买入第三名。

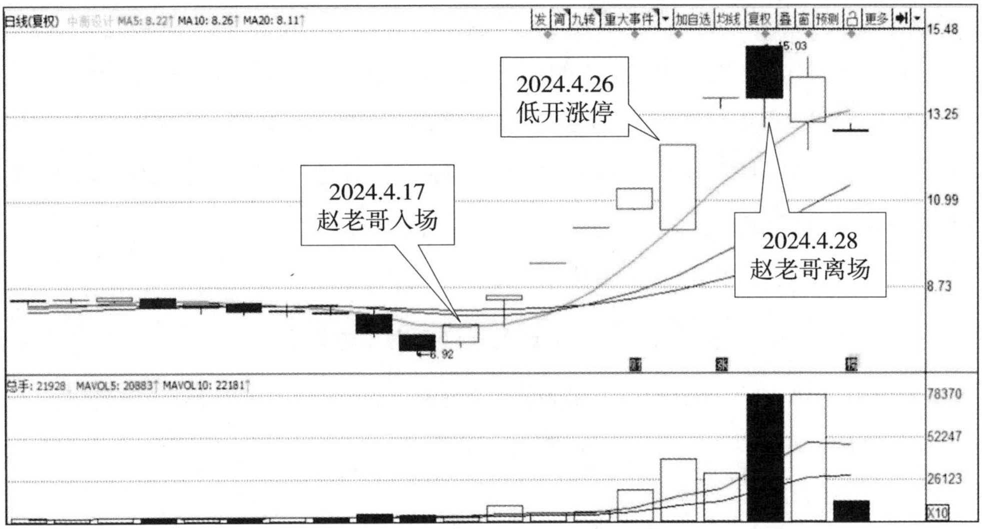

图 9-1　中衡设计（603017）日 K 线走势图

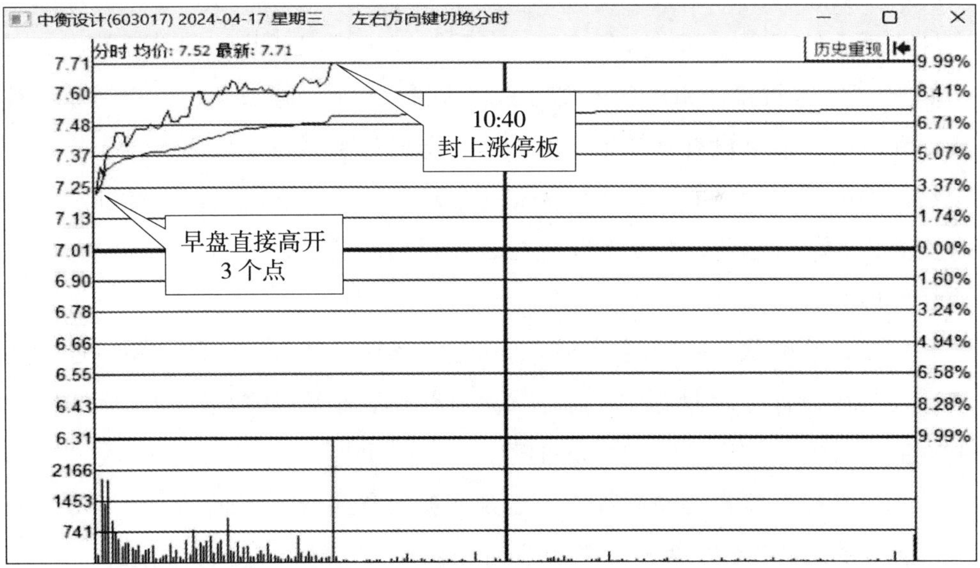

图 9-2　中衡设计（603017）分时走势图（2024.4.17）

此后的几个交易日，中衡设计的股价持续上攻，在 8 个交易日里走出了 7 个涨停板。与以往的短线交易不同，赵老哥此次并没有急于出货，而是一直持仓到了 4 月 26 日。要知道 4 月 24 日中衡设计可是经历了一波从跌停到涨停的过程，由此可见赵老哥定力之深。

4 月 26 日，中衡设计的股价以涨停开盘，并一直封板到下午。午后，该股股价突然出现跳水行情，赵老哥将手中的股票全部清仓，卖出了 1232.64 万元。8 个交易日获得了 82.15% 的盈利幅度，几乎全头全尾地吃掉了中衡设计整波上攻的收益。

其具体交易记录如表 9-1 所示。

表 9-1　中衡设计龙虎榜数据（赵老哥）

日期	买入金额（万元）	卖出金额（万元）
2024.4.17	676.72	0
2024.4.26	0	1232.64

从赵老哥的交易过程，可以看出以下几点。

第一，投入的仓位并不重。很多投资者总是会有这样的感觉：若是能一次性将手上的资金全部投入到这样一只股票身上，然后几个交易日就可以获得 80% 以上的收益，那是多么成功的交易啊！然而，事实上，有交易就会有成功和失败，谁也没有预知未来的能力，即使如赵老哥一般的传奇人物，在交易过程中每次投入的仓位也不大，这也可以让自己的交易过程更加从容。事实上，赵老哥之所以敢从头吃到尾，归根结底还是投入的仓位不高，能够接受这种回撤。

第二，能够从头吃到尾固然好，但这与该股走势与一定的关系。也就是说，在中衡设计上攻过程中，只有 4 月 18 日经历了一波回撤，其后该股的上攻都比较顺利，几乎没有大的回撤。

第三，投资者在交易过程中不必刻意追求拿到全部利润，一切需要根据股价上攻的态势而定，发现形势不利时，稳住自己的收益是第一位的。

章盟主：滚动交易，保证利润

章盟主，即章建平，在市场上有“善庄”之称，其操作风格比较接近于典型的主力操盘手法。国泰君安证券上海江苏路营业部是其常用的营业部。

在 2022 年年初地产基建炒作行情中，章盟主将中交地产选为自己交易的核心标的。中交地产作为中字头的房地产企业，其股价在经历了 2022 年 3 月初的调整后，在房地产调控政策放松的预期下，自 2022 年 3 月底掀起了一波上攻行情。

中交地产的股价自 2022 年 3 月底强势涨停，并正式进入大幅上攻趋势。

如图 9-3 所示，2022 年 3 月 25 日，中交地产的股价在前日振荡的基础上，三个交易日内二度涨停。

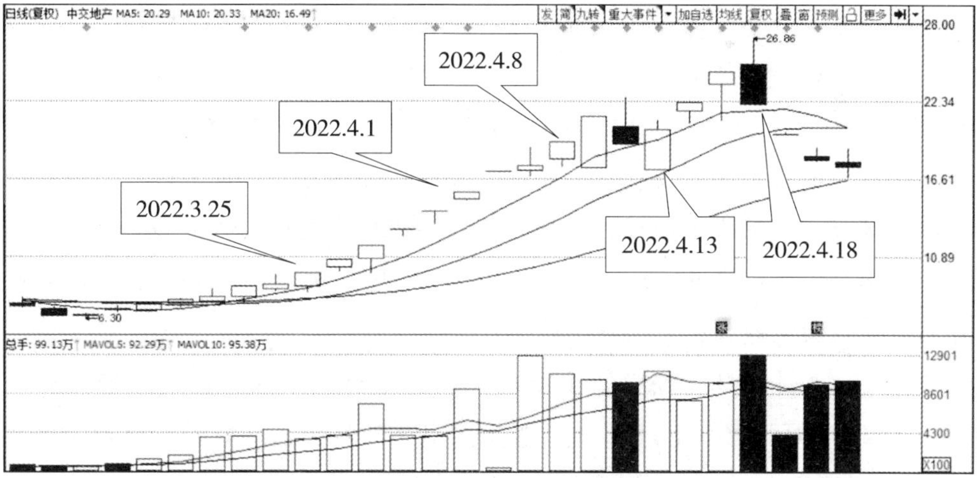

图 9-3　中交地产（000736）日 K 线走势图

此后，该股股价掀起了一波快速上攻之路，股价连续拉出涨停板。章盟主经常使用的国泰君安上海江苏路营业部频繁地出现在龙虎榜上，使得我们可以对其操作进行跟踪。

其具体交易记录如表 9-2 所示。

表 9-2　中交地产龙虎榜数据（章盟主）

日期	买入金额（万元）	卖出金额（万元）
2022.4.1 以前	3795.65	21.42
2022.4.7	60（估算数值）	4300（估算数据）
2022.4.8	2065.95	70.29
2022.4.11	2051.57	2237.36
2022.4.12	3935.54	229.85
2022.4.13	672.03	32.6
2022.4.14	4943.49	782
2022.4.15	75.48	5613.69

对照国泰君安上海江苏路营业部的交易记录以及中交地产的股价走势，可以发现以下几点。

第一，在 4 月 1 日龙虎榜（三日涨幅累计超过 20%）上，章盟主经常使用的国泰君安上海江苏路营业部出现，与此同时，在 4 月 1 日的另一个龙虎榜（当日涨幅偏离 7%）上，并没有章盟主的席位。这就意味着，章盟主应该是在 3 月 31 日或 3 月 30 日进入该股的，而且买入了 3795 万元。

第二，4 月 6 日，该股一字封板，没有交易记录。4 月 7 日，该股股价剧烈波动，成交量剧烈波动，章盟主应该在当日将之前买入的股票全部清仓了，卖出金额应该在 4300 万元左右（当日龙虎榜最低卖出金额为 4500 万元左右）。章盟主盈利在 15% 左右。

第三，4 月 8 日，该股卷土重来，章盟主再次入局，相对比较保守地买入了 2065 万元。4 月 11 日，章盟主卖出了前日买入的股票，盈利应该在 170 万元左右。同日，他又买入了 2051.57 万元。

第四，4 月 12 日和 13 日，该股股价出现剧烈振荡，但章盟主保持了较佳的定力，没有进行大幅减仓，还在 12 日加仓 3935 万元、13 日加仓 672 万元。4 月 14 日，该股又一次强势涨停，章盟主再度买入 4943 万元，而且只卖出了 782 万元。这说明章盟主对股价后面的走势仍旧保持了较强的信心。

第五，自 4 月 15 日开始，章盟主开始了卖出操作，当日卖出 5613.69 万元。自 4 月 18 日开始，章盟主的席位并未出现在龙虎榜。章盟主在 4 月 18 日抛出了剩余的一部分筹码后（应该不会超过 5200 万元，龙虎榜卖出最后一名为 5279 万元），手中应该还有一部分留存。

总之，从交易记录来看，章盟主前期的交易都是比较顺利和成功的，盈利也非常高，4 月 18 日卖出的筹码达到了最佳获利水平。总体上来看，这是一次比较成功的交易，特别是 4 月 12 日和 13 日，该股股价出现大幅回调时，章盟主并未进行减仓卖出，这本身就是一种胆气和资金实力的体现，并非普通散户能够做到的。

申港广东分：一波流交易，速战速决

申港广东分，即申港证券广东分公司，是最近几年非常活跃的一个游资席位，其操作风格也是以快进快出的超短线交易为主。

2024 年 2 月，多模态 AI 概念炒作风潮启动，该领域的概念股维海德成为当仁不让的龙头股。维海德的股价在 2024 年 2 月中旬出现了一波短线拉升走势，申港广东分在这波拉升过程中获利颇丰，且拉升动作如同标准的短线操作教科书。

自 2024 年 2 月 8 日开始，维海德强势涨停，并出现了一波小幅上升趋势。

如图 9-4 所示，维海德的股价在 2024 年 2 月中旬以前一直呈振荡下跌走势。2 月 8 日，该股股价在多模态 AI 概念走强的影响下，直线拉升至涨停板。此后，该股股价更是连续拉出 7 个涨停板。申港广东分是从第四个涨停板开始入场的，其交易记录如表 9-3 所示。

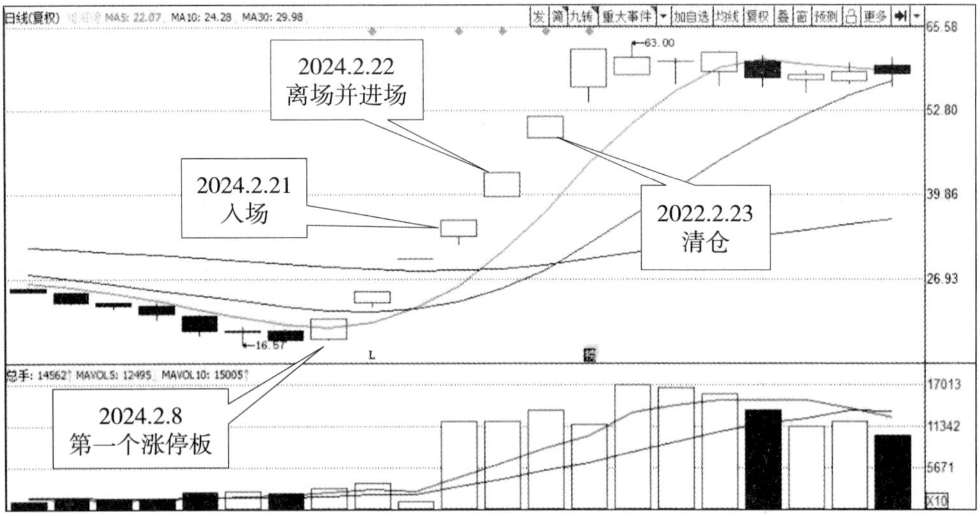

图 9–4 维海德（301318）日 K 线走势图

表 9–3 维海德龙虎榜数据（申港广东分）

日期	买入金额（万元）	卖出金额（万元）
2024.2.21	983.14	0
2024.2.22	686.76	1181.12
2024.2.23	1.4	824.41

对照申港广东分的交易记录以及维海德的股价走势，可以发现以下几点。

第一，从申港广东分的操作来看，其并没有在股价启动的第一时间入场，而是在第四个涨停板才进场，这说明游资对股票是否属于龙头股还有一个判断的过程，即当股价拉出三个涨停板后，才基本可以判断其可能就是真正的“龙头”。

第二，从该营业部投入的金额来看，金额应该不算是很高，特别是第二次进场时，买入了 686.76 万元，比第一次进场金额还要少。由此可见，该游资也是比较谨慎的，是要控制风险的。

第三，整个过程如行云流水，第四个涨停板入场后，次日股价高位振荡时，申港广东分选择先行卖出前日入场的股票。待股价重新冲击涨停板时，又跟进买入了 686.76 万元。第六个涨停板来得并不顺利，而是经过了一波高位振荡，申港广东分直接选择了出货，并且没有再入场，这也是对该股风险的感知。

总之，从整个操作过程来看，申港广东分的盈利还是相当不错的（盈利 335.63 万元），从其投入的金额来看，这个盈利幅度还是很高的。

金田路：龙头股分段交易

2022 年年初，“移动支付”概念成为市场热点，翠微股份自然成为攻击对象。翠微股份的股价在 2022 年初期经过一波拉升，深圳金田路也介入了该股。

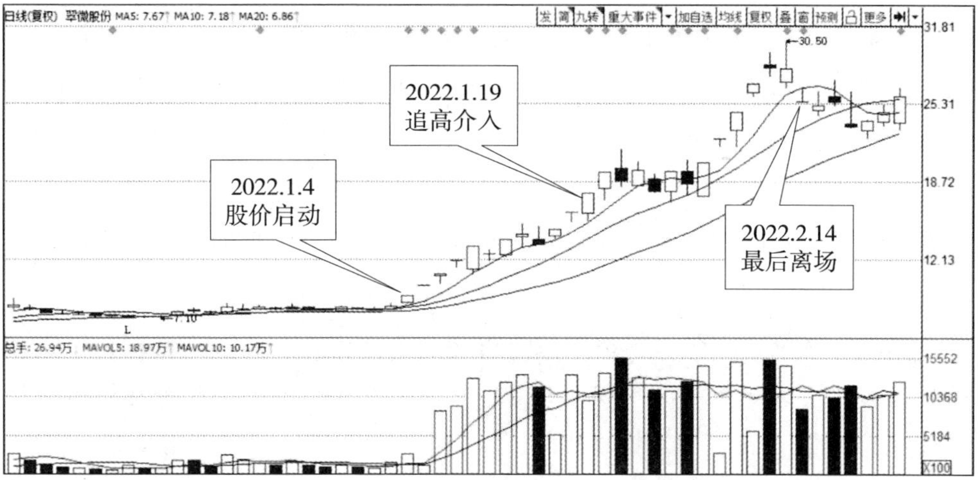

图 9-5 翠微股份（603123）日 K 线走势图

如图 9-5 所示，翠微股份的股价自 2022 年 1 月 4 日启动上升。不过很多游资也没有第一时间捕捉到这个大龙头。

1 月 19 日，该股股价经过休整后再度涨停，自当日开始，光大证券深圳金田路强势介入该股，并形成了一套滚动式交易，其交易记录如表 9-3 所示。

表 9-3　翠微股份龙虎榜数据（金田路）

日期	买入金额（万元）	卖出金额（万元）
2022.1.19	6918.19	0
20221.20	7201.69	7373.53
20221.21	0	7475.45
20221.26	3974.17	0
20221.27	0	3625.58
20222.14	0	5078.6

对照光大证券股份有限公司深圳金田路营业部的交易记录以及翠微股份的股价走势，可以发现以下几点。

第一，金田路的交易十分简单直接，多数都是“今日买，明日卖”的模式，但在该只股票交易过程中，却显得十分有效。

第二，从实际交易过程来看，1 月 19 日买入的股票在 20 日卖出，获利超过了 400 万元；而 20 日买入的股票在 21 日卖出，又获利 200 多万元。

第三，1 月 26 日的买入，相对比较保守一些，只有 3974 万元，在 27 日相当于赔了 350 万元直接卖出了。

第四，关于 2 月 14 日卖出的 5000 多万元股票，在龙虎榜上没有追踪到其买入记录。通过已经上榜的营业部和未登陆龙虎榜的日期来看，只有 9 日和 10 日存在买入的可能，无论是哪个交易日买入的，最终都可能会出现亏损。

总之，高位买入股票，不仅散户可能会被套牢，就是游资也存在很大的亏损可能。从这点上来看，市场上出现一个大龙头（连下十几个涨停板）是多么的不容易。

桑田路：大格局，大收益

道恩股份是桑田路的“成名之地”。借助道恩股份，桑田路的盈利规模可能超过 1.5 亿元，这在游资领域也是一个经典之中的经典。

道恩股份的股价自 2020 年 2 月 3 日强势涨停，并正式进入大幅上攻趋势。

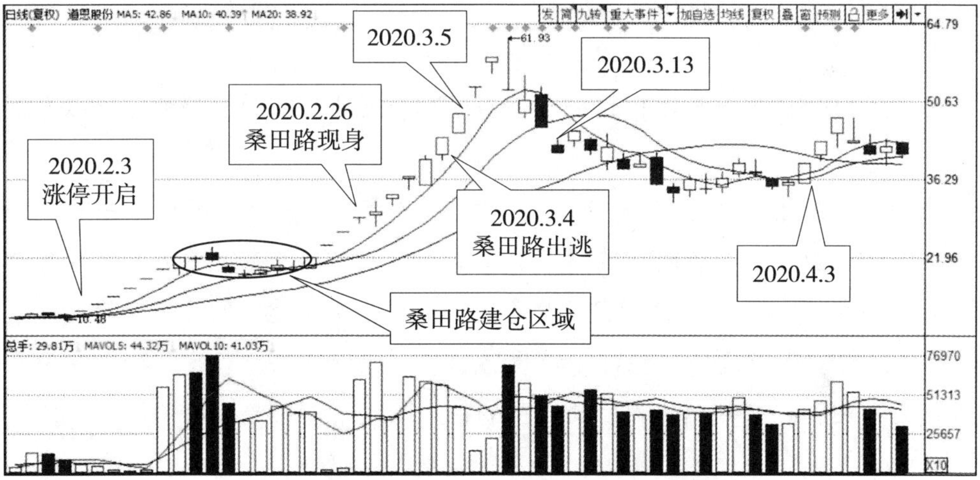

图 9-6　道恩股份（002838）日 K 线走势图

如图 9-6 所示，2020 年 2 月 3 日道恩股份的股价在疫情影响叠加口罩紧缺的推动下，直接一字板涨停。

此后，该股股价掀起了一波快速上攻之路，股价连续拉出涨停板。国盛证券宁波桑田路营业部频繁地出现在龙虎榜上，使得我们可以对其操作进行跟踪。

其具体交易记录如表 9-4 所示。

在宁波桑田路操作道恩股份的上涨行情中，该营业部有多次没有登上龙虎榜，因而有些数据不得不靠我们的推测和计算获得。

表 9-4　道恩股份龙虎榜数据（桑田路）

日期	买入金额（万元）	卖出金额（万元）
2020.2.17 前后（推测）	18000	0
2020.2.26	25410.5	25491.5
2020.2.27（计算）	2900	150
2020.3.2（计算）	6100	13000
2020.3.4	207.82	32595.8
2020.3.5	1748.13	399.53
2020.3.13	4145.52	186.79
2020.4.3	2436.15	4.77

对照国盛证券宁波桑田路的交易记录和道恩股份的股价趋势，可以发现以下几点。

第一，2 月 26 日，宁波桑田路的交易记录强势登上龙虎榜。一时间，桑田路成了市场寻找和研判的对象。毕竟初次上榜不仅有大手笔买入的 2.54 亿元，还有卖出的 2.53 亿元，这都不是小数目。由于此前的几个交易日加上 2 月 3 日启动后的几个交易日，股票都近乎于无量涨停，且龙虎榜上并没有出现过桑田路。这就意味着，桑田路的整个买入行动都是在股价第一阶段上升后的调整期间完成的。考虑卖出时的金额以及股价上升的幅度，买入金额应该在 1.8 亿元左右。也就是说，桑田路第一笔交易就获利在 7000 万元左右。不过当日获利丰厚后，桑田路并没有满足，而是直接将卖出的钱又一次全部压在了道恩股份上。

第二，通过 2 月 26 日和 2 月 28 日的龙虎榜数据，可以大致计算出 2 月 27 日桑田路的买卖金额，即买入了 2900 万元左右，卖出了 150 万元左右。这说明桑田路对该股股价十分看好。2 月 28 日，桑田路基本上处于锁仓状态。

第三，3 月 2 日，新的一周开启后，该股没有登上龙虎榜，但从后面 3 月 4 日的龙虎榜可以计算出当日桑田路的交易数据，即买入了 6100 万元左右，卖出了 1.32 亿元。这是获利了结的节奏。

第四，3 月 4 日，桑田路买入了 200 万元，卖出金额达到 3.26 亿元。至此，桑田路的主要交易阶段完成，获利金额在 1.7 亿元到 1.8 元左右的水平，这是相当的高了。

不过，该营业部其后的交易就叫人十分摸不着头脑了，3 月 5 日，桑田路买入了 1748 万元，3 月 13 日再次买入 4145 万元，4 月 3 日，三度买入 2436 万元，而且并没有追踪到卖出记录。

不过，无论怎么交易，桑田路在道恩股份的交易都可之称为非常成功，这与营业部的资金实力、勇气以及当时的市场环境密切相关。比如，2 月 26 日，当该营业部卖出 2.53 亿元后，发现市场承接力极强，并没有对股价产生较大影响后，立即反手再度做多，这是整个操作过程中非常经典的一幕。

益田路：两波入场华生科技

华生科技属于典型的纺织品生产和制造企业，以塑胶复合材料的生产为主营业务，属于气垫、充气游艇材料领域内的代表企业。2024 年 3 月，A 股市场上掀起了一波低空经济炒作热潮，这与华生科技本不相关。但是此时市场上传闻华生科技有降落伞相关业务，而这与低空经济存在一定的关联，于是市场上掀起了一波炒作华生科技的热潮。尽管上市公司接连发布公告，宣布该公司没有降落伞相关业务，但股价仍旧出现了一波疯狂的上攻之路。

如图 9-7 所示，随着低空经济概念炒作的兴起，华生科技的股价在 2024 年 3 月 21 日强势涨停。此后，该股股价更是连续拉出 9 个涨停板。由于该股并非真正具有低空经济概念，其上攻完全属于游资之间的“击鼓传花”，炒作这只股票的风险也是很大的。

在华生科技 3 月 21 日拉出第一个涨停板时，益田路（华鑫证券深圳益田路）就抢先一步入场，买入了 361.44 万元（属于试仓水平）。其后的两个交易日，该股股价一字板上攻，一直到 3 月 26 日，益田路才离场，卖出了

481.09 万元。整个交易产生了超过 30% 的盈利。

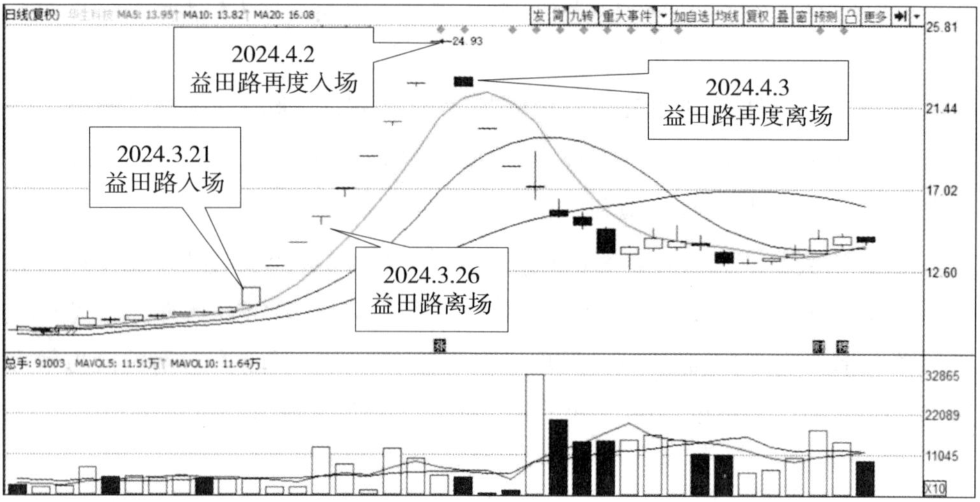

图 9-7　华生科技（605180）日 K 线走势图

此后的几个交易日，华生科技的股价保持了直线上攻态势，益田路迟迟没有进场，也许没有合适的机会，毕竟买入的时间窗口非常短暂。

直至 4 月 2 日，该股股价已经走出了第九个涨停板，益田路似乎看见了该股成为超级大龙头的趋势，再度入场买入了 1445.94 万元。不过，市场并未按照益田路预期的方向前进，而是反向直接来了个跌停，益田路连忙将手中的股票卖出，共获得 1284.27 万元。

合计两次入场，益田路整个交易过程出现了小幅亏损。若没有后面的交易，益田路就会有不错的收益，但谁也无法做到“先知先觉”。

其具体交易记录如表 9-5 所示。

表 9-5　华生科技龙虎榜数据（益田路）

日期	买入金额（万元）	卖出金额（万元）
2024.3.21	361.44	0
2024.3.26	0	481.09
2024.4.2	1445.94	0
2024.4.3	0	1284.27

从益田路的交易过程，可以看出以下几点。

第一，当一只股票呈现出明显的上攻势头时，投资者是可以多次入场交易的。我们也不能因为益田路在最后阶段亏损，而否认这种交易方法。事实上，很多游资都在使用这种交易方法，毕竟这只股票已经具备了较高的市场人气，拉升涨停相对较为简单。

第二，不要试图贪恋过高的收益。股价可能会走得很远，但我们只要把握自己能把握的一部分收益就可以了。

炒股养家：折戟建艺集团

市场上的活跃游资，多是经历了很多成功与失败而突围出来的，他们固然是胜利多于失败，否则也不会仍旧活跃在市场上。不过，这并不意味着他们不会失败。事实上，无论是哪路游资，抢入涨停板交易都是其主要的交易模式，而这种模式必然伴随着较大的风险，同时 A 股市场 T+1 的交易规则，又在无形中放大了这种风险。

比如，游资大佬炒股养家在交易建艺集团时，就曾被套牢了一把。

建艺集团是一家装修装饰企业，曾经在 2022 年掀起了几波炒作浪潮，这也使得市场上很多投资者对其总有一些留恋。

2024 年 1 月 31 日，建艺集团发布业绩报告和经营业绩报告当日，市场上的资金突然启动了一波拉升，于是各路资金纷纷入场追涨买入，其中就有知名游资炒股养家的资金 871.02 万元。

如图 9-8 所示，建艺集团的股价在 2024 年 1 月 31 日早盘平开后直线上攻，并一度上攻至涨停板位置，炒股养家就是股价冲击涨停板时入场的。不料，此后该股不止没有封上涨停板，反而出现了直线下跌走势，股价全天下跌了 8 个点以上。该股股价全天的振幅达到了 19.84%，炒股养家当日亏损较大。

此后，该股股价更是出现了连续跌停的走势，如图 9-9 所示。

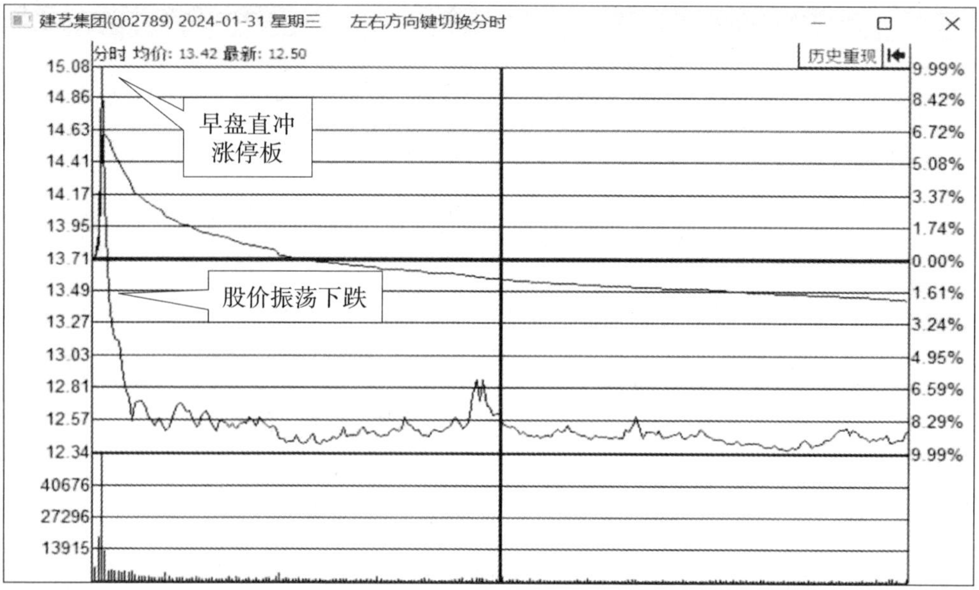

图 9-8 建艺集团（002789）分时走势图（2024.1.31）

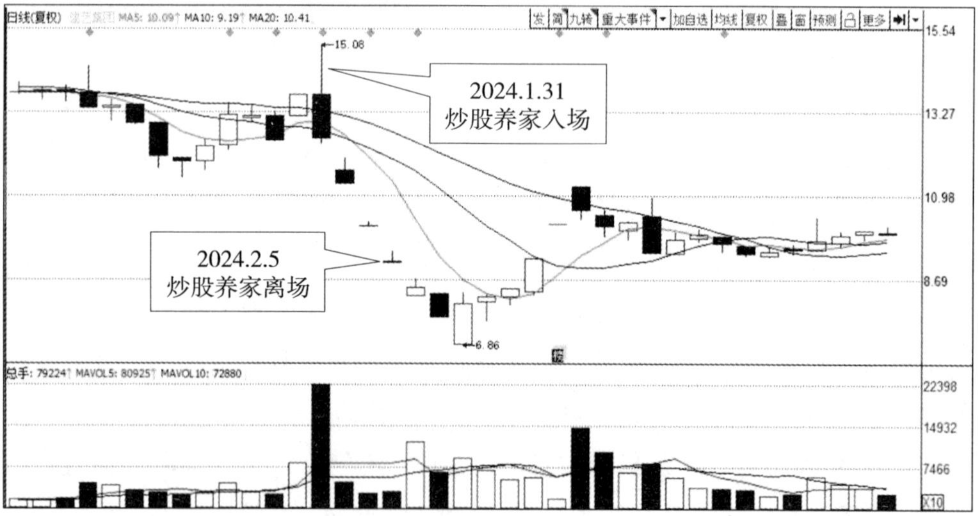

图 9-9 建艺集团（002789）日 K 线走势图

从已披露的龙虎榜数据来看，在接下来的两个交易日里，炒股养家也没有出货。特别是 2 月 1 日，该股股价开盘后，留给了里面的投资者一分钟左右的出逃时间，但炒股养家当日并没有出逃。次日，这个时间窗口更小了，炒股养家也没有出逃。直至 2 月 5 日，炒股养家才完成整个出逃计划，卖出金额为 508 万元。整个交易过程亏损了 41.68%。

其具体交易记录如表 9-6 所示。

表 9-6　建艺集团龙虎榜数据（炒股养家）

日期	买入金额（万元）	卖出金额（万元）
2024.1.31	871.02	0
2024.2.5	0	508

尽管炒股养家本次交易失败了，但也有值得普通投资者探讨的几点。

第一，追击涨停板确实存在很大的风险，即使股价已经到达涨停板位置了，但谁也无法保证股价就一定能够封住涨停，更不能保证一直封到收盘时段。因此，打板交易绝对不能放大仓位，以免让更多的资金遇到风险。

第二，预判出现错误时，必须及时止损。通常来说，次日开盘集合竞价阶段就应该是最佳离场时机。尽管存在反包的可能，但投资者也不应该寄予过大的希望，毕竟先前的判断已经出错了，不及时纠正，可能会带来更大的损失。炒股养家若能在入场的第一个交易日就离场，就会少亏损一些。

上塘路与作手新一：交替入局，操作中马传动

中马传动是一家以生产汽车减速器为主营业务的企业，因其生产的减速器属于汽车零部件，也同样可以应用于新能源汽车领域，因而也就具有了新能源汽车概念。同时，因其只有几十亿元的市值，常常在新能源汽车概念热炒时有着不错的表现。

2024 年 1 月底，随着新能源汽车概念的热炒，中马传动又启动了一波短线上攻行情。这波行情持续的时间相对较短，但对于游资来说，几个交易

日的上攻就已经足够了，毕竟他们都是快进快出的。

如图 9-10 所示，2024 年 1 月 30 日，中马传动的股价在新能源汽车概念热炒的推动下，直接封住了涨停板。

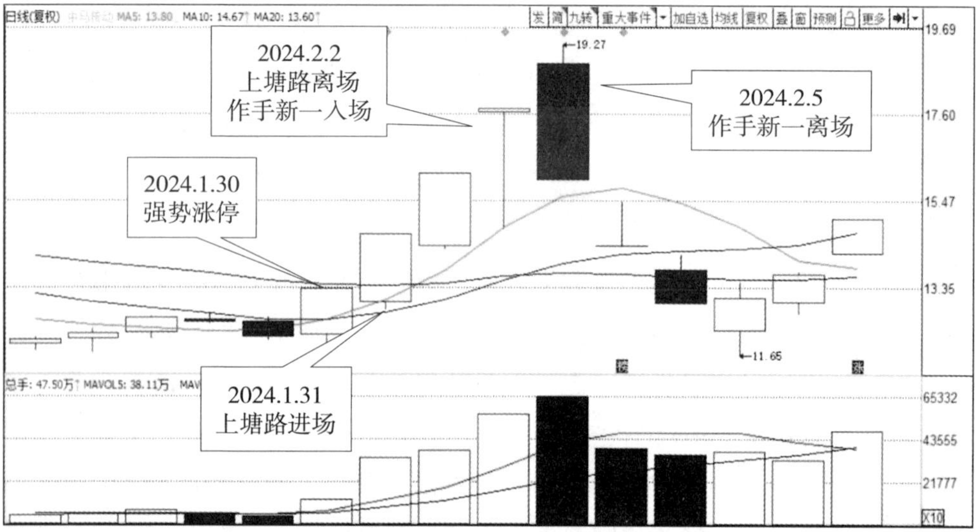

图 9-10　中马传动（603767）日 K 线走势图

次日，该股股价低开高走，再度冲击涨停板，知名游资上塘路强势入场，买入了 2929.20 万元。

2 月 1 日，中马传动的股价低开后迅速冲高，又一次封上了涨停板，上塘路采取了持股不动的交易策略。

2 月 2 日，中马传动的股价出现了大幅振荡，上塘路卖出了所持有的全部股票，获得资金 3224.03 万元，两个交易日获利为 10.07%，表现得相当不错了。同日，另一知名游资作手新一也选择了入场交易，买入 3561.23 万元，几乎是将上塘路卖出的股票全部吃进了。

下一个交易日，即 2 月 5 日，中马传动的股价经过几波冲高后并未能触及涨停板，而后开始振荡下跌。对于作手新一来说，该股股价的走势显然与自己的预期并不一致，于是选择了卖出股票，卖出金额为 3483.29 万元，亏损幅度为 2.19%。

两路游资的具体交易记录如表 9-7 所示。

表 9-7　中马传动龙虎榜数据

日期		买入金额（万元）	卖出金额（万元）
上塘路	2024.1.31	2929.20	0
	2024.2.2	0	3224.03
作手新一	2024.2.2	3561.23	0
	2024.2.5	6100	3483.29

针对两路游资对中马传动的交易过程，可以看出以下几点。

第一，游资对个股走势的看好也并不是一致的，也会有分歧。2 月 2 日上塘路已经全部清仓了，而作手新一却选择了进入。

第二，上塘路的操作属于经典的短线交易，股价有希望冲击涨停板时入场，在股价出现大幅振荡存在下跌风险时，选择了卖出，当然，这也是因为有了相当的收益。三个交易日，10 多个点的收益还是不错的。

第三，作手新一的交易同样有值得散户学习的地方，尽管股价没有按照其预期的方向演绎，即 2 月 5 日并未成功涨停，但其仍选择了果断离场，亏损幅度只有 2 个多点。在高位股交易中，能够将亏损控制在这么低的幅度也是相当不错的；反之，若其判断对了，中马传动当日涨停了，其收益可能就会远远高于 2 个点了。